Korganoff · Prien gegen Scapa Flow

ALEXANDRE KORGANOFF

Prien *gegen* Scapa Flow
TATSACHEN – GEHEIMNISSE – LEGENDEN

MOTORBUCH VERLAG STUTTGART

Einband und Schutzumschlag: Siegfried Horn.

© 1969, A. Korganoff, Paris
© 1974, Ian Allan Ltd., Shepperton/Großbritannien
Die englische Übersetzung bei Ian Allan Ltd. erschien unter dem Titel »The Phantom of Scapa Flow«.

Die Übersetzung ins Deutsche besorgte
Hans und Hanne Meckel.

ISBN 3-87943-497-2

1. Auflage 1977.
Copyright © by Motorbuch Verlag, Postfach 1370, 7000 Stuttgart 1.
Eine Abteilung des Buch- und Verlagshauses Paul Pietsch GmbH & Co. KG.
Sämtliche Rechte der Verbreitung in deutscher Sprache – in jeglicher Form und Technik – sind vorbehalten.
Satz und Druck: SV-Druck, 7302 Ostfildern.
Bindung: Verlagsbuchbinderei Karl Müller & Sohn, 7000 Stuttgart.
Printed in Germany.

Inhaltsverzeichnis

Geleitwort	6
Vorwort	7
Donnerwetter, jetzt schalten sie die Befeuerung ein!	13
Was halten Sie davon, Prien?	26
Im Scheinwerferlicht eines Autos	47
Mündungsklappen öffnen, schnell!	80
Was sollen wir antworten, Herr Kapitänleutnant?	105
Der Stier von Scapa Flow	127
Anlagen	161

I	Besatzungsliste U 47	161	X	Technische Angaben	
II	Technische Angaben U 47	163		(a) *Royal Oak*	186
III	Gezeitenangaben	164		(b) *Iron Duke*	187
IV	Auszug aus dem See- handbuch Nordsee	164		(c) *Repulse* und *Renown*	188
V	Kriegstagebuch U 47	167		(d) *Hood*	192
VI	Erinnerungen von Groß- admiral Dönitz (Auszug)	177		(e) *Pegasus*	193
			XI	Die Versenkung der *Royal Oak*	
VII	Kriegstagebuch des Befehlshabers der Uboote (Auszug)	180		Bericht des Captain Nichols	194
VIII	Bericht des Captain S. W. Roskill	183	XII	Das Geheimnis von Scapa Flow	
IX	Memoiren von Sir Winston Churchill (Auszug)	184		eine Analyse	195

Geleitwort

Ich beglückwünsche Herrn Alexandre Korganoff zu seinem Werk »Prien gegen Scapa Flow«. Herr Korganoff hat sein Buch sehr interessant geschrieben und sich bei seinen Darstellungen stets bemüht, der historischen Wahrheit gerecht zu werden. So würdigt seine Arbeit auch ausgezeichnet die tapfere Tat des U-Boot-Kommandanten Günther Prien.

Ich wünsche dem Buch guten Erfolg!

Großadmiral a.D. Karl Dönitz

Vorwort

Eine Unternehmung des früheren Gegners zu beschreiben und sich in ihn hineinzuversetzen, das ist keine leichte Aufgabe. Erschwert wird dies noch durch die Erkenntnis, um was es in diesem Krieg 1939–1945 ging, und das Wissen um die Mittel, die der Gegner einzusetzen sich nicht scheute.

Ursprünglich untersuchte ich Taktik und Strategie der Uboot-Waffe im Rahmen einer Studie über dieses Unternehmen. Doch dann veranlaßten mich die anhaltenden Widersprüche der deutschen und der britischen Version, meine Ermittlungen weiterzuführen.

Dies sind die Fakten: In der Nacht vom 13. auf den 14. Oktober 1939 drang U47 über Wasser fahrend in den Flottenstützpunkt Scapa Flow ein. Der Kommandant, Kapitänleutnant Günther Prien, meldete, daß er das Schlachtschiff *Royal Oak* versenkt und den Schlachtkreuzer *Repulse* schwer beschädigt habe. Die Admiralität entgegnete lakonisch »*Repulse* war in See«.

Wie dem auch gewesen sein mag, Prien's Einbruch in diesen als unbedingt sicher geltenden Stützpunkt hatte schwerwiegende Folgen für die britische Marine. Als die britische Heimatflotte Scapa Flow vorübergehend aufgab, weil der Stützpunkt nicht mehr sicher genug schien, lief sie in die vom Führer der Uboote gestellte Falle. Kapitän zur See und Kommodore Dönitz hatte richtig vorausgesehen, daß die britischen Schiffe in Ausweichstützpunkte verlegen würden, die noch verwundbarer waren, und hatte deren Einfahrten vermint.

Die Folgen zeigten sich sehr bald: am 21. November lief der nagel-
neue Kreuzer *Belfast* auf eine Magnetmine, die ihm den Kiel brach;
am 4. Dezember wurde das Flaggschiff *Nelson* im Loch Ewe durch
eine andere Mine schwer beschädigt, eine Beschädigung, die sorgfältig geheimgehalten wurde.
Wie bei allen herausragenden Waffentaten, so ranken sich auch um
den Vorstoß von U 47 Rätsel und Legenden. Dreißig Jahre später
die Wahrheit herauszufinden ist keinesfalls einfach, vielmehr recht
problematisch, und das um so mehr, als von britischer Seite noch
immer alles, was diese Unternehmung betrifft, nach den Be-
stimmungen der »Official Secrets Act« streng geheim gehalten
wird.
Manche, vor allem von den Überlebenden der *Royal Oak*, glauben
nicht daran, daß das Schiff torpediert wurde und beharren darauf,
daß es Sabotage oder ein Explosionsunglück gewesen sei. Andere
reden von einem geheimnisvollen Uhrmacher in Kirkwall, einem
auf den Orkneys angesiedelten deutschen Spion, der Prien's Uboot
dirigiert haben könnte. Diese letztere Version ist reine journa-
listische Fantasie. Die Tatsache, daß die Royal Navy Scapa Flow
aufgab, bis der Stützpunkt ausreichend gesichert war, straft die
Theorie von Sabotage oder einem Explosionsunglück Lügen.
Was geschah wirklich in der Nacht vom 13. auf den 14. Oktober
1939 in Scapa Flow? War Priens Erfolg vielleicht von viel größerer
Bedeutung als man selbst heute zugeben will? Hat er wirklich zwei
Großkampfschiffe außer Gefecht gesetzt, als er die *Royal Oak* versenkte und ein zweites, ein Schlachtschiff oder einen Schlachtkreuzer, beschädigte? Prien behauptet das. Die beiden einzigen
lebenden deutschen Augenzeugen, der Bootsmaat Dziallas und der
Matrosengefreite Hänsel, die beide auf der Brücke von U 47 waren
bestätigen es nachdrücklich und mit voller Überzeugung noch
heute, 30 Jahre nach dem Geschehen.
Bei Versenkung des einzigen am Ort befindlichen Schlachtschiffes
erübrigt sich jede Rechtfertigung für den Rückzug aus Scapa Flow
mit noch fünf Torpedos an Bord. In seinem Kriegstagebuch[*]) begründet Prien diesen Rückzug ausführlich. Es ist schwer zu verstehen, warum Prien dieses zweite Schiff erfunden haben sollte.

---

[*]) siehe Anhang V

Mit fünf Torpedos an Bord zurückzukehren ohne überhaupt vom Gegner bemerkt zu sein, und eine schwere Einheit der feindlichen Flotte nur beschädigt zurückzulassen, ist ja nicht unbedingt eine Heldentat. Dagegen das einzige in der Gegend befindliche Großkampfschiff zu versenken und das Uboot in den Stützpunkt zurückzubringen, das ist ein einwandfreier Sieg. Diese Schlußfolgerung ist eindeutig. Das Dunkel und die Heimlichtuerei, mit der die britischen Behörden seit nunmehr dreißig Jahren diese Episode umgeben, trägt weiter dazu bei, Prien's Version von dem Geschehen zu bestätigen.

Nach dem amtlichen 1954 erschienenen britischen Kriegsgeschichtswerk hat der Kommandant von U 47 die *Repulse*, einen Schlachtkreuzer von 32 000 ts und eines der größten Schiffe der Royal Navy, mit *Pegasus*, einem alten Flugzeugträger von 6 900 ts verwechselt, ohne jedoch auch auf ihn einen Treffer zu erzielen. Das ist um so unwahrscheinlicher, als die *Pegasus* die markanteste Silhouette der ganzen britischen Marine hatte.

Die Deutschen geben an, daß das zweite Schiff, das Prien als die *Repulse* ansprach, zwei Schornsteine hatte. *Pegasus* hatte nur einen, der wie ein Ofenrohr aussah, und zwar ganz achtern. Die einzigen britischen Großkampfschiffe mit zwei Schornsteinen waren *Renown*, *Repulse*, *Hood* und die *Iron Duke*. War die *Renown* schon auf dem Weg in den Südatlantik auf der Jagd nach dem deutschen Panzerschiff *Graf Spee*? Die Admiralität lügt nicht gerne und nimmt, wenn nötig, lieber Zuflucht zu linguistischen Kunststücken. Im Falle der *Repulse* ist die Antwort kurz und prägnant: in der Nacht vom 13. auf den 14. Oktober war sie in See. Das stimmt. Aber in welchem Zustand? Bleiben *Hood* und *Iron Duke*. Letztere war wirklich in Scapa Flow, aber wo? *Hood* wurde dort am 12. 10. um 15.00 Uhr von einem deutschen Aufklärungsflugzeug fotografiert. War sie es, die dort mit der *Royal Oak* zurückgeblieben war? Die Silhouetten der drei Schlachtkreuzer *Renown*, *Repulse* und *Hood* ähneln sich sehr und bei Nacht wäre eine Verwechslung keineswegs erstaunlich. Weder Prien noch seine Vorgesetzten maßen einer genauen Identifizierung größere Bedeutung bei, bei einem Nachtangriff ohnehin eine schwierige Angelegenheit. War es eine Verwechslung? Hat die Admiralität eine Katastrophe so weit wie möglich zu verkleinern versucht und zwar mit einer ebenso einfachen wie eleganten Ausflucht: über die *Repulse* ohne weiteren Kommentar die Wahrheit zu sagen? Aber hat man die *ganze* Wahrheit gesagt? *Das ist die Frage.*

Diese Verwechselung gab Anlaß zu Zweifeln, und Zweifel nährten einen Verdacht über Prien's Verhalten, obwohl Winston Churchill oder Captain Roskill in ihren Schriften niemals versäumten, »dem tapferen Kommandanten von U 47« in britischem »fair play« ihre Hochachtung zu bezeugen und damit seinen Erfolg jedenfalls teilweise zuzugeben. Niemand erwähnte die Anwesenheit des zweiten Großkampfschiffes, ebenso wie niemand je von der Beschädigung der *Nelson* sprach. Das geschah erst später und erst, als die Deutschen das Geheimnis aufgedeckt hatten. War es die *Iron Duke*, die torpediert wurde, dann ist es nur folgerichtig, daß sie noch im Laufe der selben Nacht auf ihrem gewohnten Ankerplatz in Longhope auf flachem Wasser etwa zehn Seemeilen entfernt Schutz suchte.

Drei Tage später, am 17. Oktober, griffen vier Ju-88 Bomber der Gruppe I/KG 30 unter Führung von Hauptmann Doench Scapa Flow an; dabei wurde die *Iron Duke* durch eine dicht neben der Bordwand detonierende 500 Kilo-Bombe »technisch« versenkt. Offiziell wurde der Verlust des Schlachtschiffes diesem Luftangriff zugeschrieben. Die Engländer hatten somit eine glänzende Gelegenheit, Prien um einen Teil seines Erfolges und zugleich das Ministerium von Dr. Goebbels um eine großartige Propagandamöglichkeit zu bringen. Das alte Schlachtschiff, teilweise schon abgerüstet, war nämlich Jellicoe's Flaggschiff in der Skagerrak-Schlacht gewesen. Schon im Oktober 1918 hatte UB 116 mit einer Besatzung freiwilliger Offiziere versucht, die Einfahrt nach Scapa Flow zu erzwingen, um das Flaggschiff zu versenken.*) UB 116 war jedoch auf einer Minensperre im Hoxa-Sound in die Luft geflogen. Prien hätte also, ohne sich dessen bewußt zu sein, die Ehre der deutschen Hochseeflotte eben dort gerächt, wo sie sich selbst versenkt hatte.

---

*) Der erste Versuch, in einen feindlichen Stützpunkt einzudringen, wurde am 20. Dezember 1914 von dem französischen Uboot *Curie* in der Adria unternommen. Die *Curie* wurde entdeckt, als sie getaucht in den österreichischen Stützpunkt Pola einlief. Um zu verhindern, daß das Boot in Feindeshand fiel, gab der Kommandant, Lieutenant de Vaisseau O'Byrne, Befehl, es zu versenken.

Der Schlachtkreuzer *Hood*, mit 42 000 ts das größte und schnellste Großkampfschiff der britischen Flotte, konnte ursprünglich 31 kn laufen. Als er am 21. Oktober, acht Tage nach Priens Überfall, wieder gesehen wurde, lief er mühsam 25 kn. Seit wann und warum?

Im zweiten Teil des Buches folgt nach amtlichen und nichtamtlichen deutschen und englischen Dokumenten in Verbindung mit anderen Unterlagen eine Analyse des Unternehmens (Anlage XII). Alle bekannten Tatsachen über diesen rätselhaften Vorgang sind dort wiedergegeben; die Wahrheit liegt irgendwo zwischen den in ihnen enthaltenen Informationen verborgen.

Ich möchte all denen danken, die mir im Laufe meiner Nachforschungen geholfen haben, besonders Captain R. F. Nichols, RN, seinerseits Erster Offizier der *Royal Oak*, Mr. Herbert R. Johnston, Heizer, und Mr. Norman T. Davies, Korporal der Royal Marines, alles Überlebende des Unterganges. Besonderen Dank schulde ich Großadmiral Dönitz, der dieses Unternehmen mit äußerster Präzision geplant hatte, für seine Bereitschaft, mich zu empfangen, geduldig meine Fragen zu beantworten, und mir die Seiten seines Kriegstagebuches zu zeigen, die Scapa Flow behandeln.

Ebenso danke ich dem Schriftsteller Wolfgang Frank, der mich mit der Persönlichkeit Priens bekannt machte. Frank hat als Kriegsberichter an einer anderen Unternehmung Priens auf U 47 teilgenommen.

Und schließlich muß ich den Überlebenden von U 47 meinen Dank sagen. Prien ist tot – (er fiel bei einem Angriff auf einen Geleitzug im Atlantik im März 1941). Auch seine beiden Wachoffiziere, Endrass und von Varendorff, sind gefallen. Die Überlebenden von U 47 haben mir, unter anderem, über die Vorgänge berichtet, die nicht in Prien's Kriegstagebuch stehen. Das Zeugnis der beiden einzigen noch lebenden deutschen Augenzeugen des Angriffs, Ernst Dziallas und Gerhard Hänsel, war von ganz besonderem Wert. Der Korvettenkapitän a. D. Hans Wessels, damals Leitender Ingenieur des Bootes, hat mir von dem Schaden am Motor und an der Steuerbordwelle berichtet. Darüberhinaus erhielt ich von ihm einige technische Informationen, und er war so freundlich, mir die Namen und Anschriften der Überlebenden der

Besatzung des Bootes zu geben. Der Korvettenkapitän a.D. Wilhelm Spahr, Obersteuermann von U47 in Scapa Flow, beschrieb die navigatorischen Ereignisse.

Die Genauigkeit aller dieser Informationen hat es mit erst ermöglicht, diesen Bericht zu schreiben.

Ich danke allen Seeleuten und Fliegern, die mir so großzügig geholfen haben.

Schließlich möchte ich dem Kapitän zur See a.D. Hans Meckel danken, der mit seinem Können und seinem Fachwissen dieses Buch ins Deutsche übertragen hat. Kapitän Meckel war Ubootkommandant von 1935 bis 1939 und danach Admiralstabsoffizier beim Befehlshaber der Unterseeboote bis 1944. Er kannte Prien gut und hat ihn zum Ubootmann gemacht.

Allen Ubootfahrern der Welt, ganz gleich unter welcher Flagge sie fahren, gilt meine Hochachtung.

Alexandre Korganoff

Donnerwetter, jetzt schalten sie die Befeuerung ein!

U 47 lag auf dem Grunde der Nordsee, der fahle Schein des gedämpften Lichtes in dem ruhenden Boot regte zum Schlafe an, doch der Obergefreite Peter Thewes konnte nicht einschlafen. 60 Meter über ihnen war es wahrscheinlich jetzt Tag mit grauem Licht über grauer See und grauen Wolken, die vor einem Südoststurm dahinjagten, der sie in der vergangenen Nacht erheblich durchgeschüttelt hatte. Auf dieser Tiefe war der Seegang nicht mehr zu spüren. Außer der Wache in der Zentrale war die ganze Besatzung angewiesen worden, sich hinzulegen, damit Sauerstoff gespart werde. Auf dem Rücken liegend zwang sich Thewes, die Augen geschlossen zu halten.

Das Boot mit seiner 40-köpfigen Besatzung war vor vier Tagen, am 8. Oktober 1939, aus Kiel ausgelaufen. Es hatte einen Teil seiner Verpflegungs- und Brennstoffvorräte wieder von Bord gegeben und die normalen, mit Preßluft angetriebenen Torpedos waren gegen elektrische Torpedos des neuesten Modells G 7 e ausgetauscht worden. Über diese Vorbereitungen hatte sich die Besatzung natürlich gewundert, und der Torpedomechanikergefreite war überzeugt, daß die Übernahme der neuen Torpedos ein Zeichen für eine ungewöhnliche Aufgabe von U 47 sei. Niemand im Mannschaftsraum wußte irgend etwas über das Ziel der Unternehmung, und dieses Rätsel war natürlich das Hauptthema aller Unterhaltungen gewesen.

Thewes öffnete die Augen und kam zu dem Schluß, daß weiteres
Grübeln zu nichts führe. Daß er nicht schlafen konnte, führte er
auf eine Magenverstimmung zurück, denn er wollte nicht zugeben,
daß der ständige Druck, den er in seiner Magengrube fühlte, durch
die Furcht vor dem Unbekannten verursacht wurde. Doch er war
normalerweise nicht so leicht einzuschüchtern. Im Gegenteil, diesem gut beurteilten Seemann war es immer gelungen, mit den unerwartetsten Situationen fertig zu werden. Obwohl erst seit fünf
Wochen Krieg herrschte, hatte U 47 schon drei Erfolge erzielen
können: die *Bosnia*, die *Rio Claro* und die *Gartavon*, drei Frachter, die sie am 5., 6. und 7. September versenkt hatten.*) Das war
bei Tage geschehen; man wußte, wo man war und was man tat.
Dieses Mal schien ein unberechenbares Etwas eine fremde Atmosphäre zu schaffen, aber er konnte nicht sagen warum. Seit Beginn
der Unternehmung hatte der Kommandant, sobald ein Schiff gemeldet worden war, dieses sorgfältig umgangen anstatt es anzugreifen, und das war bei diesem Kommandanten ein zumindest
seltsames Verhalten.
Thewes mühte sich erfolglos an nichts zu denken. Er versuchte die
guten alten Tricks, einzuschlafen, zum Beispiel schwierige Worte
rückwärts zu buchstabieren. Aber das machte ihn noch wacher.
Sein Rücken streifte die Druckkörperwand; er fröstelte, sie war
eiskalt. Thewes dachte an die kalte, feindliche Welt auf der anderen
Seite dieser Wand, eine Welt, die darauf lauerte, sie alle zu verschlingen. Er beobachtete einen Tropfen Kondenswasser, der an
einem der Rohre über seinem Kopf glänzte. Das Boot schwankte
eigenartig im Gezeitenstrom und der Kiel knirschte auf dem Sand.
Der Tropfen fiel auf seine Decke.
Ein Geräusch ganz in der Nähe ließ ihn hochfahren. Der Gefreite
spitzte die Ohren, dann schloß er für eine Zeit wieder die Augen
und fluchte zwischen den Zähnen, nachdem er das vertraute
Schnarchen aus der nächsten Koje erkannt hatte, eine Art heiseres,
tiefes Grunzen, wie das Brummen eines Bombers, dann ein langes,
hohes Wimmern, ähnlich dem pfeifenden Geräusch eines Flugzeu

*)	Bruttotonnage	Ort der Versenkung
Bosnia	2 407	42° 29' N 09° 45' W
Rio Claro	4 086	46° 30' N 12° 00' W
Gartavon	1 777	47° 04' N 11° 32' W

ges im Sturzflug. ›Der ruhende Krieger‹ dachte Thewes, er lächelte bei diesem Gedanken und sah auf seine Armbanduhr. Es war Mittag. Seit 08.00 Uhr lag er auf seiner engen, klammen Koje, beherrscht von den Gedanken an die bevorstehende Unternehmung. Was sonst hätte dieses Warten auf dem Grund der See gerechtfertigt? Der »Alte« allein wußte es. Seine Gedanken kristallisierten sich auf Kapitänleutnant Günther Prien und Oberleutnant Endrass, den Ersten Wachoffizier (1 WO)*. Diesen beiden würde Thewes überall hin folgen. Er kreuzte die Hände hinter dem Kopf und begann methodisch die Kondenswassertropfen in seinem Gesichtsfeld zu zählen. Es waren so viele, daß der Gefreite bald einschlief.

Die Besatzung hatte gerade ihre Mahlzeit beendet. Gedämpfte Geräusche zeigten an, daß die Männer ihre Tätigkeit in den verschiedenen Winkeln des Bootes wieder aufgenommen hatten. Obersteuermann Wilhlem Spahr betrat die Zentrale unter dem Kommandoturm und blickte auf den Chronometer: 18.45 Uhr. Spahr war ein gutgewachsener Mann mit breiten Schultern und etwas über Durchschnittsgröße; niemand an Bord hatte je erlebt, daß der 35-jährige seine Ruhe verlor. Der Obersteuermann war sowohl der Navigator als auch als 3 WO der Führer seiner Wache. Er setzte sich an einen kleinen Tisch, der an der Backbordseite am Druckkörper dicht am vorderen Querschott befestigt war, hinter dem der Kommandantenraum lag. Er schaltete die Lampe ein, zog den an einem flexiblen Arm befestigten Schirm herunter, breitete eine Karte aus und sah auf die gekoppelte Position des Bootes, die durch einen kleinen, mit Bleistift gezeichneten Kreis, südsüdöstlich der Orkneys angezeigt war. Dieser Schiffsort konnte nur angenähert sein, denn seit drei Tagen war wegen ständig bedeckten Himmels kein astronomisches Besteck mehr möglich gewesen.

An einem strahlenden, sonnigen Sonntag waren sie ausgelaufen, das Wetter hatte sich während der Nacht jedoch verschlechtert, und am folgenden Tag arbeitete U 47 schwer in einer Dünung, die durch ein Tief von Irland her verursacht worden war. Der Wind frischte weiter auf, und die Männer auf der Brücke legten Ölzeug und Südwester an. Auf der Höhe von Duncansby Head, der

---

*) gesprochen: Eins WO

Nordostecke Schottlands, fiel das Barometer auf einmal bedenklich. Der Wind wurde stärker und schließlich zum Sturm. Unablässig stürzten Schauer aus bleifarbenen Wolken auf die wilde See, die Sicht wurde immer schlechter. Wind und Strom hatten das Boot versetzt, und Spahr hoffte, daß sich sein errechneter Kurs von dem richtigen nicht allzusehr unterschied. Er nahm einen Zirkel, setzte ein Ende auf die geschätzte Position, um den Abstand zum Land festzustellen. Voll beschäftigt mit dieser Arbeit bemerkte er nicht, daß Kapitänleutnant Günther Prien, der Kommandant von U 47, mit vorgebeugtem Kopf durch die Öffnung des wasserdichten Schotts vor der Zentrale stieg. Er blieb einen Augenblick stehen, um sich sein altes Jackett über den Rollkragenpullover zu knöpfen, und trat dann zu Spahr. Über dessen Schulter gebeugt, überprüfte er mit einem Blick die Karte.

»Gut, Spahr, da sind wir also?«

Der Obersteuermann hob überrascht den Kopf.

»Jawohl, Herr Kaleunt*), ich hoffe jedenfalls. Mit der Strömung, Querströmung und den Wirbeln aus dem Pentland Firth ist die Kopplung schwierig«.

»Ich weiß, daß der Strom bis zu zehn Knoten erreichen kann. Jedenfalls werden wir das bald wissen. Wir wollen näher unter die Küste gehen, um Peilungen zu bekommen. Ich muß einen genauen Schiffsort haben«.

Spahr wollte gerade sagen ›Jawohl, Herr Kaleunt‹, aber Prien hatte sich schon abgewandt. Der Obersteuermann legte den Zirkel hin und knipste das Licht aus.

Das ist alles ganz schön mit den Peilungen, aber versuch' das mal in pechschwarzer Nacht ohne Mondlicht in stürmischer See und darüberhinaus auch noch bei tiefhängenden, dichten Wolken. Doch das wäre noch nicht das Schlimmste; wenn es aber regnete, dann könnte man praktisch überhaupt nichts sehen.

Seine Gedanken wurden unterbrochen durch eine Reihe kurzer Befehle, die die Besatzung auf Tauschstationen rief. Hinter Spahr, auf der anderen Seite der Zentrale, an Steuerbordseite, begann der Leitende Ingenieur (LI), Oberleutnant Hans Wessels, ein Hüne,

---

*) Im Sprachgebrauch der Marine übliche Zusammenziehung des Wortes Kapitänleutnant

einen guten Kopf größer als die übrige Besatzung, das Boot vom Grund zu lösen.

»Regler lenzen«.

Stabsmaschinist Böhm drehte schnell die Handräder der Ventile. Die Pumpen begannen zu arbeiten. Langsam hob sich U 47 aus seinem sandigen Bett.

»Boot steigt – ein Meter ... zwei Meter ...« meldete Wessels.

Die beiden Elektromotoren von je 375 PS liefen mit ihrem charakteristischen Geräusch an, das in einen anhaltenden hohen Ton überging. Das Uboot stieg bei 10° Achterlastigkeit einen Meter pro Sekunde. Der LI stand dicht an der Tafel mit den Signallampen und rief weiterhin die Tiefe aus. Das Surren der elektrischen Tiefenrudermotoren hob sich deutlich aus den anderen Geräuschen der Zentrale heraus. Prien und seine beiden Wachoffiziere, Endrass und von Varendorff, sowie der Bootsmaat Meyer hatten schon ihr Ölzeug angezogen. Spahr tat das gleiche.

»Auf Sehrohrtiefe gehen! Beide Maschinen halbe Fahrt voraus« befahl Prien.

Nun konnte man schon den Seegang spüren. Breitbeinig begann Meyer sorgfältig sein um den Hals hängendes Doppelglas zu putzen. Auf 20 Meter Tiefe fing Wessels das Boot ab, ließ es dann noch einmal für einige Augenblicke tiefer gehen, da einige der Männer ihre Plätze wechseln mußten. Bei einer Länge des Bootes von 66,5 Metern hatte sich die Gewichtsverschiebung nach dem Hebelprinzip auf den Trimm des Bootes ausgewirkt. Der LI glich das mit einigen Litern Wasser in den Trimmtanks aus. Seine kurzen Befehle folgten in schneller Folge und Böhm bediente unentwegt verschiedene Ventile.

Das Uboot schlingerte und stampfte mit immer stärkeren, unregelmäßigen Bewegungen, als es sich der Oberfläche näherte. Prien erklomm die Leiter in den Kommandoturm.

»Sehrohr aus!«

Er nahm einen Rundblick. Die Nacht war angebrochen. Nirgends war irgend etwas zu sehen.

»Sehrohr ein! Kurs 135°!«

Bei schwerem Wetter mußte man gegen die See und mit starkem Anblasen der vorderen Tauchzellen auftauchen.

»Kurs 135° liegt an!«, wiederholte der Rudergänger.

»Auftauchen!« befahl Prien und setzte den Südwester auf.
Die auf 205 Atmosphären verdichtete Luft schoß pfeifend in die
Tauchzellen und drückte das Wasser mit gurgelndem Geräusch
heraus. Wessels sah auf das Tiefenmanometer – 13 m ... 12 m ...
11 m ... Er schaltete das Licht bis auf die roten Lampen aus. Das
charakteristische Geräusch des von den Aufbauten herunterstür-
zenden Wassers zeigte an, daß das Uboot aufgetaucht war.
»Turmluk ist frei«, meldete er.
Das Sprachrohr vom Turm zur Brücke wurde geöffnet; das Barometer zeigte einen Druckunterschied von weniger als fünf Milli-
meter. Auf der Leiter stehend löste Endrass die Verriegelung des
Luks, das mit dumpfem Klang gegen sein Widerlager auf der
Brücke schlug. Ein Schwall kalter Luft strömte ins Boot. Prien
sprang auf die Leiter, und nach weniger als drei Sekunden stand
er neben seinem Ersten Wachoffizier auf der Brücke, von der
immer noch Wasser ablief. Angespannt lauschend versuchten die
beiden Männer die Dunkelheit zu durchdringen. Sie wußten,
daß diese ersten Momente entscheidend sein können, denn manchmal ist der Feind sehr nahe. Die Nacht war pechschwarz; es
regnete nicht, aber kein Stern war zu sehen.
»Beide Diesel!« befahl Prien.
»Beide Diesel sind klar«, antwortete eine Stimme aus der Tiefe des
Bootes.
»Beide Diesel langsame Fahrt voraus!«
Der Steuerborddiesel sprang als erster mit schwerfälligem Rum-
peln an, unmittelbar darauf der Backbordmotor. Für einen Augen-
blick übertönte ihr Dröhnen das Toben von See und Wind.
Ein leichter Ruck zeigte an, daß sie eingekuppelt wurden. U 47
schoß, eine Wolke Sprühwasser hinter sich werfend, voraus in die
schäumende See.
Von Varendorff und Meyer hatten ihre Posten auf der Brücke ein-
genommen und meldeten dem Kommandanten
»Steuerbord frei!«
»Achteraus frei!«
»Auf 315° gehen« befahl Prien durch das Sprachrohr.
Er richtete sich auf und blickte über die See.
»Turmluk schließen« rief er, ohne den Kopf zu wenden.
Mit einer schnellen Bewegung griff von Varendorff mit der linken

Hand die Brückenreeling, löste mit der Rechten das Turmluk, klappte es nieder und trat mit dem Fuß darauf.

»Turmluk ist geschlossen« meldete er.

Die See kam von achtern, die Wellen hoben das Heck und schoben das Uboot voran, manchmal tauchte dadurch der Bug ein – ungemütlich, beinah gefährlich; denn wenn eine andere See den Bug unter Wasser drückte während das Schiff in das Wellental glitt, würde es sich nicht mehr schnell genug aufrichten können und auf Tiefe gehen. Die Geschwindigkeit und seine schlanke Form begünstigten das Unterschneiden. In kürzester Zeit konnte sich das Boot 50 m unter der Wasseroberfläche befinden, und Tonnen von Wasser würden dann durch die beiden Dieselzuluftmasten in das Boot stürzen.

Das Deck war gischtübersprüht und zeitweise bis zur halben Höhe des 8,8 cm-Geschützes überspült. Prien beugte sich zum Sprachrohr und wandte sich an Wessels, der noch auf Wache in der Zentrale war.

»Tauchzellen mit Diesel vollständig ausblasen und Tiefenruder nach oben legen, damit wir nicht überschneiden«.

Unaufhörlich erklomm das vor der See laufende, schlingernde Boot die von hinten überholenden Wellenberge. Wenn die See weiter lief, fiel das Heck in das Wellental und warf mit dröhnendem Krach eine Gischtwasserfontäne auf. Aus dem Dunkel plötzlich auftauchende Wasserberge drohten ständig über dem Turm zusammenzubrechen. Nachdem alle Tauchzellen ganz ausgeblasen waren, verhielt sich das Boot weniger schwerfällig.

Auf der Brücke suchten sich die vier Männer vor Böen und Spritzern einigermaßen zu schützen. In dieser sprühwasserdurchsetzten Atmosphäre war alles voller Salz, die Augen, der Nacken, – ein bitterer Geschmack war auf den Lippen und im Halse. Sie hatten versäumt, ihre Sicherungsgurte anzulegen; ein heftiges Überholen des Bootes nach Backbord warf sie alle einen über den anderen gegen die Brückenverkleidung. Von Varendorff war der erste, der sein Gleichgewicht wieder fand. Als er seinen Kopf hob, sah er den Kamm einer Welle, höher als alle anderen, oder besser die fahlen Reflexe ihrer Schaumkrone auf das Heck zustürzen.

»Wahrschau! Eine See! Festhalten ...!« Er hatte keine Zeit, den Satz zu beenden. U 47 fiel in den Hohlraum, der sich an der Front der anlaufenden See bildete. Ein dumpfes Dröhnen. Der Turm vibrierte unter dem Schlag vieler Tonnen Wassers.

Langsam tauchte das Boote wieder aus, gischtübersprüht. Wasserspuckend, schnaubend und fluchend standen die vier bis auf die Haut durchnässten Männer auf der überfluteten Brücke. Bäche eisigen Wassers liefen ihnen den Rücken herunter die Beine entlang.

»Sauwetter« knurrte von Varendorff und wischte sich die Brauen mit dem Rücken der linken Hand.

Mit vom Salz brennenden Augen nahm der Offizier den Ausguck wieder auf. Er fragte sich, wann der Kommandant nun endlich sich entschließen würde, das Ziel der Unternehmung bekanntzugeben. Er wandte seinen Kopf einen Augenblick und schaute zur Seite auf die stille, schattenhafte Gestalt des Kommandanten. Es juckte ihn, zu fragen, aber er wußte, daß das sinnlos war. Mehrmals hatte er versucht, mit Endrass und Wessels darüber ins Gespräch zu kommen. Zu Recht oder zu Unrecht vermutete er, daß diese um das Geheimnis wußten, aber seine Versuche hatten zu nichts geführt. Nach und nach war der Offizier zu dem Schluß gekommen, daß ihr Ziel ein Nachtangriff auf eine große Einheit der britischen Flotte am Ausgang des berühmten Stützpunktes Scapa Flow war. Diese Annahme war logisch. Ihr Kurs, der Tag auf dem Grund der See, die Haltung des Kommandanten, alles das sprach dafür. Er starrte in die Dunkelheit und erwog die Aussichten, die sie hätten, die Sicherung der Zerstörer und Kreuzer, die bestimmt die Schlachtschiffe und Flugzeugträger scharf bewachten, zu durchstoßen. Er beruhigte sich beim Gedanken an Kapitänleutnant Schuhart, dem es vor drei Wochen, genau gesagt am 19. September, im Atlantik gelungen war, diese Sicherung mit U 29 zu durchbrechen und den Flugzeugträger *Courageous* zu versenken. Schließlich, so sagte er sich, waren sie durchaus in der Lage, die Tat von U 29 zu wiederholen und vielleicht es sogar noch besser zu machen. Der Offizier zwang sich, nicht weiter daran zu denken und konzentrierte sich auf seine Wache. Ein Schatten, dunkler als die Nacht, erregte seine Aufmerksamkeit, dann verschmolz er mit der Dunkelheit und verschwand – wahrscheinlich eine Wolke. Die Küste blieb unsichtbar. Wenn die Kopplung richtig war, dann war die Entfernung noch zu groß, um die Inseln in dieser mondlosen Nacht sehen zu können.

Um 20.00 Uhr wechselte die Seewache. Endrass, Bootsmann Sammann, Bootsmaat Dziallas und der Matrosengefreite Hänsel lösten nacheinander von Varendorff, Meyer und die Matrosenobergefreiten Dittmer und Marquard ab, wobei nie mehr als vier Mann gleichzeitig auf der Brücke waren. Zehn Minuten später verließ auch Prien die Brücke.

Der Wind blies aus Südost mit Stärke 6–7. Es war Flut, kurz vor Stauwasser. Der Gezeitenstrom, ein Knoten oder etwas weniger, setzte aus Nord mit einer Tendenz zu Nordnordost. Wind und Strom aus fast entgegengesetzten Richtungen führten zu einer etwas kabbeligen See, die für das Boot ziemlich unangenehm war.

Es konnte nicht mehr lange dauern, bis Land in Sicht kam. Spahr kletterte auf die Brücke und klemmte sich so gut er konnte zwischen das Brückenkleid und den Sehrohrbock. Befriedigt stellte er fest, daß der Wind etwas schwächer geworden war. Gewissenhaft reinigte er die Linsen seines Doppelglases und suchte den Sektor ab, in dem er den Horizont zu finden hoffte, von Backbord querab bis voraus. Nichts zu sehen. Es war nicht leicht, See und Himmel verschmolzen in der Dunkelheit ineinander. Nichts, was wie eine Küste aussah.

Spahr hatte ungewöhnlich gute Augen, niemals trug er die rote Brille, die die Männer der Wache tragen sollten, ehe sie auf die Brücke gingen, um sich an die Dunkelheit zu gewöhnen. Eine Sorge stieg in ihm auf, hatte er bei der Kopplung einen Fehler gemacht? Oder verbarg eine Regenbö die Küste? In diesem Falle konnte die Sicht auf weniger als eine Meile zurückgehen und die Situation für das Boot gefährlich werden. Man mußte vorsichtig sein wegen der starken, wechselnden und ungenügend bekannten Strömung, die einen schnell auf die Felsen setzte.

Er wollte gerade in der Zentrale nach der Tiefenanzeige auf dem Echolot fragen, als eine Masse, etwas dunkler als die Nacht, sich über die Wellen erhob. Dann war also seine Kopplung doch nicht falsch, dachte er erleichtert. Das Land, das er sah, war in etwa 45 Grad an Backbord undeutlich auszumachen, seine Umrisse verschmolzen mit dem wolkigen Himmel und der See. Dort lagen die Orkneys – ganz nahe und in tiefstes Dunkel gehüllt. Kein Lebenszeichen, die Küste schien menschenleer. Er überlegte, ob dort Männer auf Wache stünden und nach der offenen See Ausguck hielten. Es war wenig wahrscheinlich, daß man das Boot ausmachen konnte, aber ganz sicher war das natürlich nicht.

Ein Wasserspritzer trübte die Sicht durch das Doppelglas, er ließ es herunterhängen und zog aus der Tasche das feuchte Sämischleder, das er wenige Minuten zuvor benutzt hatte. Während er die Linsen trocknete, prüfte er aufmerksam die Umrisse der Klippen an Backbord und versuchte, sich ein allgemeines Bild von der Küste zu machen. Zu seiner Rechten starrte Dziallas in die Dunkelheit voraus.

»Ich dachte, ich hätte eine Landzunge gesehen, aber ich kann sie nicht wiederfinden. Es war dort, genau voraus«, sagte er mit unsicherer Stimme.

Spahr wandte sich in die angegebene Richtung, suchte in die Ferne, konnte aber kein Anzeichen von Land erkennen. Er nahm wieder sein Doppelglas, aber auch damit hatte er keinen Erfolg.

»Ich kann nichts sehen«, sagte er und setzte sein Glas ab.

»Ich muß wohl geträumt haben«, entschuldigte sich Dziallas.

»Vielleicht doch nicht«.

Ohne es sehen zu können, hatte Endrass das instinktive Gefühl, daß sie auf ein Riff zuliefen. Er fühlte die herannahende Gefahr und durfte kein Risiko eingehen.

»Steuerbord 20°«, befahl er. Im Turm wiederholte der Rudergänger den Befehl, und das Uboot drehte nach Steuerbord. Spahr versuchte, die Inseln genau abzusuchen in der Hoffnung, einen markanten Punkt zu entdecken, der ihm die Möglichkeit gäbe, den Schiffsort zu bestimmen. Er hatte sich lange mit dem Seehandbuch beschäftigt und die Topografie dieses Gebietes gut im Kopf, aber in der Dunkelheit sah ein Berg wie der andere aus. Er versuchte Ward Hill auszumachen, der die Insel South Ronaldsay überragt und in der Mitte nahe der Ostküste liegt.

Plötzlich zuckte ein Lichtstrahl durch die Nacht. Spahr drehte schnell den Kopf und war vor Überraschung sprachlos. Ehe er sich fassen konnte, durchdrang ein zweiter Strahl die Dunkelheit, dann ein dritter ...

»Donnerwetter, jetzt schalten sie die Befeuerung ein« brach es aus Dziallas heraus.

An Backbordseite, über einen Sektor von fast 180°, bezeichneten die Blinkfeuer und Baken die Küste und ihre Gefahren wie in Friedenszeiten.

U 47 lief dicht unter Land mit nördlichem Kurs parallel zur Küste. Endrass entschloß sich, in die freie See abzudrehen.

»Steuerbord 20!«

Die Lichter wanderten nach achteraus.

»Rechtso...«

Er sah auf das Leuchtzifferblatt seiner Armbanduhr: 22.04 Uhr. Dann beugte er sich über das Sprachrohr und rief den Kommandanten, um ihn über dies unerwartete Ereignis zu unterrichten. Nun mußten sie schleunigst die gebotene Gelegenheit nutzen, genaue Peilungen zu nehmen, denn die Engländer konnten ihre Feuer ebenso schnell wieder löschen wie sie sie eingeschaltet hatten. Der Himmel war weiterhin bedeckt, die Sicht jedoch etwas besser geworden.

»Haltet die Augen offen! Die haben nicht für uns ihre ganze Küste beleuchtet«, rief er der Wache zu.

Ehe er den Satz beendet hatte, merkte Endrass, daß dieser Hinweis unnötig war. Die Haltung der drei Männer zeigte, daß sie aufpaßten. Die Doppelgläser vor die Augen gepreßt, suchten sie stumm ihre zugeteilten Sektoren ab. Die See war offensichtlich noch immer leer.

Prien kam auf die Brücke. Während er den Südwester festband und seine Öljacke schloß, die er in der Eile noch nicht zugeknöpft hatte, meldete ihm Endrass:

»Kurs 115°. Die Engländer haben die Küstenbefeuerung um 22.00 Uhr eingeschaltet, ich hatte kurz vorher Kurs geändert, weil ich Sorge hatte, zu dicht unter Land zu kommen. Sonst keine besonderen Vorkommnisse«.

»Das ist nicht schlecht! Haben Sie eine Lotung?«

»Ich wollte gerade eine Lotung nehmen, als man die Befeuerung einschaltete, Herr Kaleunt«.

»Gut«, sagte Prien, während er auf die Lichter starrte.

Spahr trat einen kurzen Schritt zur Seite und lehnte sich über das Brückenkleid, um seinerseits die Leuchtfeuer zu identifizieren. Er beobachtete scharf, den nächstgelegenen Lichtschein, der achtern an Backbordseite zu sehen war, und zählte die Intervalle zwischen Dunkel und Hell.

»Das ist Copinsay Leuchtfeuer«, sagte Prien im gleichen Augenblick als Spahr den Mund öffnete, um das zu melden.

»Ja, zweifellos, Herr Kaleunt. Und das etwas weiter rechts, gute zehn Meilen weiter ab, ist dann Auskerry, das 16 Meilen weit zu sehen ist. Und dann kann das Feuer recht achteraus nur Rose Ness sein. Großartig«, fuhr Spahr fort, »nun wissen wir wo wir sind: auf der Höhe von Burray, fünf bis sechs Meilen ab«.

Die Hände fest um den Rand des Brückenkleides geschlossen, überdachte Prien die Lage. Der Feind gab ihm Gelegenheit, genaue Peilungen zu nehmen. Das war die positive Seite dieses Vorfalls, aber was war der Grund – sicher ein gewichtiger Grund –, der die Engländer veranlaßt hatte, die Befeuerung einzuschalten? Sehr wahrscheinlich die Verlegung einer oder mehrerer schwerer Einheiten der Home Fleet, Schlachtschiffe oder Flugzeugträger. Aber liefen diese Schiffe nach Scapa Flow ein oder verließen sie den Stützpunkt? Trotz besonders wachsamen Ausgucks hatten sie bisher nichts feststellen können. Doch das besagte noch nichts, die Nacht war pechschwarz, und die Briten fuhren wahrscheinlich mit abgeblendeten Schiffen weit ab an Steuerbord in Richtung auf den Hoxa Sound, die Haupteinfahrt von Scapa Flow.

Sie mußten unter allen Umständen vermeiden, von leichten Streitkräften, die den feindlichen Verband sicherten, entdeckt zu werden. Der konnte aber ebenso von Westen wie von Osten durch den Pentland Firth laufen. Mit seinem gegenwärtigen Kurs würde U 47 bald querab von dieser Meerenge stehen, zwar weit ab in freier See, aber in einem immer noch gefährlichen Bereich. Er entschloß sich, zwei oder drei Stunden lang nach Osten zu laufen und dann kehrt zu machen, um wieder in den Bereich der markanten Punkte zu kommen, die sie glücklicherweise so gut hatten ausmachen können. Er beugte sich vor und sah auf seine Armbanduhr.

»Nach Backbord auf 85° gehen«, befahl er ohne Zögern.

Der Wind war nicht mehr böig, aber es wurde merklich kälter. Trotz seiner Handschuhe fühlte Prien, daß die Berührung mit dem Metall seine Finger gefühllos machte. Er nahm die Hände von der Brückenverkleidung und rieb sie energisch gegeneinander, um die Blutzirkulation zu beschleunigen.

Plötzlich gingen alle Feuer aus.

»22.30 Uhr« meldete Spahr. Prien wandte sich an den Obersteuermann.

»Gehen Sie um 01.30 Uhr auf Gegenkurs, so, daß wir wieder in dieses Gebiet zurückkommen. Gegen 04.30 Uhr wollen wir tauchen und uns auf Grund legen«.

Abgesehen von der Ungewißheit um die nächtliche Verlegung eines feindlichen Flottenverbandes hatte Prien noch eine viel schwerere und näherliegende Sorge. Am frühen Abend hatte ihm Wessels gemeldet, daß Seewasser im Schmieröl des Steuerborddiesels festgestellt worden sei. Der LI erklärte, der Wassereintritt sei auf eine schadhafte Gummidichtung zwischen der Laufbuchse und dem Kühlwassermantel eines Zylinders zurückzuführen. Er hoffte, den Schaden im Laufe der Nacht, während das Boot auf dem Grund lag, beheben zu können. Gelänge das nicht, müßte die Unternehmung unwiderruflich abgebrochen werden. Wenn Seewasser im Schmieröl verdampfte, würde der Motor ausfallen, und nur mit dem Backborddiesel weiterzufahren war unmöglich. Dort wo sie hingehen wollten, lagen die Hauptschwierigkeiten in der Navigation, deshalb würde U 47 seine volle Maschinenleistung und Manöverierfähigkeit brauchen. Die Risiken waren so groß, daß der Führer der Unterseeboote es Prien überlassen hatte, die Erfolgsaussichten dieses Unternehmens zu prüfen, ehe er sich entschloß, die Aufgabe anzunehmen oder abzulehnen.

Was halten Sie davon, Prien?

Für den Kapitänleutnant Prien hatte das alles vor weniger als zwei Wochen, genauer gesagt am Sonntag, den 1. Oktober, in Kiel begonnen.

Auf dem Wohnschiff der Uboote, der *Hamburg*, saßen die Offiziere nach dem Mittagessen in der Messe beim Gespräch, als die Tür geöffnet wurde, und ein Läufer den Fregattenkapitän von Friedeburg einließ.

»Bitte mal herhören, meine Herren, der Korvettenkapitän Sobe und die Kapitänleutnante Wellner und Prien werden gebeten, sich beim Führer der Uboote zu melden«.

Von Friedeburg grüßte, drehte sich um und verließ den Raum.

Die Offiziere sahen sich an, ohne etwas zu sagen. Prien warf einen fragenden Blick auf Sobe, seinen Flottillenchef, aber dieser reagierte nicht und blickte auf die Tür, die sich gerade geschlossen hatte. Kapitänleutnant Sohler, Kommandant von U 46, brach das Schweigen:

»Was habt Ihr angestellt, Wellner, Prien? Komm, wir wollen das auch wissen« sagte er, sichtlich um einen ironischen Ton bemüht.

»Ich wüßte nicht, was wir verbrochen haben könnten« erwiderte Prien trocken.

Die drei Offiziere gingen an Deck und stiegen in ein Verkehrsboot, das sofort ablegte. Während der Fahrt durch den Hafen überlegte Prien, was wohl der Grund für diese an einem Sonntag ungewöhnliche Aufforderung sein könne. Das Boot verringerte die Fahrt, die Maschine ging zurück, dann lag das Boot längsseit der *Weichsel*. Auf der Tirpitzmole, nahe der *Weichsel*, musterte Kommodore Dönitz, der Führer der Uboote, eine Ubootbesatzung.

Sobe, Wellner und Prien warteten geduldig, ihren Gedanken nachgehend und ohne ein Wort zu wechseln, in der Messe der *Weichsel*. Zuerst wurde Sobe, dann Wellner zum Kommodore geführt.

Als er allein war, stand Prien aus seinem Sessel auf und ging, die Hände in den Taschen, an ein Bulleye. Geistesabwesend ließ er seine Blicke über den Hafen wandern, ein Hackenklappen veranlaßte ihn, sich umzuwenden.

»Der Kommodore läßt Kapitänleutnant Prien bitten«, sagte der Läufer.

Prien folgte ihm die wenigen Schritte und betrat einen großen Raum. In dessen Mitte stand Dönitz mit gekreuzten Armen hinter einem kartenbedeckten Tisch und blickte ihm entgegen. Er hatte eine starke persönliche Ausstrahlung. Sobe und Wellner standen an seiner Seite. Der Kommodore, in blauer Marineuniform, war groß und von schlankem Wuchs, sein Gesicht war durch eine breite Stirn geprägt. Seine klaren, energischen Gesichtszüge wurden von leuchtenden, blau-grauen Augen beherrscht. Prien trat an den Tisch und grüßte förmlich. Mit dem Anflug eines Lächelns gab Dönitz ihm die Hand und bat ihn ohne weitere Vorrede, aufmerksam zuzuhören, was Wellner, der bei den Orkneys operiert hatte, berichten werde.

Die Orkneys! Priens Herz schlug schneller, aber er zeigte seine Erregung nicht. Er warf einen schnellen Blick auf den Tisch, um sich zu überzeugen, daß er nicht träume. Das war es also: »Scapa Flow« stand groß und deutlich auf einer der Karten. Wellner, der sich über den Tisch gebeugt hatte, um seinen Bericht zu beginnen, hob für einen Augenblick den Kopf. Angesicht zu Angesicht sahen sich die beiden Offiziere für eine Sekunde genau in die Augen. Dann begann Wellner mit ruhiger Stimme seinen Bericht:

»Ehe ich im Einzelnen meine Beobachtungen, die ich mit U 16 über die Sicherungsmaßnahmen, die Betonnung, die Leuchtfeuer und Gezeitenströme machen konnte, darlege, werde ich versuchen, Ihnen einen generellen Überblick zu geben über die Schwierigkeiten, nach Scapa Flow einzudringen«.

Wellner machte eine kurze Pause und schien zu überlegen, wie er beginnen sollte. Prien stellte fest, daß Dönitz und Sobe ihn unentwegt ansahen. Der Kapitänleutnant begann wieder zu sprechen.

»Der Feind hat natürlich die verschiedenen Einfahrten der Bucht mit Netzen, Minen, Balkensperren und Blockschiffen gesperrt. Die Hauptfahrwasser Hoy Sound, Switha Sound und Hoxa Sound sind besonders gut geschützt. Die Schiffahrt scheint durch den Hoxa Sound zu laufen, der durch zumindest ein Vorpostenboot bewacht wird und durch ein Ubootnetz gesperrt ist, das für die Ein- und Ausfahrt von Kriegsschiffen wie auch von Fischerbooten geöffnet wird. Bei geöffneter Sperre ist es vielleicht möglich, sich getaucht hinter einem einlaufenden Schiff hineinzuschleichen. An der Ostküste sind der Kirk Sound und der Skerry Sound, die hinter dem Holm Sound liegen, durch Wracks versperrt, die im Ersten Weltkrieg dort ausgelegt wurden. Außerdem sind die Gezeitenströme hier sehr stark. Die anderen Einfahrten, Water Sound und East Weddel Sound sind wegen der Riffe und Untiefen unbenutzbar. Ich habe festgestellt, daß Leuchtfeuer und Bojen bei nächtlichem Ein- und Auslaufen von Kriegsschiffen zeitweise eingeschaltet werden. Nach meinen Erfahrungen in diesem Gebiet ist die See selbst der beste Schutz von Scapa Flow gegen Ubootsangriffe. Ich hatte mit U 16 im Pentland Firth, im Vorfeld des Hoxa Sound, große Schwierigkeiten. Wir mußten – glücklicherweise bei Nacht – auftauchen, da wir getaucht nicht gegen den Gezeitenstrom ankommen konnten, der an manchen Stellen bei Springtide zehn Knoten übersteigt. Wo er am stärksten setzt, bricht sich die See stark über die ganze Breite des Fahrwassers. Es ist klar, das unsere Boote, die getaucht nicht mehr als sieben Knoten machen, und auch dies nur für kurze Zeit, den Strudeln, Strömungen und Querströmen beim Operieren in diesem Gebiet und besonders im Pentland Firth hilflos ausgeliefert sind. Es ist deshalb wichtig, sich mit den Gezeitenströmen und den Zeiten ihres Kenterns eingehend vertraut zu machen«.

Wellner schilderte nun Einzelheiten seiner Beobachtung. Von Zeit zu Zeit glitt sein Zeigefinger über die Karte, um die Abwehrmaßnahmen zur Sperrung einer Einfahrt genau zu zeigen. Während er zuhörte, wirbelten allerlei Ideen durch Priens Kopf, er fieberte vor Erregung bei dem Gedanken an einen Angriff auf den berühmten Stützpunkt der Home Fleet.

Als er sich wieder gefangen hatte, kamen ihm die Mißerfolge von Ubooten bei Scapa Flow während des Krieges 1914/18 in Erinnerung: von Hennig, Hansen und Emsmann, der mit freiwilligen Offizieren ausgelaufen war, um das Flaggschiff der Grand Fleet, das Schlachtschiff *Iron Duke* mit der Flagge von Admiral Jellicoe, zu torpedieren.

Wellner beendete schließlich seine Erläuterungen. Die nun folgende Stille löste in Priens Unterbewußtsein eine Reaktion aus; er machte sich Vorwürfe, daß er seinen Gedanken freien Lauf gelassen und sich nicht darauf konzentriert hatte, was Wellner sagte.

Nun begann Dönitz zu sprechen. Er unterstrich, wie gewohnt mit nur wenigen Worten, die Gefahren eines Angriffs gegen Scapa Flow, nahm einen Zirkel und zeigte auf der Karte auf den Hoxa Sound.

»Hier ging Emsmann verloren. UB 116 wurde in der Minensperre, die die äußere Sicherung des Hoxa Soundes bildete, entdeckt. Die Minensperre konnte von Land aus elektrisch gezündet werden. Die Briten schlossen den Stromkreis. Ich glaube nicht, daß Sie durch den Hoxa Sound eindringen können und noch weniger – wegen der dortigen Sperren – durch den Switha- oder den Hoy Sound.«

Der Zirkel glitt über die Karte und hielt auf dem Kirk Sound.

»Hier, quer im Kirk Sound, liegen nur zwei versenkte Dampfer. Ein anderer Rumpf, der an der Nordseite versenkt wurde, hat sich unter der Gewalt des Gezeitenstromes parallel zur Küste von Mainland gedreht und ist ein Stück nach Osten versetzt worden. Zwischen dem einen Wrack und der Insel Lamb Holm ist die erste Lücke mit einer Breite von 17 Metern bei Niedrigwasser und einer Tiefe von sieben Metern. Eine zweite engere Lücke öffnet sich zwischen dem anderen Wrack und der Nordküste des Kirk Sound. Die Ufer sind unbewohnt. Ich könnte mir vorstellen, daß ein entschlossener Kommandant bei Nacht und bei Stauwasser aufgetaucht hier durchkommen kann. Natürlich ist die Navigation nicht leicht, im Gegenteil, das wird der kritischste Teil der Unternehmung sein«.

Dönitz legte den Zirkel auf die Karte und warf mit leichtem Stirnrunzeln einen fragenden Blick auf Prien.

»Was halten Sie davon, Prien?«
Überrascht senkte dieser seine Blicke auf die Karte. Ehe er Zeit
hatte, sich zu fangen, fuhr Dönitz fort:
»Ich will jetzt keine Antwort. Alle Unterlagen, die wir haben,
nehmen Sie mit. Sie können die verschiedenen Gesichtspunkte des
Problems prüfen und die Erfolgschancen abwägen. Ich erwarte
Ihre Antwort am Dienstag.«
Prien richtete sich straff auf, sammelte die Aufzeichnungen auf
dem Tisch und schob sie in einen großen Umschlag, den Sobe ihm
reichte. Dann rollte er die Karten zusammen.
Den Umschlag in der Linken und die zusammengerollte Karte
unter dem Arm wartete er darauf, daß ihn der Kommodore ent-
ließ, doch Dönitz wandte sich noch einmal an ihn:
»Ich hoffe, Sie verstehen mich richtig, Prien. Sie sind in Ihrem
Entschluß völlig frei. Wenn Sie zu der Überzeugung kommen, daß
sich die Unternehmung nicht durchführen läßt, melden Sie es mir.
Es fällt dann absolut kein Makel auf Sie, denn ich bin sicher, daß
Ihre Entscheidung auf ehrlicher Überzeugung beruht«.
Döntiz streckte die Hand aus:
»Natürlich ist äußerste Geheimhaltung für den Erfolg der Unter-
nehmung unerläßlich«.
Die Besprechung war beendet. Prien grüßte und verließ den Raum.
Noch unter dem Eindruck des soeben Geschehenen ging er zur
Hamburg zurück, ohne wahrzunehmen, was um ihn herum vor-
ging. Er verschloß die Unterlagen sorgfältig in einen Stahlschrank
und beschloß, zum Abendessen nach Hause zu gehen.
Er ging wie ein Roboter, nur mechanisch erwiderte er auf seinem
Wege den Gruß der vorbeigehenden Seeleute und Soldaten. Er
dachte über seine Verantwortung nach. War die Unternehmung
durchführbar? Wenn ja, wie waren die Erfolgsaussichten?
Noch einmal ließ er sich die Besprechung, an der er soeben teilgenommen hatte, durch den Kopf gehen: er selbst hatte praktisch gar
nichts gesagt, ebenso Sobe; Wellner hatte sich ziemlich pessi-
mistisch gezeigt, als er über seine Beobachtungen berichtet hatte,
der Kommodore hielt die Unternehmung für möglich, und dieser
Mann wußte, was er sagte.
Die lang erträumte Gelegenheit, sich durch eine hervorragende
Tat auszuzeichnen, schien zumindest greifbar. Durfte er diese

Chance vorübergehen lassen? Es drängte ihn mit aller Macht, blindlings zu akzeptieren, aber die Vernunft gewann die Oberhand. Er hatte zwei Tage, um alle verfügbaren Informationen sachlich zu prüfen, ehe er nach bestem Wissen und Gewissen über die Möglichkeiten von Erfolg und Fehlschlag entscheiden mußte.

Prien aß mit seiner Frau und seiner kleinen Tochter zu Abend. Beim Essen pflegte er sonst vergnügt von den Ereignissen des Tages oder dem, was seine Männer taten, zu berichten. Er hatte auch eine besondere Gabe, voll Witz Geschichten aus seinem Leben zu erzählen. Aber durch diese gutmütige Art durfte man sich nicht täuschen lassen. Mit 31 Jahren war Prien ein Mann, der hart gegen andere, aber auch ebenso hart gegen sich selbst war.

An diesem Abend merkte seine Frau sehr bald, daß ihn etwas Wichtiges beschäftigte, denn trotz aller Mühen konnte er dem Gespräch nicht folgen. Sie fragte nicht, denn die Erfahrung hatte sie gelehrt, daß, wenn ihr Mann über das, was ihn bewegte, schwieg, es besser war, nicht darüber zu reden. Sie räumte nur den Tisch früher als gewöhnlich ab unter dem Vorwand, daß sie mit ihrem Töchterchen vor dem Schlafengehen noch einen Spaziergang machen wolle.

Prien stand vom Tisch auf, nahm seine Mütze, küßte seine Frau, die sich in der Diele fertigmachte.

»Ich gehe nochmal kurz weg«, sagte er entschuldigend auf der Schwelle.

Er ging schnellen Schritts zur *Hamburg* zurück, holte den Umschlag und die Karten und dann wieder nach Hause. Seine Frau war nicht da.

Er zog sich in sein Zimmer zurück, breitete die Karten auf dem Tisch aus und begann zu arbeiten. Sorgfältig prüfte er nacheinander alle Unterlagen und die darin enthaltenen Informationen, wie die gegebenen Größen einer mathematischen Aufgabe. Tief in seine Arbeit versunken, hörte er nicht, daß seine Frau mit dem Kind nach Hause kam; er bemerkte ihre Anwesenheit nicht, bis sie ihm durch den Türspalt ›Gute Nacht‹ sagte.

Um es sich bequemer zu machen, breitete Prien schließlich die Karten auf dem Teppich aus. Spät in der Nacht mußte er zugeben, daß die Engländer das Menschenmögliche getan hatten, unüberwindliche Hindernisse zu schaffen. Der einzig schwache Punkt war Kirk Sound mit seinen beiden Lücken, den Durchfahrten mit den phantastischen Gezeitenströmen.

Sein Entschluß stand fest, er würde fahren!

Es würde nicht leicht sein, sich zwischen den Blockschiffen durchzuklemmen, aber der Kommodore hatte recht, die Unternehmung war durchführbar.

Prien sammelte die Unterlagen ein, schob sie sorgfältig in den Umschlag und rollte die Karten wieder auf. In der Diele nahm er Mantel und Mütze, holte Umschlag und Kartenrolle, knipste das Licht aus, ging hinaus und schloß leise die Tür.

Draußen war es schon etwas kühl, die Sterne standen an einem wundervollen Herbstnachthimmel.

Er fühlte sich erleichtert und ging schnellen Schrittes durch die leeren Straßen zur *Hamburg*.

Nachdem er die Unterlagen im Stahlschrank eingeschlossen hatte, ging er in die leere Messe, holte sich eine Flasche Bier und ein Glas und setzte sich. Auf dem Tisch lag ein halbleeres Zigarettenpäckchen, das jemand dort vergessen hatte. Er steckte sich eine an. Welch unvorhergesehenen Ereignisse hatten hier ihren Ausgang genommen!

Dieser Tag würde seine Laufbahn verändern. Zum ersten Mal war er stolz, daß der ›Große Löwe‹ ihn unter all seinen Kameraden ausgewählt hatte. Schon morgen würde er ihm seinen Entschluß, die Aufgabe zu übernehmen, melden. Sein Boot war auslaufbereit und er hatte eine erfahrene Besatzung. Er überlegte, wie sie die Nachricht von einer so verwegenen Unternehmung aufnehmen würde. Ihm war bewußt, daß es eine sehr gefährliche Angelegenheit war, aber je mehr er darüber nachdachte, desto sicherer wurde er sich des Erfolges. Der Gedanke, daß ihm dabei so hervorragende Männer wie Endrass, sein unersetzlicher 1 WO, Wessels und Spahr zur Seite standen, beruhigte ihn sehr.

Prien drückte die Zigarette im Aschenbescher aus, leerte sein Glas und stand auf, um nach Hause zu gehen.

Auf dem Heimweg schritt er ohne Hast dahin, die Hände in den Manteltaschen und dachte melancholisch an vergangene Jahre.

Prien hatte kein leichtes Leben gehabt. Die 1923 in Deutschland herrschende Inflation hatte seine Familie ruiniert. Schon als Halbwüchsiger hatte er in Leipzig hart mit den Realitäten des Lebens

Links: Günther Prien an Bord von U 47. – Rechts: Kapitänleutnant Günther Prien (BfZ)

Links: Obersteuermann Wilhelm Spahr. (Spahr) – Rechts: Bootsmaat Dziallas, einer der noch lebenden beiden Augenzeugen, die während der Unternehmung als Ausguckposten auf der Brücke waren. (Autor)

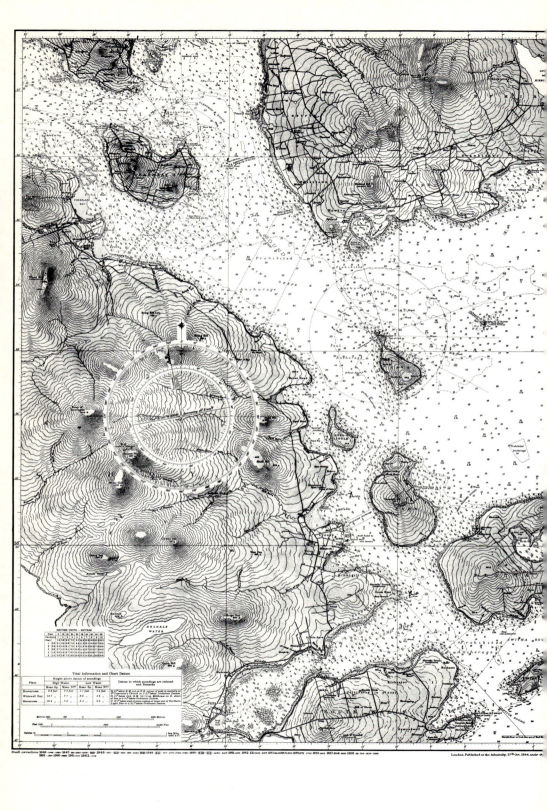

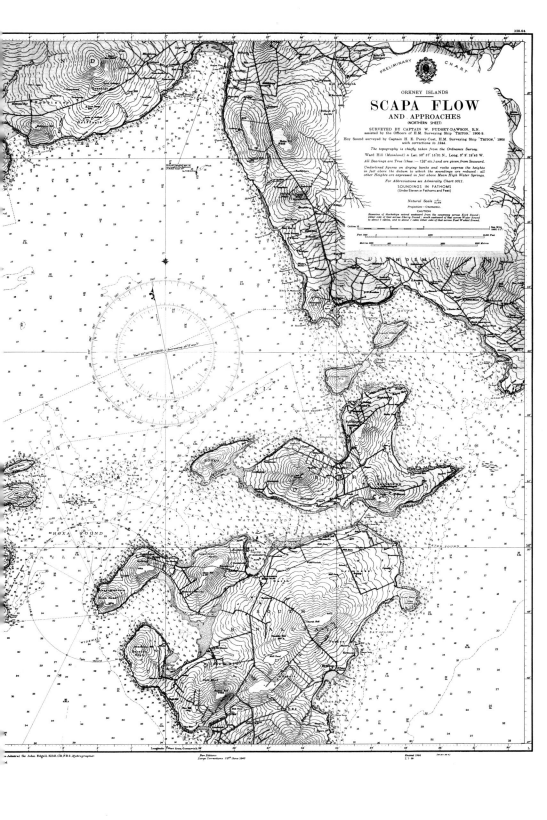

Links: Großadmiral Dönitz, der das Unternehmen gegen Scapa Flow plante. (Dönitz) – Rechts: Günther Prien, Kommandant U 47. (Signal, 1941)

Links: Oberleutnant (Ing.) Hans Wessels, Leitender Ingenieur von U 47 (Wessels). Rechts: Oberleutnant zur See Engelbert Endrass, 1. Wachoffizier auf U 47.

kämpfen müssen. Seine Muter hatte Not gehabt, ihre drei Kinder Günther, Hans-Joachim und Lieselotte, zu ernähren. Günther, der Älteste von ihnen, mußte Kartons voller Spitzen, die eine Tante auf dem Land aufgekauft hatte, in den Läden zum Verkauf anbieten, dabei bemühte er sich, nicht von seinen Schulkameraden gesehen zu werden. Seine Mutter malte Bilder, um ihr schmales Einkommen zu verbessern, und hatte das beste Zimmer der Wohnung an einen Studenten mit Namen Buzelius vermietet.

Schon von klein auf hatte Günther von Reisen in ferne Länder geträumt. In seinem kleinen, auf den Hinterhof hinausgehenden Zimmer, hing über seinem Feldbett ein einziges Bild, das seines Lieblingshelden Vasco da Gama, der als 27-jähriger mit drei kleinen Segelschiffen sich ins Ungewisse aufmachte, den afrikanischen Kontinent umrundete und entschlossen in den Ozean hinaussegelte, der sich vor ihm auftat, und so den Seeweg nach dem legendären Indien entdeckte. Das war ein Leben!

Dann kam der Tag, an dem Günther seiner Mutter sagte, daß er auf die Seemannsschule in Finkenwerder bei Hamburg gehen wolle. Frau Prien legte den Berufswünschen ihres Sohnes keine Hindernisse in den Weg.

Auf der Schule von Kapitän Oelkers ging die Ausbildung schnell voran. Nach drei Monaten schüttelte der Leiter seinen Schülern die Hand und wünschte gute Fahrt für's Leben.

Günther begann seine Lehrzeit als Schiffsjunge an Bord des Dreimastvollschiffes *Hamburg* mit dem Reinigen der Toiletten. Das Seemannsleben begann nicht so, wie er sich das vorgestellt hatte. Doch auf der *Hamburg* wurde er ein Mann unter richtigen Männern und diese machten ihn zu einem Seemann auf ihre Weise – und die war rauh und oft brutal.

Mehr denn je war er entschlossen, Offizier zu werden. Nach einer Fahrzeit als Matrose auf dem Frachter *Pfalzburg* bereitete er sich auf die Prüfungen an der Seemannsschule vor. Danach konnte er mit seinen Zeugnissen als Steuermann auf großer Fahrt und als Funkoffizier eine Stellung als 4. Offizier auf dem Dampfer *San Franzisco* antreten. Er trug nun eine schöne Uniform mit einem schmalen goldenen Streifen am Ärmel und hatte eine gehaglige Kammer.

Ende Januar 1932 bestand Prien erfolgreich die letzten Examen.

Mit dem Patent als Kapitän auf großer Fahrt hatte er sein Ziel erreicht. Nun würde er einmal der Herr ›seines‹ Schiffes sein, ›Master next God‹.

In der Folge suchte er nun die verschiedenen Reedereien auf, Hapag, Sloman, Riedemann, dann die anderen, kleineren Firmen. Überraschung, Entmutigung, Enttäuschung. Niemand legte Wert auf seine Zeugnisse; es herrschte starke Arbeitslosigkeit, und die Antwort war immer die gleiche:

»Sie haben Pech. Die Zeiten sind schwierig. Lassen Sie Ihren Namen und Adresse hier für den Fall, daß etwas frei wird, aber wir können nichts versprechen«.

Um auch nicht die kleinste Chance zu verpassen, ein Schiff zu bekommen, blieb er in Hamburg und lebte von seinen Ersparnissen. Um länger durchzuhalten, begann er, das Buch ›*China Klipper*‹ zu übersetzen, aber als er kein Geld mehr für Verpflegung und Heizung hatte, mußte er bei Seite 50 aufgeben. Harry Stoewer, der frühere Bootsmann der *Hamburg*, half ihm so gut er konnte. Auch er hatte seinen Traum verwirklicht und war Eigentümer einer kleinen Kneipe ›Zum Davidstern‹ in der Davidstraße geworden. Dort konnte Prien Essen und Trinken anschreiben lassen. Die beiden Männer sprachen gern von ihrer Zeit auf dem Dreimastvollschiff. Bei einem Grog erinnerten sie sich des Sturms, der das Segelschiff auf die Südküste von Irland zwischen Hook Point und Cape Head geworfen hatte, an den Schiffbruch, an das Feuer im Laderaum mitten im Atlantik oder an das Desertieren des Kochs Balkenhol in Pensacola. Dabei gab Prien Stoewer gegenüber die Gesichte zum besten, wie die Besatzung, ohne es zu ahnen, beinahe gestorben wäre. Der Schiffsjunge Prien war als Koch abgeteilt worden und hatte den Weißkohl mit einer Soße aus Mennige gefärbt, weil er Angst hatte, von den Seeleuten verprügelt zu werden, wenn es zum Sonntagsessen nicht wie üblich Rotkohl gäbe. Ja, Stoewer erinnerte sich, daß er wie alle anderen Besatzungsmitglieder sich die Seele aus dem Leib gekotzt hatten, obwohl gutes Wetter herrschte. Dann hatte der ›Alte‹ ohne weitere Bemerkung Opium und Rizinusöl an die Besatzung ausgegeben.

»Das habe ich nie vermutet« sagte Stoewer und sein riesiger Körper schüttelte sich vor Lachen.

»Der ›Alte‹ hat's gewußt. Er hatte in der Küche rumgeschnüffelt und als er den Topf mit Mennige sah, wußte er Bescheid. Ich glaubte, er würde mich vor Wut erwürgen. Aber – um er kurz zu machen – er sagte mir nur, daß es in meinem eigenen Interesse besser sei, darüber den Mund zu halten«.

Trotz der freundschaftlichen Hilfe von Stoewer konnte Prien nun nicht mehr länger in Hamburg bleiben und auf ein Schiff warten, das täglich schwerer zu finden war. Widerstrebend stieg er in den Zug nach Leipzig. Es ist nicht leicht, nach acht Jahren ohne einen Pfennig in der Tasche wieder nach Hause zu kommen.

Prien war nicht der Mann, auf Kosten seiner Mutter zu leben. Jeden Tag überflog er die Stellenangebote. Das dauerte nicht lange, die Seiten waren mit Stellengesuchen übersät. Die Tage gingen dahin, er war erschöpft von dem vielen Laufen durch die Straßen auf der Suche nach Arbeit. Die Zeit nach dem Verlassen der Schule in Finkenwerder, ehe er auf dem Dreimaster anheuerte, hatte sich ihm eingeprägt. Ohne Geld für die Heimfahrt und auf der Suche nach einem Bett hatte er für einige Zeit in der Schule von Kapitän Oelkers gewohnt und sich dort manche Schikane gefallen lassen müssen. Dort hatte er gelernt, daß ›nach zwei Tagen ein Gast und ein toter Fisch anfangen zu stinken‹. Mit 16 Jahren vergißt man nicht. Aber jetzt war er moralisch und physisch am Ende. Er mußte sich wieder in die Gewalt bekommen, irgend etwas zu tun.

Eines Tages trat er, als Reaktion gegenüber der in Unordnung geratenen Welt um ihn herum, der aufkommenden NSDAP bei, weil diese Partei ein Programm für eine realistische wirtschaftliche Wiederbelebung hatte. Er hoffte auch, dadurch mehr Aussichten zu haben, zu einem Arbeitsdienstlager zugelassen zu werden. Er war jetzt 24 Jahre alt.

Lamprecht, der Leiter des Lagers im Vogtland, wählte ihn sehr bald aus den übrigen ungebildeten Männern als seinen Assistenten aus. Aber der Seemann war nicht für die Schreibtischarbeit geschaffen. Als er hörte, daß die Reichsmarine Handelsschiffsoffiziere als Seeoffiziere einstellte, griff er zu, verließ das Lager und trat im Januar 1933 in Stralsund in die Marine ein. Dann meldete er sich zur Ubootwaffe. Bei der Marine brauchte er sich nun keine Sorge mehr um das Morgen zu machen. Sein Leben änderte sich vollständig: Ausbildungszeit, technische Ausbildung an der Ubootschule unter Fregattenkapitän Slevogt, Übungen auf U 3

39

unter Kapitänleutnant Meckel.

Dann wurde er Oberleutnant Prien Erster Wachoffizier auf U 26 unter Kapitänleutnant Hartmann.

Das Uboot lag in Bremen bei der Deschimag. Er fuhr von Kiel mit der Bahn und nutzte das Umsteigen in Hamburg, um auf einen Sprung in St. Pauli reinzusehen und Harry Stoewer zu besuchen. Er hatte die böse Zeit nicht vergessen und wollte seine Schulden bezahlen.

Im ›Davidstern‹ erhielt er einen Schock. Der frühere Bootsmann des Dreimasters hatte sich vor zwei Jahren erhängt. Durch seine Gutmütigkeit ruiniert, hatte der alte Seemann es vorgezogen, seinem Leben ein Ende zu setzen. Tieftraurig ging Prien mit gesenktem Kopf wieder weg, ohne an etwas anderes denken zu können, als an seinen Freund. – So war das Leben. Stoewer war gescheitert, weil er zu vertrauensselig war. Als er selbst in Not kam, wandte ihm jeder den Rücken.

U 26 lief in die iberischen Gewässer aus. In Spanien herrschte Revolution, und das Boot sollte die deutschen Interessen schützen. Die Besatzung hatte in Hartmann ein gutes Vorbild, er war ein ›As‹.

Sechs Monate später heiratete Prien.

Im Dezember 1938 wurde er Kommandant. Nach Meldung beim Flottillenchef, Kapitänleutnant Sobe auf dem Wohnschiff *Hamburg*, wollte der neue Kommandant möglichst schnell sein Boot kennenlernen, das in der Krupp Germania-Werft lag.

U 47 machte ihm einen guten Eindruck. Der lange, stählerne Fisch war schlank und rassig. Werftarbeiter waren bei den letzten Pinselstrichen an den Aufbauten. Mit Kennerblicken und berechtigtem Stolz ging Prien durch das Boot.

Unter einer blassen Wintersonne meldete der Leitende Ingenieur des Bootes, Oberleutnant Wessels, am folgenden Tag um 10.00 Uhr auf der Brücke von U 47 dem Kommandanten die Besatzung. Prien musterte doch ein wenig bewegt die 38 Männer, die in zwei Reihen angetreten waren und hielt eine kurze Ansprache mit recht einfachen Worten, die ihm ganz natürlich über die Lippen kamen. Dan wechselte er mit jedem der Männer ein paar Worte, um sie ein wenig kennenzulernen.

Im Frühjahr 1939 begann das Boot mit seinen täglichen Ausbildungsfahrten und war in den ersten Tagen des August klar zum Auslaufen in den Atlantik. Dann kam der Krieg.

Dieser Krieg, an den niemand an Bord ernsthaft geglaubt hatte, währte nun kaum einen Monat, und schon war er im Begriff, eine Aufgabe zu übernehmen, die die meisten seiner Kameraden als Himmelfahrtkommando angesehen hätten. Bis heute war Scapa Flow unbezwungen geblieben. Aber ihn reizte die sportliche Seite dieses Abenteuers, und er fühlte sich durchaus in der Lage, dieses seemännische Meisterstück zu vollbringen. Er kam sich vor wie ein Ritter, der in ein Turnier zieht.

Dann dachte er an seine Tochter und seine Frau. Was würde sie gesagt haben, wenn sie davon wüßte? Durfte er im Hinblick auf seine kleine Familie solche Risiken auf sich nehmen? Er wischte mit der rechten Hand über die Stirn, wie um diese bedrückenden Gedanken zu verscheuchen, und sah, daß er vor seiner Haustür angelangt war, zog seinen Schlüssel aus der Tasche und trat lautlos ein. Eine Viertelstunde später lag er in tiefem Schlaf.

Am nächsten Morgen, am Montag, den 2. Oktober 1939, klopfte er an die Tür des Fregattenkapitäns von Friedeburg, Chef des Stabes von Kommodore Dönitz. Er trat ein und grüßte.

»Ich bitte den Führer der Unterseeboote so bald wie möglich sprechen zu dürfen, Herr Kapitän. Es ist dringend!« sagte er zu dem Offizier hinter dem Schreibtisch.

Von Friedeburg griff nach dem Telefonhörer und wählte eine interne Nummer.

»Hallo, Herr Kommodore? Hier von Friedeburg. Es ist wegen Kapitänleutnant Prien, er möchte Sie sprechen ... Ja ... Heute noch ... Jawohl Herr Kommodore«. Er legte auf und sah Prein an.

»Der FdU erwartet Sie um 14.00 Uhr«.

Ehe er zur *Weichsel* hinüberging, holte Prien seine im Stahlschrank auf der *Hamburg* eingeschlossenen Unterlagen.

Um Punkt 14 Uhr stand er vor Kommodore Dönitz. Hinter seinem Arbeitstisch stehend, fragte dieser sofort mit leichtem Stirnrunzeln »Ja oder Nein?«

»Jawohl, Herr Kommodore« erwiderte Prien ohne Zögern in strammer Haltung, die Kartenrolle und den Umschlag unter den linken Arm geklemmt.

Ein Lächeln spielte um Dönitz' Lippen, er stützte seine Hände auf den Tisch, lehnte sich vor, und fuhr fort:

»Haben Sie an von Hennig, Hansen und Emsmann gedacht? Haben Sie sich die Schwierigkeiten und die Gefahren dieser Aufgabe wohl überlegt?«

»Jawohl, Herr Kommodore, ich bin mir über die Risiken voll im klaren, aber ich glaube, daß ich gute Erfolgsaussichten habe«.

»Gut, Prien. Wenn es Ihnen also gelingt, in die Bucht von Scapa Flow einzudringen, greifen Sie nur große Schiffe an. Riskieren Sie nichts mit Angriffen auf kleine Einheiten. Aus den Unterlagen, die ich Ihnen gab, werden Sie gesehen haben, daß schwere Schiffe nördlich von Flotta und in der Enge zwischen Switha und Risa liegen«.

»Jawohl, Herr Kommodore«.

»Ist Ihr Boot auslaufbereit«?

»Jawohl, Herr Kommodore«.

»Geben Sie entbehrliche Verpflegung und Brennstoff von Bord, ebenso Ihre Torpedos. Ich werde veranlassen, daß Sie elektrische Torpedos erhalten; sie hinterlassen keine Blasenbahn. Erledigen Sie alles so schnell wie möglich, um in kürzester Frist auslaufen zu können«.

Dönitz richtete sich auf und fügte hinzu: »Wir werden das Auslaufdatum später festsetzen. Behalten Sie bis dahin die Unterlagen. Sie könnten Ihnen als zusätzliche Information wichtig sein, falls Sie eine Einzelheit vergessen«.

»Jawohl, Herr Kommodore« sagte Prien und grüßte. Dann machte er kehrt und verließ, die Kartenrolle und den Umschlag fest unter den linken Arm geklemmt, den Raum.

Mittwoch, 4. Oktober und Donnerstag, 5. Oktober 1939. Ein Teil der Verpflegung und des Brennstoffs war zur Verwunderung der Besatzung abgegeben worden.

Freitag, 6. Oktober, Abgabe der Preßlufttorpedos und Übernahme der elektrischen Torpedos G 7 e.

Unterstützt von Endrass leitete Prien diese Arbeiten, ohne auf das ständige Kommen und Gehen von Soldaten und Zivilisten auf der Pier, an der U 47 festgemacht hatte, zu achten.

»Prien, alter Knabe, Du läufst wieder aus?« hörte er eine Stimme durch das Megafon fragen.

Prien drehte sich um und sah Barten auf der Brücke von U 40, das

42

von einer Übungsfahrt kommend einlief.

»Ja, wie Du siehst« rief er, wobei er mit seinen Händen einen Trichter um den Mund formte.

U 40 näherte sich langsam auf parallelem, aber entgegengesetzten Kurs. Gute 50 Meter lagen zwischen den beiden Booten. Die laute Unterhaltung der beiden Kommandanten hatte die Aufmerksamkeit der Umstehenden geweckt; einige Neugierige hatten sich im Gehen umgedreht, andere blieben stehen, um sich das Anlegemanöver von U 40 anzusehen.

Prien sah, wie Barten wieder das Megafon ergriff. »Sag mal, der FdU wird doch wohl nicht die Absicht haben, Dich nach Scapa Flow zu schicken«?

Bartens dröhnende Stimme hallte, von einigen naheliegenden Schuppen zurückgeworfen, über den Hafen.

Priens Blut erstarrte in den Adern, aber er reagierte unverzüglich. Tief zog er die Luft ein und rief so laut er konnte:

»Nein! Leider nicht! Du wirst wohl mit ihm mal darüber sprechen müssen. Daran hat er wahrscheinlich noch gar nicht gedacht«.

Dann brach er in schallendes Gelächter aus.

Wie Perlen standen ihm die Schweißtropfen auf der Stirn und an den Schläfen, es gelang ihm jedoch, sein Entsetzen zu verbergen. Sein Blick fiel auf von Varendorff, der gerade vorbeiging. Ostentativ gab er ihm eine Reihe von Befehlen in der Hoffnung, dadurch Bartens überströmende Fröhlichkeit einzudämmen. Er vermied es, in die Richtung von U 40 zu sehen und tatsächlich hörte er die dröhnende Stimme des Kommandanten:

»Na, wohin auch immer, gute Jagd, alter Knabe«!

»Puh«!

Prien stieß einen Erleichterungsseufzer aus. Er antwortete Barten nicht mehr, sondern winkte nur mit der Hand. Er gab sich Mühe, ruhig zu bleiben, aber Endrass bemerkte seine Erregung.

»Gehen wir vielleicht wirklich nach Scapa Flow, Herr Kapitänleutnant«? fragte er mit leiser Stimme, ein Lächeln auf den Lippen.

»Welche Frage! Scapa Flow scheint bei Euch allen zu einer fixen Idee geworden zu sein« antwortete Prien zweideutig.

»Wo ist Spahr?« fragte er dann, um das Thema zu wechseln, obwohl er genau wußte, was dieser tat.

»In der Werft wegen des Echolotes, Herr Kaleunt«

»Ich möchte Sie beide heute Abend nach dem Essen sprechen. Kommen Sie gegen 19.00 Uhr in meine Kammer auf der *Hamburg*.«

Auf dem Vorschiff des Ubootes hatte sich ein Torpedo auf der Ladeschale verklemmt und die Seeleute fingen an, nervös zu werden.

»Da! Holen Sie die Talje ein wenig durch. Heben Sie den ›Aal‹ ein bißchen, es bringt nichts, wenn Sie ihn beschädigen«, sagte Prien, an den Torpedomaaten Bleeck gewandt.

Endrass ging hin, um mit anzufassen, und überlegte, warum der Kommandant so auf Bartens flapsige Bemerkung reagiert hatte. Er war ratlos. War dieser Vorfall der Anlaß gewesen, ihn und Spahr in seine Kammer zu bitten, wo sie ohne Zeugen waren?

Prien seinerseits hoffte, daß die Unternehmung nach dieser ungelegenen Einmischung von Barten nicht abgeblasen würde. Wie konnte das passieren? Wie kam Barten dazu, den Namen Scapa Flow über den Hafen zu schmettern? Es gab seltsame Zufälle im Leben. Er versuchte, sich einzureden, daß die Lage nicht so schwarz war wie es ihm schien. Wer würde schon glauben, daß U47 sich tatsächlich klarmachte, nach Scapa Flow auszulaufen? Ja, bei reiflicher Überlegung war das gar nicht so dramatisch. Man würde ja sehen, wie der FdU reagierte, wenn er von diesem lächerlichen Zwischenfall hörte. Bis dahin mußte er so tun, als sei nichts vorgefallen.

Die Nacht war über der verdunkelten Stadt angebrochen. Prien eilte schnellen Schrittes über die Stelling auf die *Hamburg* in seine Kammer.

Eine Viertelstunde später gingen Endrass und Spahr wortlos in die gleiche Richtung. Endrass hatte Spahr von dem Vorfall am Nachmittag berichtet, und beide waren zu dem Schluß gekommen, daß etwas Ernstes das Verhalten des Kommandanten bestimmt haben mußte. Die beiden Männer blieben im Durchgang stehen, und Endrass klopfte an die Kammertür.

»Herein«.

Prien saß vor seiner Koje, die mit Karten und Fotografien bedeckt war. Er drehte sich im Sessel um und stand auf. Der 1 WO und der Obersteuermann grüßten. Er schloß die Tür und lehnte

44

sich mit dem Rücken dagegen, die Hände in den Hosentaschen.
»Setzen Sie sich und machen Sie es sich bequem«.
Er blickte sie prüfend an und sagte dann plötzlich:
»Wir gehen nach Scapa Flow!«
Er wartete auf eine Reaktion, aber Endrass und Spahr sahen ihn, ohne eine Miene zu verziehen, weiterhin an.
»Hier sind die Karten und die Unterlagen über die Sperren in den Zufahrten« fuhr er fort, zog die linke Hand aus der Tasche und zeigte auf die Koje.
Die beiden Männer folgten dieser Geste mit ihren Blicken.
»Barten weiß doch nichts, was? Es war eine rein zufällige Bemerkung?« fragte Spahr.
»Ja, natürlich, sonst hätte er das ja nicht gesagt. Diese Unternehmung erfordert wegen des Überraschungseffektes absolute Geheimhaltung. Aber nun haben wir tausend Mitwisser«.
»Vielleicht ist das gar nicht so schlimm« warf Endrass mit seinem bayrischen Akzent ein.
Prien schwieg, und Endrass fuhr fort:
»Angenommen, dort wären ein paar feindliche Agenten gewesen. Sie würden Bartens Scherz niemals ernst genommen haben, im Gegenteil, nun wird niemand mehr wegen der teilweisen Entladung von Verpflegung und Brennstoff sowie dem Auswechseln der Standardtorpedos gegen die elektrischen Torpedos einen Verdacht schöpfen können. In erster Linie zerbricht sich unsere Besatzung den Kopf. Sie haben ebenso wie ich gehört, welche Fragen die Männer stellten und welche abenteuerlichen Mutmaßungen sie anstellten«.
»Das habe ich mir etwa auch schon gesagt, aber ich wäre doch froh, wenn das nicht passiert wäre, denn wenn die Briten unsere Absicht auch nur ahnen, dann sind wir so gut wie erledigt«.
Spahr stand auf und beugte sich über die Karten.
»Haben Sie sich schon entschieden, durch welche Einfahrt wir gehen wollen, Herr Kapitänleutnant?«
»Ja, wir werden versuchen, uns durch den Kirk Sound zu stehlen, das ist der einzig mögliche Weg«.
Prien stieß sich mit einer Schulterbewegung von der Tür ab und stellte sich vor die beiden Männer.
»Ich möchte, daß Sie sich diese Papiere genau ansehen und mir

45

sagen, ob Ihrer Meinung nach die Aufgabe durchführbar ist oder nicht. Ich schließe Sie jetzt hier ein und bin gegen 21.30 Uhr wieder zurück.«

Er nahm seine Mütze vom Haken.

»Auf bald denn, gute Arbeit!« sagte er, ehe er die Tür schloß.

Um Punkt 21.30 Uhr schritt Prien durch den Gang zu seiner Kammer. Er klopfte zwei Mal kräftig gegen die Tür, drehte den Griff und trat ein. Endrass und Spahr saßen ruhig da und rauchten. Er ließ sich in einen Sessel fallen und sah sie an.

»Ich höre«.

»Bei Stauwasser ist es möglich«, antwortete Spahr kurz.

»Ja, ich glaube, daß wir es schaffen werden, durchzukommen«, setzte Endrass hinzu und drückte die Zigarette aus.

Dieser einfache Satz klang so überzeugend, daß Prien keinen Zweifel mehr daran hatte, daß es mit Männern wie diesen beiden gelingen müsse. Er gab sich keine Mühe, ein zufriedenes Lächeln zu verbergen, doch dann wurde er wieder ernst und erläuterte sein Programm.

»Wir laufen übermorgen früh aus, die Unternehmung ist für die Nacht vom Freitag, den 13. auf Sonnabend, den 14. festgesetzt, weil dann Neumond ist. Es wäre gut, wenn Sie sich eingehend mit dem Seehandbuch, den Gezeitentafeln, Stromrichtung und Stärke, sowie dem Tidenwechsel befassen. Das ist äußerst wichtig«.

Er fand, nun genug gesagt zu haben, stand auf, öffnete ein Spind und nahm eine Flasche Rheinwein und einen Korkenzieher heraus.

»Mach auf«, sagte er und warf sie Endrass zu, der sie in der Luft auffing und sich umdrehte, um sich nach Gläsern umzusehen.

»Auf unseren Erfolg«, bemerkte er, während er eingoß.

Nachdem sie sich noch eine Weile unterhalten hatten, verabschiedeten sich Endrass und Spahr.

»Und natürlich kein Wort zu irgend jemandem, und träumen Sie heute Nacht nicht davon«, rief Prien, die Hand auf der Türklinke.

Die beiden Männer gingen durch den leeren Gang davon.

»Man darf nicht abergläubisch sein, wenn man am Sonntag ausläuft und an einem Freitag, den 13., alles auf eine Karte setzt«, flüsterte Endrass verschmitzt.

»Wollen hoffen, daß es uns Glück bringt. Wir können es brauchen«.

Im Scheinwerferlicht eines Autos

Prien hatte sich in vollem Zeug auf die Koje geworfen, um nachzudenken. Nun, da das Boot bis auf wenige Meilen an das Ziel herangekommen war, drohte eine dumme technische Panne alles zu verderben. Das Unternehmen sollte am folgenden Abend beginnen; Wessels und sein technisches Personal hatten nur noch wenige Stunden Zeit, den Schaden zu beheben. Er sah das Gesicht des Kommodore wieder vor sich, und der Gedanke, umzukehren, war ihm unerträglich.

Er schwang die Beine aus der Koje und stand auf. Aus dem Spiegel blickte ihm ein rundes Gesicht mit energischen Zügen entgegen. Die hellen, von dichten Brauen überwölbten Augen deuteten in ihrem kühlen, grau-blauen Schimmer auf einen starken Willen hin. Die etwas nach unten verlaufenden Augenlider setzten sich als Linie bis zu den Schläfen hin fort; kleine Fältchen in den Mundwinkeln beiderseits der schmalen Lippen verliehen ihm einen leicht ironischen, aber auch energischen Ausdruck. Gedankenverloren strich er mit seiner linken Hand über die von einem fünf Tage alten Stoppelbart verdunkelten Wangen, dann nahm er die Mütze und setzte sie auf. Er schlug den grünen Vorhang zurück, der seine Kammer abteilte, trat hinaus und wandte sich nach rechts zu dem kleinen Funk- und Horchraum. Der Funkobergefreite Steinhagen, den Kopfhörer auf den Ohren, sah für einen Augenblick auf, dann wandte er sich wieder seinen Geräten zu.

Der Sturm schien nachzulassen, das Boot wurde nicht mehr so ruckartig und heftig geschüttelt. Breitbeinig durchquerte Prien die Zentrale und blickte auf die vier Männer, die dort zur Besetzung der Tiefenruder sowie zur Bedienung der Trimm- und Lenzpumpen und der Entlüftungen bereitstanden. Dann ging er durch den Unteroffizierraum, um den Klapptisch in der Mitte herum, richtete eine scherzhafte Bemerkung an den Koch, den Gefreiten Walz, der sich in der winzigen Kombüse zu schaffen machte, und trat durch die Tür zum Dieselraum. Trotz der Lüftung war es hier sehr heiß. Sorgenvoll blickte er auf den ausgefallenen Steuerbordmotor. Das gleichmäßige Dröhnen der auf vollen Touren laufenden Backbordmaschine war ohrenbetäubend. Wessels, am anderen Ende des Raums, sah Prien sofort. Der Kommandant beobachtete, wie er etwas zum Obermaschinisten Strunk sagte, dann wandte sich Wessels, sein schweißüberströmtes Gesicht mit einem weißen Tuch trocknend, das er aus der Tasche seines Maschinenanzugs zog, zu Prien.

»Ich glaube, das geht klar«, brüllte er.

»Wird es noch lange dauern?«

»Ich glaube nicht, aber genau kann ich das nicht sagen. Wann beabsichtigen Sie, das Boot auf Grund zu legen?«

»Um halb fünf«.

»Gut, dann werden wir uns sofort danach an die Arbeit machen«.

Vollbefriedigt ging Prien in seine Kammer zurück, er wußte, daß der LI nichts leichtfertig versprach.

Unbewußt hatte die Maschinenpanne ihn veranlaßt, an die Schwierigkeiten zu denken, die er auf dem Wege nach Scapa Flow hinein zu erwarten hatte. Auf seiner Koje sitzend versuchte er, sich das Aussehen der die Einfahrt sperrenden Wracks vorzustellen und ging noch mal die Manöver durch, mit denen er zwischen ihnen durchkommen konnte; dabei verfolgte er geistesabwesend die durch das Schlingern des Bootes verursachten absonderlichen Bewegungen seines am Haken hängenden Jacketts. Er hatte die Unterlagen so eingehend studiert, daß er die Karte des Kirk Sound in allen Einzelheiten hätte zeichnen können. Ganz zweifellos konnte er auf die 1400 PS jedes der beiden Diesel nicht verzichten.

Eine Stimme kam durch das Sprachrohr.

»Kommandant bitte auf die Brücke.«

Er sah auf die Uhr: 04.00 Uhr. Ja, es war Zeit, auf die Brücke zu gehen. Er zog Ölzeug und Stiefel an und ging zur Leiter in der Zentrale.

Endrass meldete ihm, daß er um 01.30 Kurs geändert habe. Sonst keine besonderen Vorkommnisse.

Der Himmel war noch bedeckt und die See voller Schaumkronen. Eisige Spritzer schlugen ihm ins Gesicht, er zog seinen Südwester tiefer hinunter.

»Hat die Maschine den Diesel bald wieder klar?« fragte der 1 WO.

»Sie wollen mit der Reparatur anfangen, sobald wir auf Grund liegen. Wessels meint, er würde nicht lange brauchen, um alles wieder in Ordnung zu bringen.«

Die Sicht war gut geworden. Prien hob das Glas, seine guten Augen hatten sehr bald die dunkle Masse der aus der See aufragenden Inseln ausgemacht. Er ließ das Glas auf die Brust zurückfallen und bemerkte einen Stern.

»Kurs 130°«.

Dann, zu Endrass gewandt: »Wir wollen in zehn Minuten tauchen. Versammeln Sie alle Männer um 04.45 im Bugraum.«

»Jawohl, Herr Kaleunt«, antwortete der 1 WO und dachte ›jetzt ist's soweit, jetzt wird er ihnen sagen, daß wir auf dem Weg nach Scapa Flow sind. Ich bin mal gespannt, wie er das macht‹.

Die Wolkendecke brach auf und zeigte Stücke freien Himmels.

Prien nahm sein Glas hoch und richtete es achteraus auf das Land. Die Inseln waren nur noch eben zu sehen. Er beugte sich über das Sprachrohr:

»Frage Tiefe nach Echolot?«

»90 Meter«.

»Auf Tauchstationen«, befahl er, »Alarm!«

Durchfroren, Augenlider und Augen von Wind und Salz gerötet, hatten die Männer der Wache ungeduldig auf diesen Befehl gewartet. Sie fielen in Rekordzeit in das Luk. Prien selbst schloß den Lukendeckel und stieg in den Turm.

»Auf 90 Meter gehen! Grund ansteuern!« rief er laut, um sich über das Pfeifen der ausströmenden Luft und das Poltern des in die Tauchzellen eindringenden Wassers hinweg verständlich zu machen. Gleichzeitig schloß er das Sprachrohr zwischen Turm und Brücke.

Seit dem Ertönen der Alarmglocke war eine ganze Reihe von Manövern im Dieselraum, im E-Maschinenraum und in der Zentrale ausgeführt worden. Das Maschinenpersonal hatte den Backborddiesel gestoppt, ihn von der E-Maschine abgekuppelt, den Lufteinlaß und die Abgasklappen geschlossen. All das war an der Steuerbordmaschine bereits geschehen, als man sie gestoppt hatte. Sobald der Diesel ausgekuppelt war, schalteten die E-Maate die E-Maschine ein, Zu- und Abluftmast wurden geschlossen. Die Männer an den Entlüftungen der Tauchzellen hatten diese bis auf die achteren Zellen aufgerissen.

In der Zentrale beobachtete Wessels die Kontrollampentafel, die ihm das Schließen der Druckkörperverschlüsse sowie das Öffnen der Tauchzellenentlüftungen anzeigte. Als Prien aus dem Turm befahl, auf 90 Meter zu gehen, ließ er auch die Entlüftungen der achteren Zellen öffnen.

Das Schlingern und Stampfen ließ nach, dann hörte es ganz auf. Das Boot tauchte leicht vorlastig weg; der LI rief die Tiefe aus.

Das Summen der Elektromotoren hörte auf – ein leichter Stoß – U 47 hatte sich auf den Sand gesetzt.

Die Männer kamen, einer nach dem anderen, in den Bugraum. Am Eingang stand Endrass und zählte sie, um sicherzustellen, daß sie alle da waren. Wegen der Enge des Raumes mußten sie dicht zusammenrücken und zusehen, wo sie Platz fanden. Einige saßen nach vorn gebeugt auf den oberen Kojen.

Keiner rührte sich im Raum, das leichte Knirschen des Bootes auf dem Sand war das einzig vernehmbare Geräusch und schien ungewöhnlich laut in der Stille.

Man hörte Schritte im Durchgang, und Prien trat ein. Schon vor längerem hatte er eine kurze Ansprache vorbereitet, doch was er jetzt sagte, war ganz kurz und etwas anderes:

»Wir laufen heute Nacht nach Scapa Flow ein«, sagte er, jede Silbe betonend.

Totenstille herrschte im Raum. Ein Tropfen Kondenswasser fiel geräuschvoll auf die Flurplatten.

»Ich möchte Ihnen nicht verhehlen, daß die Aufgabe nicht einfach ist, aber sie ist durchführbar, sonst hätte ich sie nicht übernommen«.

Mit gespannten Mienen sahen ihn die Männer aufmerksam an.

Prien überflog die grell beleuchteten, fahlen Gesichter und sah ihre
Verblüffung, aber auch eine Erleichterung darüber, daß man nun
endlich das Ziel der Unternehmung kannte. Ein leichtes Lächeln
spielte um seine Lippen als er fortfuhr:
»Der LI hat noch eine Reparatur am Steuerborddiesel auszufüh-
ren. Alle, die nichts zu tun haben, sei es auf Wache oder im Maschinenraum, müssen auf den Kojen bleiben und schlafen. Die
Wache weckt den Koch um 15.00 Uhr. Wir essen um 17.00 Uhr.
Danach wird es für die Dauer der Unternehmung keine warme
Mahlzeit mehr geben, nur belegte Brote, die jeder auf seiner Station essen kann. Außerdem erhält jeder eine Tafel Schokolade. Wir
müssen Strom sparen und dashalb muß jede nicht gebrauchte
Lampe ausgeschaltet werden. Niemand darf sich mehr bewegen
als nötig, damit möglichst wenig Sauerstoff verbraucht wird, denn
wir werden bis zum Abend auf Grund liegen bleiben. Keine Ge-
räusche! Trotz der Tiefe können uns Horchgeräte genau ent-
decken. Während der Unternehmung selbst absolute Ruhe! Kein
Befehl, keine Meldung darf wiederholt werden«.
Er sprach nicht weiter und senkte leicht seinen Kopf, so daß sie
glaubten, seine Ansprache sei beendet, aber er richtete sich sofort
wieder auf und setzte hinzu:
»Es ist in unser aller Interesse, beim Wecken ausgeruht und in
Form zu sein, deshalb wird jetzt geschlafen. Gute Nacht!«
Regungslos blieben die Männer wie angewurzelt auf ihren Plätzen.
Er drehte sich um, und als er hinausging, fühlte er die Blicke seiner
Besatzung im Nacken.
Wieder konnte man Kondenswasser irgendwo auf die Flurplatten
fallen hören.
Prien ging in seine Kammer, zog den grünen Vorhang hinter sich
zu und nahm die Mütze ab. Er ließ sich auf die Koje fallen und
blieb gedankenverloren eine lange Zeit liegen. Dann richtete er
sich wieder auf und fuhr mit der Hand durch sein Haar. Sein Blick
fiel auf das Kriegstagebuch. Er streckte den Arm aus und zog es
heran, um die Tagesereignisse einzutragen. Am Kopfende der Koje
war ein kleiner Tisch runtergeklappt, er rückte heran und begann
zu schreiben.
»12.10.39 Wind Südost, 7–6. Bedeckt
Östlich der Orkneys tagsüber auf Grund gelegen. Abends aufge-

taucht und zur Feststellung des Schiffsortes auf die Küste zugelaufen. Von 22.00 bis 22.30 Uhr sind die Engländer so freundlich, mir die gesamte Küstenbefeuerung einzuschalten, so daß ich genauesten Schiffsort bekomme!«

Er legte seinen Füller hin, nun mußte er noch die Maschinenstörung und das Vorkommen von Seewasser im Schmieröl des Steuerbordmotors erwähnen, aber er hatte keine Lust mehr. Jetzt wollte er etwas schlafen und meinte, es wäre dann immer noch Zeit genug, das Kriegstagebuch zu vervollständigen.

Er zog sein Jackett aus, legte sich nieder und knipste die Lampe aus. Eine Lücke in dem hastig zugezogenen Vorhang schuf ein Halbdunkel um ihn, dann schaltete jemand die Beleuchtung im Gang aus und ließ nur die Nachtlampe brennen. Er schloß die Augen, um zu schlafen. Aus dem Dieselraum drang von Zeit zu Zeit das gedämpfte Geräusch des arbeitenden Maschinenpersonals. Hinter der Querwand, in der Zentrale, anderthalb Meter von dem grünen Vorhang entfernt, hörte er das monotone Flüstern der Wache. Ab und zu gurgelte die Strömung am Druckkörper und in den Aufbauten.

Prien öffnete die Augen und versuchte zu schätzen, wie lange er ungefähr im Halbschlaf gelegen hatte. Er lauschte angespannt, hörte jedoch kein Geräusch aus dem Maschinenraum. Nur das Murmeln der auf Wache befindlichen Männer von nebenan drang zu ihm. Er konnte nicht länger warten, stand auf, zog die Schuhe an, schob den Vorhang beiseite und ging auf Zehenspitzen zum Dieselraum. Das Räuspern und die Bewegungen der Männer, die sich in ihren Kojen hin und her wälzten, zeigten ihm, daß nicht nur er wach war. Als er leise durch den Unteroffizierraum ging, hoben sich ein paar Köpfe, um zu sehen, wer dort vorbeiging.

Der Dieselraum lag im Halbdunkel, eine einzige kleine Lampe warf ihr Licht auf Wessels Gesicht, der über das Maschinentagebuch gebeugt stand. Vertieft in seine Schreibarbeit, hörte er Prien nicht kommen und richtete sich erst auf, als dieser ihm auf die Schulter tippte und mit leiser Stimme sagte:

»Hat alles so geklappt, wie Sie es sich gedacht haben?«

»Ja, ich glaube, die Störung ist beseitigt, Herr Kaleunt. Bestimmt werden wir es erst heute abend wissen, wenn der Motor läuft« antwortete der LI mit leichtem Lächeln.

U 47 im Dock.

Wilhelmshaven, 8. Oktober 1939. U 47 beim Ablegen zur Unternehmung gegen Scapa Flow. Auf der Brücke von rechts nach links: Günther Prien, Amelung von Varendorff, der 2. WO und ganz links Obersteuermann Wilhelm Spahr. (Spahr)

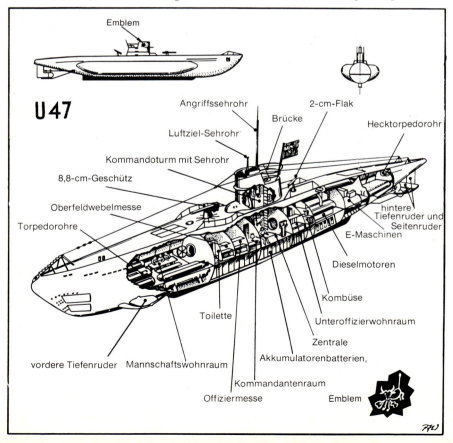

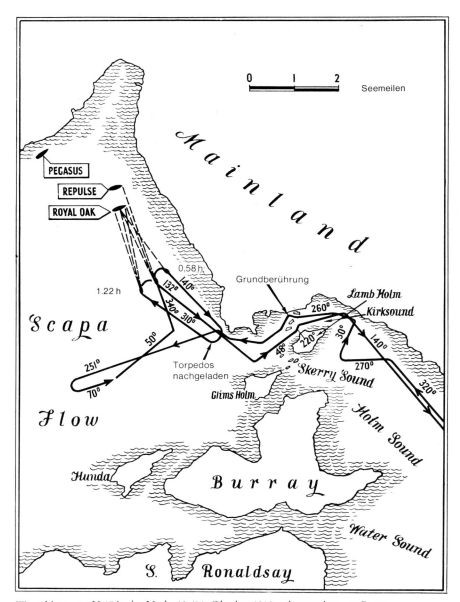

Wegeskizze von U 47 in der Nacht 13./14. Oktober 1939, rekonstruiert von Bootsmaat Ernst Dziallas, einem der beiden Augenzeugen. Sie bestätigt ausdrücklich die Anwesenheit eines zweiten Großkampfschiffes nördlich der *Royal Oak*

◀ Längsschnitt durch U 47 (das am Ende des Torpedoraumes befindliche Kugelschott ist falsch, ein Kugelschott befindet sich nur Vor- und Achterkante Zentrale)

Der rasante Gezeitenstrom im Kirk Sound, durch den Prien ein- und auslaufend hindurch mußte. Später wurde hier die ›Churchill Barrier‹ gebaut. (Imperial War Museum [IWM])

Die ›Churchill Barrier‹ durch den Kirk Sound, gebaut von italienischen Kriegsgefangenen

Prien blickte finster drein und sagte »Machen Sie kein Witze, Wessels, die Mühle muß laufen – und gut laufen! Sie wissen, ich werde das Äußerste von der Maschine verlangen müssen. Sie darf weder in Scapa Flow noch gar im Kirk Sound ausfallen, wenn wir einen Strom von 10 Knoten gegenan haben. Wenn Sie Ihrer Sache nicht absolut sicher sind, dann sagen Sie es mir lieber, solange noch Zeit ist. Klar?«

»Keine Sorge, Herr Kaleunt, das geht klar. Ich sehe keinen Grund für eine Panne. Natürlich ist das nur eine Behelfsreparatur mit Bordmitteln, aber ich garantiere Ihnen, daß die beiden Motoren ihre PS hergeben wie vorher«, versicherte ihm der LI in aller Ruhe.

»Gut. Wessels, das ist genau das, was ich wissen wollte«, antwortete Prien versöhnlich.

Er ging ein paar Schritte weg, kam aber noch einmal zurück und fügte hinzu: »Diese Eintragungen haben Zeit, Sie müssen müde sein und legen sich jetzt besser hin und schlafen. Heute Nacht wird es hart werden!«

»Ich bin fast fertig. In fünf Minuten werde ich wie ein Murmeltier schlafen«.

Die Antwort von Wessels beruhigte ihn völlig und verblüffte ihn zugleich. Der Gedanke, mit einem Motor, der mit Bordmitteln repariert war, nach Scapa Flow einzulaufen, schien den LI nicht aus der Fassung zu bringen. Er bewunderte ihn, daß er so gelassen bleiben und innerhalb von fünf Minuten einschlafen konnte.

Auf dem Rückweg zu seiner Kammer sah Prien Licht in der Messe. Dort saß Spahr, den Kopf in beiden Händen, die Ellbogen auf den Tisch gestützt, vor der Karte von Scapa Flow.

»Ich sehe mir zum letzten Mal die Einzelheiten des Kirk Sound genau an, Herr Kaleunt«, erklärte er mit leiser Stimme.

Um Endrass nicht aufzuwecken, dessen durch einen Vorhang verdeckte Koje hinter dem Tisch lag, sagte Prien gar nichts und ging in seine Kammer zurück.

Er legte sich hin, schloß die Augen, dachte an die Besatzung und wie die Ankündigung auf sie gewirkt hatte. Dann hörte er Wessels in die Messe zu seiner Koje gehen. Gedämpftes Murmeln von Spahr und vom LI drang durch den Vorhang. Das Murmeln wurde leiser, wurde zu einem Summen – Prien schlief ein.

Endrass zog den Vorhang seiner Koje beiseite, als ein Mann der

Wache nach vorn in das ›House of Lords‹* ging, wie sie den vorderen Torpedoraum nannten, um Walz, den Koch, zu wecken. Prien schlief leicht, auch er hörte ihn und wußte, daß es nun bald Zeit zum Aufstehen sei. Als Walz vorbei ging, schlug er die Augen auf und sah durch die Lücke am Vorhang, daß dieser Lappen um seine Schuhe gewickelt hatte, um sich auf den eisernen Flurplatten leise bewegen zu können.

Um 16.00 Uhr kam von Varendorff in die Messe. Auf der anderen Seite hinter dem grünen Vorhang war es dunkel und still. Er sagte sich, daß der Kommandant Nerven von Stahl haben müsse, wenn er so ruhig schliefe, wenige Stunden vor einer Unternehmung, aus der sie nur durch ein Wunder heil herauskommen könnten.

Der 2 WO**, 24 Jahre alt, sah wie ein gerade 20-jähriger aus. Er war schlank und hatte sich wegen seiner Größe eine leicht gebeugte Haltung angewöhnt. Für einen Augenblick dachte er mit einer Mischung aus Bewunderung und Neid an Prien. Er gähnte, fuhr mit der Hand durch sein Flachshaar und beschloß, in die Kombüse zu gehen, um sich etwas Kaffee aufzuwärmen. Endrass steckte den Kopf hinter dem Vorhang heraus und nahm das freundliche Angebot einer Tasse Kaffee gerne an. Auf einem Tablett brachte von Varendorff dann eine Kaffeekanne, eine Dose kondensierter Milch, zwei Tassen und zwei Scheiben Schwarzbrot mit geräuchertem Schinken. Sie tranken und aßen ihre Brote, ohne etwas zu sagen. Beim letzten Schluck brach von Varendorff das Schweigen.

»Ich habe ein seltsames Gefühl bei dem Gedanken, bei einem Angriff auf Scapa Flow mitzumachen. Wie finden Sie das denn, daß wir bald ein Stück Geschichte sein werden?«

»Nun ja, unser Ruhm wird über die ganze Welt gehen und in allen Ländern wird man von uns reden. Oder zumindest werden wir ausgezeichnet und anständigen Urlaub kriegen. Und wenn wir die Sache verkorksen, dann werden wir nur die Liste unserer unglücklichen Vorgänger verlängern. In jedem Fall können wir sicher sein, daß man von U 47 sprechen wird«.

---

*) Mannschaften werden in der deutschen Marine – verballhornt aus »Sailors« (See-)Lords genannt.
**) gesprochen: zwo WO

»Das dürfen Sie nicht sagen. Wir werden ganz bestimmt durchkommen. Ich sehe mich nicht in Scapa Flow bleiben«.

»Das wird in erster Linie von Spahr abhängen. Die Durchfahrt
durch die Sperre mit nur wenig Manövrierraum und einem Strom
von 10 Knoten wird bei weitem das Schwierigste sein«.

»Jedenfalls ist es sportlich und das ist es, was mich reizt. Spahr
versteht sein Geschäft. Da habe ich volles Vertrauen zu ihm. Und
der Alte mit seiner Kaltblütigkeit, der kommt mit dem Boot überall durch, wo er noch Wasser unter dem Kiel hat«.

»Er ist hart mit seinen Männern. Ich würde nicht sagen, daß sie ihn
lieben, aber sie schätzen ihn, und in Gefahrensituationen ist man
froh, daß man ihn hat«.

»Ja, Ich glaube auch, daß wir durchkommen und komme was mag,
die Sache lohnt den Einsatz, nicht wahr?«

»Wir hören besser auf zu reden. Wenn der Alte nicht mehr schläft,
wird er uns eine Abreibung verpassen, weil wir Sauerstoff verschwenden«, sagte von Varendorff und sah zu dem grünen Vorhang hinüber.

In seiner Kammer schlug Prien nun endgültig die Augen auf. Er
hörte unterdrücktes Gemurmel, und ohne die einzelnen Worte zu
verstehen, konnte er sich leicht vorstellen, wovon gesprochen
wurde. Er fühlte sich ausgeruht und gut in Form. Hoffentlich hatten die Männer auch schlafen können.

Vertraute Geräusche zeigten an, daß das Boot zum Leben er-
wachte. Der durchdringende Geruch von Brennstoff, Öl und
Schweiß mischte sich mit dem süßlichen Duft von Eau de Cologne,
mit dem die Männer sich frisch machten, sowie mit Kombüsen-
dünsten. Er zog die Luft tief ein und wußte dann, das Walz
Kassler mit Grünkohl zubereitete.

Es war fast 17.00 Uhr. In der Messe war der Tisch gedeckt, man
wartete auf den Kommandanten. Endrass sah, wie der grüne Vorhang schnell zurückgezogen wurde. Prien erschien und ging zu
seinem Platz. Vom ›House of Lords‹ kam das Klirren der Messer
und Gabeln auf dem Geschirr, ebenso aus dem Unteroffizierraum.
Die gedrückte Atmosphäre wurde erst gelockert, als Prien die
Unterhaltung eröffnete und damit das Sprechverbot aufhob. Das
war zur Hebung der Stimmung notwendig, und außerdem würde
die Luft beim nächsten Auftauchen erneuert werden. Von Varen-

dorff konnte seine Unruhe nicht länger verbergen. Mit vor Erregung glänzenden Augen begann er sehr lebhaft zu sprechen, ohne zu merken, wie sich alle Anwesenden bemühen mußten, seine überquellende Lustigkeit zu ertragen. Sie hatten ihren Kaffee noch nicht zu Ende getrunken, als der Zentralemaschinist Böhm und der Obermaschinist Römer durch die Messe gingen. Sie waren dabei, Sprengladungen anzubringen, mit denen das Boot versenkt werden sollte, wenn es beschädigt in Feindeshand zu fallen drohte. Der erstere brachte die Sprengladung in der Zentrale an, der zweite im E-Maschinenraum. Inzwischen tat Torpedomaat Bleek das gleiche im ›House of Lords‹. Prien hatte einen entsprechenden Befehl an Wessels gegeben, und der LI hatte die drei Männer wegen ihrer Kaltblütigkeit ausgesucht. Wenn die Besatzung das Schiff verlassen müßte, sollten diese Männer zurückbleiben und die Sprengladungen zünden, ehe sie ihrerseits das Boot verließen.

Im ›House of Lords‹ hatte man den Tisch nach dem Essen abgeräumt, und Obermaat Bleek macht sich nun daran, unterstützt von den Obergefreiten Thewes, Loh und Herrmann, zwei Reservetorpedos unter den Flurplatten hervorzuholen und sie in Schnellladeposition hinter die Rohre 1 und 2 bringen. Die vier Männer machten sich an dem Backbordtorpedo zu schaffen; Bleek und Thewes führten den stählernen Aal mit den Händen, Loh und Herrmann bedienten das Hebezeug und hoben den Torpedo nach und nach bis zur Ladeschiene über ihren Köpfen, bis der Torpedo auf der Höhe von Rohr 2 hing. Thewes richtete sich auf und wischte mit dem Handrücken über die schweißüberströmte, unrasierte Backe. Er keuchte, die schlechte, stickige Luft ließ die geringste Tätigkeit zur Schwerarbeit werden. Kleine Kondenswassertropfen glitzerten an den Druckkörperwänden, an den Verschlüssen der Torpedorohre, auf den Rohrleitungen, wohin man auch sah.

Dann kam der Steuerbordtorpedo dran. Unentwegt drehte sich der Sekundenzeiger auf der Wanduhr in der Zentrale. Es war nun bald Zeit zum Auftauchen. Nach und nach gingen die Männer auf ihre Plätze, ehe sie auf Tauchstationen gerufen wurden. Der Hauptgefreite Hölzer fand den Stabsmaschinisten Böhm in der Zentrale bei den Entlüftungs- und Anblaseventilen und ging zum Echolot. Dann kam Spahr und setzte sich vor den kleinen Tisch, auf dem er die Karte von der Ansteuerung von Scapa Flow ausbreitete. Kurz danach erschien Wessels.

Im Turm stand der Matrosengefreite Schmidt am Ruder und sah alle, die gleich auf Brückenwache ziehen würden, im Ölzeug in den Turm kommen: Bootsmann Sammann, Bootsmaat Dzialles, Gefreiter Hänsel, sowie von Varendorff und Endrass. Der 1 WO stand breitbeinig, die Hände vor der Brust verschränkt, Sammann beschäftigte sich damit, seine Nägel zu reinigen, und Hänsel rieb sich sein Kinn mit dem versonnenen Ausdruck eines Schülers bei der mündlichen Prüfung. Dann hörten sie jemand die Leiter aus der Zentrale hochsteigen, und der Kopf des Gefreiten Smyczek tauchte im Luk auf. Ohne ein Wort zu sagen, ließ er sich vor dem Torpedorechner nieder.

»Ich bin mal gespannt, wie das Wetter oben ist« murmelte von Varendorff vor sich hin, nur um etwas zu sagen.

»Der Sturm hat sich bestimmt gelegt, heute Morgen flauten Wind und See schon ab, es war sehr klar«, antwortete Endrass.

Die Gruppe versank wieder in Schweigen. Die Gesichter waren ernst, die Nervosität vor dem Unternehmen hatte sie alle gepackt. Prien hatte Ölzeug über einen blauen Rollkragenpullover gezogen. Er rückte seine dreckige weiße Mütze zurecht und stützte sich mit den Handflächen gegen den Türrahmen des kleinen Hochraumes. Funkmaat Blank horchte mit angespanntem Gesicht rundum nach Geräuschen. Er drehte sich um und meldete:

»Keine Propellergeräusche, Herr Kaleunt«.

»Gut, Blank«.

Er ging in die Zentrale, griff eine Sprosse der Leiter und kletterte in den Turm. Verstohlen sah von Varendorff auf die Uhr: 18.57 Uhr. Alle Augen wandten sich dem Kommandanten zu. Er schien seine Entscheidung abzuwägen, dann, nach und nach, setzte er wieder sein mürrisches Gesicht auf.

»Auf Tauchstationen«!

Diese Worte wirkten sofort. Die allgemeine Spannung löste sich, im Turm wurden die Lampen ausgeschaltet.

»Auf Sehrohrtiefe gehen!«

Die Pumpen liefen an, mit sicheren Gesten korrigierte Wessels den Trimm, als das Boot sich vom Grund löste.

Die E-Maschinen sprangen mit maunzendem Geräusch an.

»Boot steigt ... 1 Meter ... 2 Meter ...« meldete Wessels.

Auf Sehrohrtiefe war die Bewegung an der Wasseroberfläche weniger zu spüren am Tage zuvor. Das Boot wurde nicht so hin und her geworfen. Das zeigte, daß sich die See beruhigt hatte.

»Sehrohr aus!«

Prien schob den Mützenschirm nach hinten und nahm einen Rundblick. Irgendetwas kam ihm offensichtlich verdächtig vor, denn er beobachtete unter Drehen des Sehrohrs noch weiter.

»Böhm, haben Sie die Prismen gereinigt« fragte er laut ohne das Auge von der Einblicköffnung zu nehmen.

»Jawohl, Herr Kaleunt, ich habe sie gesäubert und sorgfältig geprüft«, antwortete der Zentralemaschinist.

»Komisch, es sieht so aus, als wenn sie mit einem weißen Schleier verdeckt wären.«

zurück.

»Auftauchen! ... Sehrohr ein,« befahl er.

Er wandte sich an Endrass »Es ist doch noch Nacht? Ich bin doch nicht bekloppt. Das kann unmöglich ein Widerschein von Rose Ness-Leuchtfeuer an den Wolken sein, und es ist auch Neumond.« Das Sehrohr glitt langsam in den Schacht.

Der 1 WO öffnete den Mund, um etwas zu sagen, ließ es aber dann. Das Zischen der Druckluft in den Rohrleitungen und auf die Blechwände wurde übertönt vom Gurgeln des aus den Flutschlitzen strömenden Wassers, dann übertönte Wessels Stimme allen Lärm:

»Turmluk ist frei!«

Endrass öffnete langsam das Abschlußventil des Sprachrohrs vom Turm zur Brücke, um den äußeren und inneren Luftdruck auszugleichen.

Der Überdruck im Boot entwich pfeifend durch das Rohr. Prien nahm sein Doppelglas vom Haken und hängte es um, stieg die Leiter empor, löste den Lukenverschluß, öffnete den Deckel und sprang gewandt auf die Brücke. Ein eisiger Wind schlug ihm ins Gesicht und ein seltsam fremdartiges, diffuses Licht umgab das Boot. Er sah zum Himmel als die Wache ihre Position auf der Brücke einnahm.

»Steuerbord ... frei«.

»Backbord ... frei.«

»Achteraus frei«.

»Was ist mit den beiden Dieseln?« fragte Prien, leicht beklommen beim Gedanken an die Reparatur.

»Klar zum Anwerfen, Herr Kaleunt,« sagte eine tiefe Stimme aus dem Sprachrohr.

»Beide Diesel langsame Fahrt voraus!«

Der Steuerbordmotor jaulte zweistimmig, schneller, immer schneller – sprang aufheulend an – eine Fehlzündung und noch eine. Prien knirschte mit den Zähnen, aber die Pumpen hatten nun richtig angesaugt. Der Motor sprang sofort wieder an und lief nun regelmäßig. Der Backborddiesel fiel dröhnend ein als Prien sich über das Sprachrohr beugte:

»Gratuliere, Wessels. Das war gute Arbeit«.

Von Varendorff sah verwundert zum Himmel. Das Leuchten nahm nacheinander alle Farben des Regenbogens an, verschwand, um nur wenige Minuten später mit der gleichen Intensität wieder-zukommen.

»Ja, das ist ein wunderbares Nordlicht*«sagte Endrass.

»Boot durchlüften«, befahl Prien.

Die Propeller der beiden Ventilatoren begannen sich summend zu drehen. Die Diesel liefen jetzt regelmäßig. Von der Brücke konnte man deutlich das weiße Kielwasser sehen. Hinter dem Horizont im Norden beleuchtete das Nordlicht die Wolken von oben. Prien hob den Blick. Wenn – so wie es aussah – der Wind aus Nordnord-ost den Himmel frei fegte, dann würde das Leuchten noch stärker werden. Dann hoben sich die dunklen Umrisse von U 47 klar ge-gen den silbrigen Hintergrund der See ab. Was war zu tun? Alles hatte man vorausgesehen, aber nicht das Nordlicht. Sollten sie die Unternehmung auf den folgenden Tag verschieben? Diese Natur-erscheinung trat sehr selten zwei Nächte hintereinander auf. Er schloß für zwei oder drei Sekunden seine Augen, eine Fülle von Gedanken durchfuhr ihn. Konnte er die Stimmung der Männer noch weitere unerträgliche 24 Stunden hochhalten? Abrupt traf er seine Entscheidung – die Würfel waren gefallen. Sie würden heute Nacht reingehen. Schließlich könnte ihnen der Schein helfen, sowohl den Feind zu finden, wie vor allem zu zielen.

---

* auch Polarlicht genannt (Aurora borealis); in den Polargebieten auftretende Lichterscheinung in hohen Schichten (70 bis 1000 km) der Atmosphäre.

»Beide Maschinen Große Fahrt voraus!«

Die Bugwelle wuchs, als das Boot mit 17 Knoten die See teilte. Die beiden Gebläse, deren Rohrleitungen am Turm endeten, erzeugten eine Art Grunzen, das auf die Dauer kaum zu ertragen war. Wegen der Gezeiten war der Zeitplan auf zehn Minuten genau berechnet.

Unten im Boot sogen die Männer mit Erleichterung die frische Nachtluft ein, die die stickige Atmosphäre vertrieb. In der Zentrale beobachtete Hölzer aufmerksam die Anzeige des Echolots, er hörte die Diesel mit der Fahrt hochgehen, und etwas später spürte er, wie das Boot leicht den Bug anhob. Spahr nahm einen Bleistift und markierte auf der Karte die gekoppelten Schiffsorte nach den Lotangaben, die der Zentralemaat durch das Sprachrohr auf die Brücke meldete.

Die Inseln schienen in überirdisches Licht getaucht. Die Felsen zeichneten sich klar gegen den milchigen Himmel ab; aber die Beleuchtung des Nordlichtes mit seinen huschenden Schatten und Lichtern ließ die Küste mit der See verschmelzen. Wie ein Dolch durchschnitt das Boot jetzt ohne zu schlingern die Dünung. Phantastische Wolken, wie von Höllenfeuern beleuchtet, formten sich zu immer wieder neuen monströsen Gebilden. Ihre Schatten huschten wirbelnd über die Fluten, die Flammen nahmen an Intensität zu, dann sanken sie zusammen und verschwanden, um später stärker als zuvor zu leuchten. War das dahinten der Widerschein einer Wolke oder eine Welle? War es ein Trugbild oder ein Schiff, das auf den Wellenbergen erschien und in den Wellentälern verschwand?

Das Grunzen der Gebläse wurde durch den Wind, der Dziallas um die Ohren pfiff, gedämpft. Er setzte sein Doppelglas ab, wischte die Linsen mit einem Wildledertuch trocken und richtete es wieder auf den Horizont. Angestrengt versuchte er, den verschwommenen Schleier zu durchdringen, der die Umrisse verwischte.

»Ein Schiff in Richtung Leuchtfeuer!« rief Dziallas, ohne das Glas von den Augen zu nehmen.

Obgleich Prien die Wellen absuchte, schien die See völlig leer.

»Das müssen Sie sich eingebildet haben. Da ist nichts«, sagte von Varendorff zu Dziallas und setzte sein Doppelglas ab.

»Schiff recht voraus. Es verschwimmt mit der Küstenlinie. Scheint ein Fischdampfer oder ein kleiner Frachter zu sein«, bestätigte Endrass.

Sie durften auf keinen Fall riskieren, gesehen zu werden, selbst wenn der andere nur ein harmloser Neutraler war. Ohne zu zögern, gab Prien Alarm.

Hänsel sprang ins Luk. Die Hände und Füße seitlich an die Leiterholme gepreßt, ließ er sich in einem Rutsch auf den Turmboden fallen und sprang zur Seite, um den Stiefeln von Sammann auszuweichen, der unmittelbar hinterher kam. Dziallas, von Varendorff und Endrass folgten. Neun Sekunden nach Ertönen der Alarmglocke hing Prien am Lukendeckel, um ihn mit seinem Gewicht schneller zu schließen.

»Fluten!« rief er, mit den Beinen in der Luft baumelnd.

»Entlüftungen öffnen«, befahl Wessels.

»Fünf, Vier, Drei, Zwei, Mitte« riefen die Männer fast einstimmig, die Hände an den Hebeln der Entlüftungsventile.

Wessels ließ seine Augen nicht von den Kontrollampen der Tauchzellen. Sie leuchteten gleichzeitig auf. Das zeigte, daß die Entlüftungen geöffnet waren.

Die Diesel waren gestoppt, die Schrauben wurden von den E-Maschinen angetrieben, die Luftansaug- und die Abgasleitungen geschlossen. Geräuschvoll rauschte das Wasser in die Tauchzellen. Der Boden kippte nach vorn, 5°, 10°, und schien sich weiter neigen zu wollen. Der Winkel wurde gefährlich, weil die Wassertiefe geringer war als die Länge des Bootes.*

»Eins« rief Wessels schnell.

Der LI hatte die hintere Tauchzelle bis zum letzten Augenblick geschlossen gehalten, um das Tauchen durch größere Vorlastigkeit des Bootes zu beschleunigen.

Der Boden hob sich wieder. Die Flurplatten erzitterten unter schnellen Vibrationen. Die E-Maschinen drehten auf vollen Touren. »Entlüftungen sind auf – 10 Meter ... 15 Meter ... 20 Meter«, zählte Wessels aus.

»Auf Sehrohrtiefe gehen! Beide Maschinen Halbe Fahrt voraus«, befahl Prien.

---

*) Nach einer Faustregel für Gefährdung des Bootes durch harte Grundberührung

»Untertriebszelle anblasen!«

Die letzen Worte des LI gingen im Pfeifen der Pressluft unter. Fünf Tonnen Wasser strömten rauschend aus den Tanks, die normalerweise gefüllt waren, um Auftriebstendenzen des Bootes entgegen zu wirken.

»Untertriebszellen ausgeblasen, Seeventil geschlossen!«

Aus seinen Augenwinkeln warf Wessels einen Blick auf die beiden Handpaare, die die Ventilräder drehten. Der Luftdruck in den Tanks wurde zu groß und Böhm entlüftete sie sofort; dadurch stieg der Luftdruck im Boot an und verursachte Ohrensausen.

»14 Meter« warnte Wessels, ohne die Augen vom Tiefenmesser zu wenden.

Prien stand in der Zentrale dicht hinter dem LI, den Rücken an der Leiter zum Turm.

Nachtzielsehrohr ausfahren,« befahl er ruhig.

Trotz des Leuchtens über Wasser konnte er das Schiff durch den schimmernden Schleier nicht finden.

»Verdammt! Was ist da los«, fluchte er laut.

Er richtete sich auf und klappte die Sehrohrgriffe zurück.

»Sehrohr ein!«

Er kletterte in den Turm und schaltete den Motor des Angriffssehrohrs ein. Endrass und von Varendorff waren gerade hinzugekommen, als Blank's Stimme aus dem Sprachrohr drang.

»Propellergeräusch in 320°«.

»Beide Maschinen langsame Fahrt voraus. Echolot und Hilfsmaschinen abstellen«, befahl Prien und drückte sein Gesicht gegen die Gummimuscheln des Einblicks.

Nun war das charakteristische Geräusch der im Wasser schlagenden Propellerflügel im Boot klar zu hören. Pscht... Pscht... Pscht... Pscht... Alle sahen nach oben, als ob ihre Blicke den stählernen Druckkörper durchdringen und den Rumpf des Schiffes sehen könnten. Prien drehte das Sehrohr weiter.

»Das sind keine Turbinen, es muß sich um ein Handelsschiff handeln, und es läuft nicht sehr schnell«, sagte Endrass.

»Ja, aber das Unglaubliche ist, daß ich es nicht sehen kann in dieser Suppe und dabei ist doch klare Sicht«, sagte Prien und verstellte die Vergrößerung des Sehrohrs. Das Schiff mußte, dem Geräusch nach zu urteilen, ganz nahe sein. Dann, nach und nach, wurde das

Pscht... Pscht... Pscht... schwächer.

Prien wandte sich vom Sehrohr ab zu seinen Offizieren.

»Ich gebe auf, versuchen Sie, ob Sie mehr Glück haben«.

Endrass kam zuerst und sah gut eine Minute hindurch, ehe er seinen Platz an von Varendorff abtrat.

»Es ist hoffnungslos. Nichts. Und doch ist's nicht weit«, sagte er.

»Wir stehen vor der Küste von Schottland, vergessen Sie das nicht, vielleicht ist's ein Geist«, sagte von Varendorff, als er seinerseits vom Sehrohr zurücktrat.

»Jedenfalls ist ein Sehrohrangriff unter diesen Umständen praktisch unmöglich. Es ist gut, daß wir das wissen«, bemerkte der 1 WO ohne auf von Varendorff's Witz einzugehen.

»Ja, es ist zu blöd«, schloß Prien mit besorgtem Gesicht, als er das Sehrohr wieder in den Schacht einfuhr.

»Können wir das Echolot wieder anstellen, Herr Kaleunt«, fragte Spahr leise aus der Zentrale.

»Ja«.

Die Gruppe im Turm versank in Schweigen, nur das gedämpfte Summen der E-Maschinen war zu hören.

Dann sprach Spahr wieder.

»An Kommandant – Zeit zur Kursänderung auf 15°«.

»Nach Steuerbord auf 15° gehen«, wiederholte Prien.

23.25 Uhr. Er wartete einige Augenblicke und befahl dann:

»Auftauchen! Beide Maschinen Halbe Fahrt voraus!«

»Tauchzellen anblasen! Auftauchen«, befahl Wessels.

Das Boot tauchte auf, und die Wache bezog wieder ihre Posten auf der triefenden Brücke. Von Varendorffs erster Gedanke war, die See achteraus abzusuchen, um das Schiff zu entdecken, das sie eben passiert hatten. Es war nicht schwer, mit dem Glas die sich schwach abzeichnende Silhouette eines kleinen Dampfers auszumachen, der in die offene See hinauslief. Sofort meldete er seine Entdeckung Prien, doch der war damit beschäftigt, die Inseln einzeln abzusuchen, und antwortete nicht.

Nur noch wenige leichte Wolken schwammen am erleuchteten Himmel und verschwanden in südsüdwestlicher Richtung. Die Küste war nun klar zu sehen. An Backbordseite zeichnete sich die Steilküste von Ronaldsay Island und dahinter die charakteristischen Konturen von Ward Hill, dem höchsten Gipfel der Insel, klar gegen den bleich schimmernden Himmel ab. Weiter im Norden schien Burray Island, das durch den engen Water Sound getrennt war, die Küste von South Ronaldsay zu verlängern. Voraus lag der südöstliche Ausläufer von Mainland, der Hauptinsel der Orkneys.

Das Doppelglas an die Augen gepresst, suchte Prien langsam die ganze Länge der Küste ab. Rose Ness-Leuchtfeuer erschien im Blickfeld, dann kam die Steinbake, zehn Meter hoch, mit einem Kreuz als Toppzeichen, die die Einfahrt zum Holm Sound bezeichnete, in den sie nun einlaufen würden. Er setzte sein Glas ab und beugte sich über das Sprachrohr:

»Kurs 320°«!

»Kurs 320°«, antwortete Schmidt.

Der Bug drehte nach Backbord, und der Holm Sound öffnete sich vor den Augen der Brückenwache.

Eine unsichtbare Hand drehte die Lichter am Himmel aus und tauchte ihn und das Land in Finsternis.

Der Strom hatte das Uboot erfaßt und schob es in die Enge. Ebenso jäh wie sie verschwunden waren, blinkten erneut tausende von Lichtern auf und warfen ihren orangefarbenen Schein überallhin.

»10 Meter... 9 Meter... 7 Meter...« meldete Hölzer unermüdlich.

»Boot vorfluten bis zum Oberdeck für den Fall, daß wir auflaufen«, befahl Prien durch das Sprachrohr.

In der Zentrale ließ Wessels die Ventile der mittleren Tauchzellen öffnen, bis das Boot 40 cm tiefer eintauchte.

»Ist vorgeflutet, Herr Kaleunt. Tiefgang jetzt 5,10 Meter«.

Um die Stromwirbelungen zu umgehen, die sich weit um die flache Landzunge von Burray Ness bildeten, beschloß Prien, sich mehr unter der Küste von Mainland zu halten.

»Steuerbord 20!... recht so«.

Der Holm Sound mit seiner über eine Meile breiten Einfahrt schien in einer Sackgasse zu enden; von allen Seiten von Land umgeben, war ein Ausgang noch nicht zu sehen. Je näher sie kamen, desto stärker wurde die Strömung.

«Backbord 20, auf 310° gehen...«

»Kurs 310° lieg an« meldete Schmidt aus dem Turm. Drüben an

Steuerbord tauchte befremdlich nahe der Leuchtturm von Rose Ness auf. Als das Boot unter ihm vorbeilief, ragte er wie ein Wachturm fahl und dräuend hoch über ihm auf. An Backbord verschwamm die weite Nordwestbucht im Halbdunkel. Die Bake auf der höchsten, 78 m hohen Erhebung im Westteil der Insel Burray war mehr zu ahnen als zu sehen.

Wie vermutet schienen die stillen Ufer unbewohnt.

»Von Ausguckposten keine Spur« murmelte Endrass wie zur eigenen Beruhigung.

Prien sah als erster das versenkte Schiff:

»Blockschiff quer in der Einfahrt 6 Dez an Backbord, Abstand zwei Meilen« sagte er mit einer gewissen Erregung.

Hell zeichnete sich hinter dem schwarzen, geisterhaften Skelett, das die Einfahrt sperren sollte, die Wasserfläche der Bucht von Scapa Flow ab, heller noch als der leuchtende Himmel.

Scapa Flow! Dieser magische Name löst in Prien einen Sturm von Gefühlen und Empfindungen aus, die er unmöglich hätte beschreiben können. Endlich konnte er in aller Ruhe mit eigenen Augen diese »Verbotene Bucht« betrachten.

»Kurs 270°«, befahl er entschlossen. Er richtete sein Doppelglas auf den versenkten Dampfer und setzte hinzu »Wir sind im Kirk Sound«.

Das Blockschiff wurde schnell größer. Unbeirrt suchte er nach den drei anderen Blockschiffen und fand sie zu seiner Enttäuschung nicht gleich. Ungeduldig suchte er die Einfahrt mehrere Male ab, ohne etwas zu finden. Unerklärlicherweise lag dieses Blockschiff alleine dort.

»Verflucht! Wo sind die verdammten Blockschiffe?« sagte er zähneknirschend.

Hölzers Stimme kam unaufhörlich durch das Sprachrohr:

»4 Meter unter Kiel ... 3 Meter ... 2,50 Meter –«

Plötzlich erkannte Prien die Lage und fühlte etwas wie einen Schlag in die Magengrube. Die gleiche Wirkung hatte Hölzers Stimme in der Zentrale. Wie angestochen sprang Spahr an das Sprachrohr:

»Hart Steuerbord, Herr Kaleunt! Wir sind nicht im Kirk Sound, wir laufen in den Skerry Sound ein!« brüllte er hastig.

Oben, eingeschlossen im Turm, hörte Schmidt den Befehl des

Kommandanten, drückte den Ruderlagenknopf und wiederholte »Hart Steuerbord – recht so«.

Versteinert hielt die Wache auf der Brücke den Atem an. Prien war der kalte Schweiß ausgebrochen, als er seinen Fehler erkannte; er hatte nur ein Blockschiff gesehen, wo anstelle der beiden Inseln Glims Holm und Lamp Holm drei hätten liegen sollen. Das versenkte Schiff blockierte nicht den Kirk Sound, sondern den Skerry Sound. Bei der Fahrt, die das Uboot lief, wären sie bestimmt aufgelaufen.

U 47 drehte fast 90° nach Steuerbord. Prien schluckte und sah noch einmal auf das ganz nahe Schiffsskelett. Es schien ihn zu verhöhnen, dann blieb es mit den beiden Inseln Backbord achteraus zurück.

In der Zentrale erholte sich Spahr, noch immer einen Kloß im Hals, von dem Schrecken. Er wandte sich zu Hölzer. Trotz des kühlen Luftzuges standen dem Zentralmaaten die Schweißtropfen auf der Stirn. Gespannten Gesichts, die Augen fest auf die Echolotanzeige gerichtet, meldete Hölzer nun mit gedämpfter Stimme:

»2 Meter ... 1 Meter ... 0,5 Meter ... 0 Meter unter ...«

Chchchch crcrcr ... crcrcr chch. Das Knirschen des Kiels über den Sand hallte mit nervenzerreißender Lautstärke im Innern des Bootes wider, das wie eine Schalldose wirkte. Doch das Boot schien keine Fahrt zu verlieren.

»Äußerste Kraft voraus!« brüllte Prien.

Für einen Augenblick dachte er flüchtig an die Notreparatur am Steuerbordmotor, aber schon ging das Hämmern der Diesel um einige Tonarten höher. U 47 machte noch mehr Fahrt voraus.

»0,5 Meter unter Kiel«, japste Hölzer.

Sein Mund war trocken, er hatte das verrückte Verlangen, sich die Ohren zu verstopfen, als ob er dadurch, daß er das unheilvolle Knirschen nicht mehr hörte, die Macht habe, das Boot vor Unheil zu bewahren. Neben ihm blickte Böhm starr vor sich hin und biß sich auf die Oberlippe. Wessels, leicht vorübergeneigt, stand klar, um die Tauchzellen auszublasen. Über die Karte gebeugt, hörte Spahr ihn vor sich hinmurmeln. Doch gefangen von seiner Aufgabe achtete er nicht darauf, sondern horchte auf Hölzers Zahlen –

»1 Meter ... 1,50 Meter ... 2 Meter ...«

Kein Zweifel, die Tiefe nahm zu. Er schluckte und rief die Brücke.

»Herr Kaleunt, keine Gefahr mehr aufzulaufen. Wir müssen noch 30° nach Steuerbord gehen, um die Untiefen von Lamb Holm zu umgehen. Vorsicht! wir werden bald im Kirk Sound-Fahrwasser sein.«

U47 lief nun genau auf die dunkle, hohe Landmasse der Insel Mainland zu. Lamb Holm war voraus an Backbord auszumachen.

»Nach Steuerbord auf 30° gehen, beide Maschinen Halbe Fahrt voraus«, antwortete Prien sofort.

Die Diesel gingen mit der Fahrt herunter, und der weiße Schnurrbart am Bug wurde langsam kleiner.

Endrass versuchte, sich zurechtzufinden. Die Blockschiffe, die die Einfahrt sperrten, waren immer noch durch Lamb Holm verdeckt. Von Varendorff sah sich neugierig die Landschaft an. Sammann betrachtete mit halboffenem Mund immer wieder den Himmel. Niemals zuvor hatte er ein Nordlicht gesehen. Als Prien das merkte, wandte er sich um, um ihn zurechtzuweisen, doch als er den kindlichen Ausdruck von Verwunderung und Staunen auf dem Gesicht des Unteroffiziers sah, konnte er nichts sagen. Hänsel fuhr sich ständig mit der Zunge über die Lippen, und Dziallas nahm das Doppelglas nicht von den Augen.

Die Männer der Brückenwache im Backbord- und Voraussektor sahen gleichzeitig die Aufbauten der Wracks hinter Lamb Holm auftauchen.

Weit öffnete sich der Kirk Sound zur Linken; das Boot kam, durch die Strömung seitlich versetzt, nur krebsartig voran.

Weniger als 250 m vor den steilen, dräuenden Felsen von Mainland befahl Prien in nun wieder ruhig gewordenem Ton:

»Hart Backbord!«

»Ruder liegt hart Backbord«, meldete Schmidt aus dem Turm.

»Kurs 300°!«

Wieder drehte das Boot hart an. Wie ein Schatten glitt es mit Strom von achtern durch die Mitte des Kirk Sounds zwischen Mainland und Lamb Holm.

Die ganze Stimmung war irgendwie fremdartig und unwirklich, tausend Irrlichter strahlten in bläulichem Licht, das langsam in orangegelb überging. Die Steilküsten und das in völlige Dunkelheit getauchte Innere der Inseln machten einen unbewohnten Eindruck.

Von Varendorff empfand plötzlich das Hämmern der Diesel

ohrenbetäubend. Gewöhnt an dieses Geräusch, hatte er es gar nicht mehr bemerkt, nun jedoch war der Kontrast mit der fast greifbaren Stille um sie herum zu kraß.

Seine Finger umklammerten das Doppelglas vor der Brust. Es schien ihm unbegreiflich, daß die Küstenanwohner nicht Alarm schlugen. Er sah zur Seite auf Endrass. Das Gesicht des 1 WO blieb unbewegt, zeigte keine Gefühlsäußerung. Der hatte starke Nerven. Heimlich stieß er Hänsel mit dem Ellbogen in die Seite.

»Die müssen bei dem Krach, den wir machen, schließlich aufwachen, und dann ist was los«, flüsterte er dem Gefreiten ins Ohr.

»Wenn sie nicht alle taub sind, und das scheint so zu sein«, antwortete Hänsel leise, so daß der Kommandant es nicht hören konnte. Von Varendorff schüttelte den Kopf, um seine Zweifel zu zeigen, dann nahm er wieder den Ausguck auf.

»Umschalten auf E-Maschine, beide Halbe voraus!« befahl Prien, als ob er das Geflüster der beiden Männer gehört hätte.

Das Dröhnen der beiden MAN-Motoren brach jäh ab. Schlagartig umgab Stille das Boot. Es war nicht nur das Ausbleiben des Lärms, es war eine schier greifbare Stille. Das Rauschen des Fahrtstromes übertönte das schwache Summen der E-Maschinen. U 47 verschmolz mit der Umgebung, wurde ein Schatten unter Schatten. Die Spannung auf der Brücke ließ nach. Unbewußt hatte jeder Mann auf der Brücke das Gefühl, daß man im Schutz der Nacht und der Stille wie mit einem unsichtbaren Schild gegen die Augen und Ohren des Feindes abgeschirmt sei.

Ein zarter Schleier schwamm am wolkenlosen Himmel. Der Kommandant und der 1 WO richteten ihre Doppelgläser auf die Blockschiffe.

»Das letzte Hindernis vor Scapa Flow« rief Prien fast freudig.

»Echolot abstellen«, fügte er in das Sprachrohr hinein hinzu.

»Genau wie auf den Fotografien« sagte Endrass, ohne das Doppelglas von den Augen zu nehmen.

Prien nickte und gratulierte sich innerlich selbst, daß er sich die Mühe gemacht hatte, alle Einzelheiten der Karten und der Luftaufnahmen in sein Gedächtnis einzuprägen, denn was er sah, entsprach genau diesen Einzelheiten.

Unten in der Zentrale verfolgte Spahr, über die Karte gebeugt, so gut er konnte die Fahrt des Bootes.

72

Der Strom war vor ungefähr dreiviertel Stunden gekentert und lief seit 23.12 Uhr nach Westen, das heißt nach Scapa Flow hinein, Der Kommandant würde zweifellos wie vorgesehen die nördliche Einfahrt wählen. Diese war zwar weniger tief als die Südpassage, aber dort stand eine Querströmung unter der Südostküste von Lamb Holm. Sie würden gegen 00.15 Uhr durch die Enge gehen. Spahr begann, sich über den Wasserstand im Kirk Sound zu vergewissern. Wieder nahm er das Blatt, auf dem er die Zeiten für Hoch- und Niedrigwasser bei Burray Point, dem Bezugspunkt, notiert hatte.

13. Oktober:	Niedrigwasser: 17.13 Uhr
	Hochwasser: 23.23 Uhr
14. Oktober:	Niedrigwasser: 05.34 Uhr
	Hochwasser: 11.45 Uhr

Schnell rechnete er noch einmal nach und kam zu den gleichen Zahlen wie vorher: um Mitternacht sollte der Wasserstand im Kirk Sound 3,2 Meter über Kartennull sein und um 05.00 Uhr auf Null zurückgehen. Er wandte sich wieder zur Karte, um die Zahlen des Echolots mit den Kartenangaben, die er auswendig wußte, zu vergleichen. Mit ihrem derzeitigen Tiefgang von 5,10 Meter würde die Wassertiefe grade reichen, aber nicht mehr. Zwischen den Blockschiffen würden sie nur wenige Zentimeter unter dem Kiel haben.

Das Boot hatte die Biegung erreicht, an dem sich der Kirk Sound nach links wandte.

»Kurs 260°«.

»Kurs 260°« wiederholte Schmidt durch das Sprachrohr. Prien schätzte die Strecke, die sie von den Blockschiffen trennte, auf 1100 bis 1200 Meter, die Schiffe wurden vor seinen Augen größer und größer.

»Wir werden nördlich der Blockschiffe vorbeigehen« stieß er aus, ohne weitere Erläuterung.

Er nahm wieder das Glas hoch und richtete es auf das am weitesten nördlich gelegene Blockschiff. Dessen Silhouette schien noch schwärzer als der Hintergrund der Klippen von Mainland, der Rumpf hob sich im Glas klar gegen die milchige Oberfläche des Kirk Sound ab. Das war alles, was von einem Zweimastsegelschiff übrig geblieben war. Der starke Strom hatte es wie eine Drehtür nach Osten parallel zur Küste von Mainland gedreht.

Der Kirk Sound verengte sich nun zwischen einem Vorsprung von Mainland zur Rechten und Lamb Holm zur Linken. Die Strömung nahm an Stärke in diesem noch durch die Blockschiffe verengten Flaschenhals merklich zu.

Das Nordlicht erlosch plötzlich, die Inseln versanken in undurchdringliches Dunkel.

Prien ließ, ohne ein Wort zu sagen, das Doppelglas auf die Brust sinken. Das Rauschen des Fahrtstromes war deutlich zu hören.

Ein blaues Licht, kalt wie die eisige Luft, die ihre Gesichter peitschte, fiel von neuem vom Himmel.

Mit unglaublicher Geschwindigkeit kam die Sperre näher.

»Steuerbord 10 – Mittschiffs! Recht so. 270°!«

»Kurs 270°«, wiederholte Schmidt.

Der Strom erfaßte U 47 und drehte es wie ein Strohbündel nach Steuerbord auf das Segelschiff zu. Das Boot begann stark nach beiden Seiten zu gieren.

Im Turm hatte Schmidt große Schwierigkeiten, Kurs zu halten, das Ruder hatte kaum noch Wirkung. Ununterbrochen gab Prien Kursverbesserungen.

Auf der Brücke standen die Männer regungslos. Die Geschehnisse liefen in aufregendem Tempo ab, und doch schienen diese wenigen Sekunden endlos zu dauern. Der freie Raum zwischen dem Wrack des Segelschiffs und dem des Dampfers schien gerade ausreichend, um U 47 durchkommen zu lassen. Das kleinste Fehlmanöver würde verhängnisvoll sein.

Die Szene war geisterhaft.

Die sich an dem Segler brechende Strömung war an einer eindrucksvollen Bugwelle zu erkennen, und man wartete eigentlich dauernd darauf, seine gespenstische Besatzung an Deck auftauchen zu sehen. Vor den Wracks der quer im Kirk Sound versenkten Dampfer führte die Flut zu einer starken Stromstauung, die von dem Sog des Unterdrucks zwischen den Rümpfen der beiden versenkten Schiffe unwiderstehlich angesaugt wurde. Das Wasser strömte dort mit der Kraft und dem Rauschen eines reißenden Stromes.

Schließlich war das Wrack des Segelschiffs querab vom Turm.

Und da gefror ihnen das Blut in den Adern.

74

Eine mächtige Ankerkette zeigte aus dem Wrack des nördlichen Dampfers in den Kurs des Bootes. Die Kette stand steif in einem Winkel von 45° zur kabbelnden Oberfläche des Fahrwassers und reichte bis zur Mitte der Enge.

»Scheiße!« rief von Varendorff.

»Backbordmaschine stopp! Steuerbord langsam voraus! Hart Backbord!«

Der ruhige Ton, in dem diese Befehle gegeben wurden, hatte seine Wirkung. Der Bann der drohenden Gefahr, der sie alle erfaßt hatte, war gebrochen. Prien bemerkte die verschiedenen Bewegungen der Männer auf der Brücke wohl; Handeln brachte all seine Fähigkeiten zur Geltung. Jede Sekunde zählte, er hatte keine Zeit mehr, Angst zu haben. Fest auf gespreizten Beinen stehend, die Hände auf der Oberkante des Brückenkleides, war er eins mit seinem Boot wie ein Reiter mit seinem Pferd.

Das gespenstische Wrack des Segelschiffs, dessen Deck in Meereshöhe unter den blinkenden Lichtern des Nordlichtes sichtbar war, zog das Uboot an wie ein riesiger Magnet. Es drohte ein Zusammenstoß. Die Steuerbordschraube warf einen Schaumwirbel auf. Langsam gehorchte U 47 dem Willen von Prien und fiel nach Backbord ab. Der Bug streifte die Kette. Der Kiel berührte das Hindernis, das den Bug nach Steuerbord auf das nahegelegene Ufer zudrehen ließ.

Die Steuerbordmaschine und das hart Backbord liegende Ruder brachten das Boot wieder in die Mitte der Fahrrinne, aber wie ein Hebelarm stieß die Kette das Boot beharrlich aus dem tiefen Wasser hinaus. Mit angehaltenem Atem folgten die Blicke von Prien, Endrass, von Varendorff und den drei Ausguckposten dem ruckartigen Achterausrutschen der Kette auf der Backbord Bordwand des Bootes. Die schweren, mit Tang und Muscheln bedeckten rostigen Kettenglieder waren jetzt auf der Höhe des Turms. Über das auf Seehöhe befindliche Deck von U 47 wirbelte der Schaum. Sie fühlten mit Entsetzen, wie das Boot leicht aufstieß, zum Stehen kam und krängte. Prien öffnete den Mund, um Befehl zu geben, die Tanks auszublasen, als das Boot plötzlich von selbst frei kam und die Kette knirschend nach achtern rutschte. Der Strom ergriff das Boot mit Macht und zog es nach Backbord.

Endrass rückte von Prien ab, um ihn nicht zu behindern. Fest an das eisige Brückenkleid geklammert, sah von Varendorff zur Linken die dunkle Masse des Dampferwracks auf sie zukommen, als wenn es sie erdrücken wolle. Er fürchtete nicht, zu sterben, denn im Innersten seines Herzens war er überzeugt, daß seine Zeit bei dieser Unternehmung noch nicht gekommen sei. Im Gegenteil, in seiner Kampfbegeisterung fürchtete er, daß das Abenteuer hier an diesem rostigen Rumpf enden könne. Grinsend hörte er den Kommandanten eine Reihe kurzer Befehle ausstoßen. Das Wrack kam immer langsamer näher und auf wenige Meter Entfernung schließlich zum Stehen. Der 2 WO erkannte, daß U47 der Strömung Herr geworden war und nach Steuerbord drehte.

Schlecht und recht hielt Schmidt am Ruder mit vor Anstrengung glänzendem Gesicht das wie betrunken törnende Boot auf Kurs. Mit schnellen, gekonnten Manövern gelang es ihm, das Wrack zu umsteuern, ohne es zu berühren.

Trotzdem war die Gefahr noch nicht vorüber. Jede Sekunde drohte das Boot auf dem nahegelegenen Ufer von Mainland, das sich vor dem Bug erhob, aufzulaufen.

»Hart Backbord«. Schmidt drückte den Backbord-Ruderknopf.

»Kurs 220!« fuhr Prien in normalem Ton fort.

Die Felsen von Mainland wanderten von voraus nach Steuerbord und dann achteraus. Ohne Schwierigkeit erreichte U47 die Mitte des Kirk Sound. Hier wurde er breiter und der Strom verlor erheblich an Stärke.

Das Haupthindernis war überwunden. Es blieben die Minen, die möglicherweise die Einfahrt von Scapa Flow zwischen Skaildaquoy-Point auf Mainland und Glims Holm sperrten. Die Erinnerung an das Ende von UB116 in der Minensperre des Hoxa Sound im Jahr 1918 ging Prien durch den Kopf. Er beschloß, sich dicht unter die Küste von Mainland zu klemmen – er konnte nur hoffen, daß der Strom die Dinger an ihren Ankertauen so stark unter Wasser zog, daß sie unwirksam wurden. Außerdem hatten die britischen Minen den fundierten Ruf, nichts zu taugen.

Endrass wandte sich zu Prien um und sah, wie dieser in aller Ruhe das Glas an die Augen setzte, um für einen Augenblick das Dorf Saint Mary zu beobachten, das friedlich hinten in der kleinen Bucht von Ayre schlief.

»Diese Beleuchtung, auf die wir so sehr geflucht haben, hat uns der Himmel gesandt, ich weiß nicht, wie wir bei völliger Dunkelheit da durchgekommen wären« sagte er zu ihm.

»Ich weiß nicht, diese Helligkeit kann während der letzten Phase der Unternehmung, für die wir ja schließlich hergekommen sind, verdammt unangenehm werden; und das Nordlicht wird immer stärker« antworte Prien und schaute gen Himmel.

»Glauben Sie nicht, daß wir dadurch die Ziele besser finden und treffen können?« wagte von Varendorff einzuwerfen.

Prien zeigte andeutungsweise ein zufriedenes Lächeln, ohne etwas zu erwidern. Die Stimmung des 2 WO war auf dem Höhepunkt. Er wandte seinen Kopf nach rechts zum Land hinüber und hatte den Eindruck, daß sie dem Ufer zu nahe gekommen waren:

»Backbord 20. Recht so!«

»Spahr, stellen Sie das Echolot nicht wieder an«. Er sah Endrass das Wasser voraus mit dem Doppelglas absuchen, auch er dachte an Minen.

Wenn dort eine Minensperre lag, dann fuhr U 47 jetzt hinein. Die kritische Strecke betrug 5–600 Meter. ›Nein, wir können nicht so kurz vor dem Ziel in die Luft fliegen‹ sagte sich Prien nachdrücklich.

»Drei Dez nach Steuerbord gehen!« befahl er mit etwas heiserer Stimme.

Das Boot ging wieder auf Kurs parallel zum Land. Prien vertraute auf seinen guten Stern, aber er hatte sich dennoch nie so unbehaglich gefühlt, und jede Schraubenumdrehung brachte ihm Erleichterung.

Zur Rechten zogen die auf der anderen Seite der Küstenstraße aneinandergereihten kleinen Häuser von Saint Mary in einer Entfernung von knapp 500 oder 600 m vorbei. Kein Licht drang durch die geschlossenen Läden, die verlassenen Straßen waren in tiefes Dunkel getaucht.

»Ein Radfahrer« rief von Varendorff mit gedämpfter Stimme. Von der Brücke folgten alle Blicke den Bewegungen des ruhig dahinstrampelnden Mannes. Würde er herschauen? Er fuhr nach rechts weiter und verschwand in einer Allee zwischen zwei Häusern ohne zu ahnen, daß ein deutsches Uboot sich in seiner unmittelbaren Nähe befand.

77

Die Männer hatten keine Zeit, erleichtert aufzuatmen. Ein leises Brummen ließ sie die Ohren spitzen. Das Geräusch wurde stärker, bis es das Plätschern des Wassers und Summen der E-Maschinen deutlich übertönte. Das kam von Land. Plötzlich durchdrangen zwei Lichter die Finsternis.

»Großer Gott, ein Auto! Das hat uns noch gefehlt«, stöhnte von Varendorff.

»Verdammt! Wenn dieser Kerl auf die Küstenstraße kommt, könnte er uns sehen. Unsere schwarze Silhouette muß sich auf dem hellen Hintergrund der Bucht wie ein Schattenriß abzeichnen« sagte Endrass erregt und richtete sein Glas auf den Wagen.

Die Straße auf dem Steilhang führt in leichtem Zickzack hinunter ins Dorf. Plötzlich glitten zwei starke weiße Lichtkegel über die senkrecht zur Küste verlaufende Straße und die davor liegende See. Das Licht wurde stärker, je näher der Wagen kam. Würde er das Uboot mit seinen Scheinwerfern erfassen, ehe die Straße in einer rechtwinkligen Kurve am Strand auf den Ortseingang von Saint Mary zulief? Es war eine Frage von Sekunden.

»Die sollten den Kerl einsperren. Weiß er nicht, daß es Vorschrift ist, die Scheinwerfer abzudunkeln?« tobte von Varendorff.

Keiner lachte, denn der Turm wurde jetzt taghell beleuchtet. Das grelle Licht der Scheinwerfer war unerträglich. Der Wagen stoppte.

»Jetzt ist es passiert, er hat uns gesehen« rief von Varendorff.

Während sie in das grelle Licht blinzelten, hörten sie, wie der Fahrer den Motor hochjagte. Schließlich war der Turm wieder im Dunkeln. Ihre Augen hefteten sich auf den Störenfried, und sie beobachteten, wie er manövrierte, um zu wenden. Der Fahrer mußte sehr aufgeregt sein, denn er versuchte es mehrere Male, setzte mit hastigen Bewegungen vor und zurück ehe es ihm gelang, kehrt zu machen.

Mit hoher Geschwindigkeit fuhr der Wagen davon. Einige Sekunden lang waren noch seine Rücklichter zu sehen, dann verschwand er in einer Kurve der kleinen Straße.

»Der Bursche muß ziemlich überrascht gewesen sein als er uns hier gemütlich aufgetaucht fahren sah« sagte Endrass.

»Diesmal sind wir dran. Jede Minute kann es nun Alarm geben«, stöhnte von Varendorff.

»Wen kann er zu dieser Zeit alarmieren, möchte ich wissen? Wenn er nach Scapa fährt, wird er eine Menge Zeit verlieren, bis er einen Dorfbewohner oder den Schutzmann vom Dienst auf der Polizeiwache geweckt hat, damit er nach Kirkwall oder zum Marinestützpunkt Lyness telefoniert. Und dann wird der Bursche so aufgeregt sein, daß ihn wahrscheinlich niemand gleich ernst nehmen wird«, fuhr Endrass fort.

»Ich weiß nicht ...«

»Hört auf zu quatschen«, befahl Prien.

Skaildaquoy-Point kam jetzt ganz nahe an Steuerbord querab in Sicht. Wenn es hier wirklich eine Minensperre gab, dann war die Gefahr jetzt vorüber, ohne daß irgend jemand etwas davon gemerkt hatte.

»Diesel anstellen! Halbe Fahrt voraus! E-Maschinen abstellen – Kurs 280!« befahl Prien mit fester Stimme.

Das Dröhnen der MAN-Motoren klang durch die Stille der Nacht. Von Varendorff schnitt eine Grimasse und nahm sein Doppelglas hoch.

Die von oben angestrahlte schimmernde Fläche der kleinen Binnensee von Scapa Flow öffnete sich in ihrer ganzen Breite.

Im Innern des Bootes klang Priens Stimme durch die Lautsprecher.

»Auf Gefechtsstationen! Wir sind in Scapa Flow«.

Mündungsklappen öffnen, schnell!

Auf der Brücke suchten die Männer aufmerksam ihre Sektoren ab.
Sie hörten Prien befehlen: »Steuerbord 20!«
Das Boot rundete Kap Howequoy, das von dem mehr als 16 m
hohen Steilufer überragt wird.
Die Hügel rund um die Bucht von Scapa Flow sahen nun wie
Berge aus, ihre Gipfel hoben sich scharf gegen den leuchtenden
Himmel ab.
Die See schien leer, die Inseln, auf denen kein Licht zu sehen war,
lagen in tiefer Stille. Diese Ruhe und diese Leere, die niemand er-
wartet hatte, spannte die Nerven der Wache zum Zerreißen an.
Der Wind war etwas schwächer geworden, und die gleichmäßig
wehende eisige Nordostbrise trug die charakteristischen Gerüche
von Land herüber. Endrass ließ sein Glas sinken.
»Man kann nicht sagen, daß es hier überfüllt wäre«, meinte er
ärgerlich in gedehntem Ton.
»Glücklicherweise kommt der Wind direkt aus der Richtung Scapa
und trägt nicht den Krach unserer Motoren vor uns her« sagte von
Varendorff.
Prien versuchte, das Halbdunkel zu durchdringen. Die Sicht war
ausgezeichnet, aber es war noch immer nichts zu entdecken.
»Wir wollen mal auf dem Hauptankerplatz nachsehen« sagte er
zu seinen Offizieren.
»Backbord 20!«
»Liegt Backbord 20«, antwortete Schmidt.

U 47 begann nach Backbord zu drehen, die Umrisse von Mainland blieben zurück. Zur Linken erstreckte sich die Insel Burray und schien mit der Insel Honda zu verschmelzen.

»Was liegt an?« fragte Prien.

»251° geht durch«, kam Schmidt's Antwort durch das Sprachrohr.

»Recht so!«

Voraus verschwammen die Inseln Flotta, Fara, Rysa und Cava mit der felsigen Masse von Hoy Island. Schon konnten sie den Westteil des Hoxa Sound erkennen, der zum Teil noch durch die Insel Honda verdeckt war.

»Paßt auf das Wachboot vom Hoxa Sound auf. Wir können in wenigen Augenblicken in sein Blickfeld kommen. Wenn es uns sieht, ist alles verloren«, sagte Prien und richtete sein Glas Backbord voraus. Die Sekunden liefen in unerträglicher Langsamkeit dahin. Von Varendorff schaute nach achtern auf das Kielwasser und beruhigte sich bei der Feststellung, daß es nicht besonders gut zu sehen war. Nun kam hinter Burray die Nordwestspitze von South Ronaldsay heraus, und zwischen den Inseln Flotta und South Ronaldsay war jetzt der Hoxa Sound in ganzer Breite zu sehen. Die Silhouette des Wachbootes zeichnete sich klar gegen den hellen Hintergrund der See ab.

Endrass gab mit leiser Stimme einen Schwall von Flüchen von sich, kam dann wieder zu Atem und fügte hinzu: »Verdammt nochmal! Wenn der uns ebenso deutlich sieht, sind wir dran«. Niemand antwortete, jeder hielt den Atem an und wartete auf das Unvermeidliche, aber ganz offensichtlich geschah nichts.

»Warum rührt er sich nicht? Die Wache muß uns doch hören«, knurrte von Varendorff.

»Anscheinend nicht, oder noch wahrscheinlicher, sie rechnen gar nicht damit, ein deutsches Uboot auf dieser Seite der Einfahrt, die sie bewachen sollen, zu sehen«, erwiderte Prien.

Er überließ es seinen Offizieren, das Wachboot weiter im Auge zu behalten und untersuchte mit dem Glas den Gutter Sound zwischen den Inseln Cava und Fara. Hinter Fara, das wußte er, war der Ankerplatz der Zerstörer und weiter südlich der Marinestützpunkt Lyness am Eingang von Long Hope, einer Art Fjord, der etwa drei Meilen tief in die Insel Hoy einschnitt. Soweit das Auge reichte, war die See leer. So genau er auch die Schatten unter der

Küste prüfte, in denen sich möglicherweise die Silhouette eines Schiffes verbergen konnte, es war nichts zu sehen. Er mußte sich mit der Tatsache abfinden, daß nicht nur der Hauptankerplatz leer war, sondern sich auch südlich von Cava kein Schiff befand. Er konnte nicht anders, er mußte vor sich hin fluchen. Endrass hörte ihn, und in der Annahme, er habe endlich etwas gefunden, fragte er ihn was los sei.

»Nichts! Absolut gar nichts! Alles einsam und verlassen! Verdammter Mist, die Flotte ist ausgelaufen«.

»Pech! Das kann man wohl einen unglücklichen Zufall nennen!«

»Riesiges Pech, wahrhaftig«, knurrte Prien.

»Sie sind vielleicht sogar heute Nacht ausgelaufen, als die Befeuerung anging« setzte der 2 WO hinzu.

»Möglich, aber das glaube ich nicht. Ein ganzes Geschwader kann nicht in einer halben Stunde die Ausfahrt passieren«, sagte Prien. »Das muß sich eher um eine einzelne Einheit und ihr Geleit gehandelt haben. Aber wenn die Flotte vor mehr als 24 Stunden aus Scapa Flow ausgelaufen wäre, hätte uns der Große Löwe das ganz bestimmt mitgeteilt. Das kann ihm doch nicht entgangen sein«.

»Es ist wirklich äußerst merkwürdig« staunte von Varendorff, völlig außer Fassung über die Wendung der Dinge.

»Wer weiß, vielleicht hat er es zu spät erfahren, oder vielleicht konnte man uns aus diesem oder jenem Grund nicht erreichen«, warf Endrass ein.

Prien nahm wieder sein Glas hoch und suchte noch einmal die verschwommene Grenzlinie zwischen Land und Wasser von links nach rechts ab; dann noch mal entgegengesetzter Richtung und blieb an dem Wachboot hängen. Dort rührte sich nichts. Das Boot schien verlassen zu sein, doch das war bestimmt nicht der Fall. Er setzte sein Glas ab und sah mit ärgerlicher Miene auf das Wachboot. Endrass bemerkte Priens Reaktion und knurrte:

»In Anbetracht dessen, was sie zu schützen haben, wundert es mich nicht, daß sie den Schlaf des Gerechten schlafen. Sie brauchen nur ein Auge aufzumachen, und ich würde nicht viel für uns geben«.

»Lieber Gott, bitte mach', daß unser Motorenlärm sie nicht aufweckt. Der Wind trägt ihn direkt in ihre Richtung«, stöhnte von Varendorff.

»Da muß doch bestimmt jemand zum Torpedieren in Scapa Flow

sein«, fuhr er angestrengt witzig fort.

»Es ist sinnlos, in dieser Richtung weiterzufahren. Wir wollen umkehren und den Nordostteil der Bucht unter Mainland absuchen«, entschied Prien mit lauter Stimme.

»Hart Backbord!«

U 47 hatte den Südwestausläufer von Honda Island querab, als es andrehte.

»Was geht durch?« fragte Prien, nachdem sie einen Halbkreis geschlagen hatten.

»70° geht durch«, erwiderte Schmidt.

»Recht so – 070° steuern!«

Wieder erhob sich vor ihnen der Schatten von Mainland. Das Boot lief nun fast genau auf Skaildaquoy-Point zu, von dem aus der Eingang des Kirk Sound, aus dem sie gekommen waren, etwa vier Meilen ab lag. Sie hatten anderthalb Meilen seit der Kursänderung zurückgelegt, als Prien angestrengt nach vorn blickte. Ohne den Kopf zu wenden, brach er das Schweigen:

»Backbord 10! ... noch etwas mehr nach Backbord ... 050° steuern«.

Wieder hob er sein Glas, richtete es auf die Steilküste von Mainland und sah am Strand die phosphoreszierenden Wellenkämme.

Im Dieselraum stand Wessels mit dem Rücken an den Türrahmen zum Unteroffizierraum gelehnt und betrachtete die Leitung, die er am Steuerbordmotor angebracht hatte. Er hob den Blick auf die Uhr an der gegenüberliegenden Wand, die den Raum vom E-Maschinenraum trennte. Die Zeiger wiesen auf 00.47 Uhr. Zu seiner Überraschung waren seit ihrem Einlaufen nach Scapa Flow erst 30 Minuten verstrichen. Er sah auf seine Armbanduhr; nein das war kein Irrtum. Wieder blickte er auf die unter dem grellen Licht der Birnen glänzenden Motoren. Trotz der Lüftung war der Raum bläulich von Abgasen. Was mochte wohl da oben vorgehen? Wenige Schritte zu seiner Rechten stellte sich der Maschinenmaat Scholz die gleiche Frage. Sein Maschinenpäckchen klebte auf der Haut. Es roch nach Fett und Dieselöl; wie alle anderen Männer der Maschine zog er es, solange sie in See waren, niemals aus. Er griff in die Tasche, zog einen weißen Lappen heraus und wischte sich die Schweißtropfen von der Stirn. Dann sah er den LI mit beunruhigtem Blick an. Wessels fühlte das, drehte

83

den Kopf und fing den fragenden Blick auf.

»Werner, tu etwas Fett auf die Wellen« befahl er, um ihn zu beschäftigen.

Die Stimme des Offiziers schien den Maaten zu erleichtern. Er stellte die Ölkanne, die er in der Hand hielt, ab und tat mit gewohnten Bewegungen, was man ihm anbefohlen hatte.

Auf der anderen Seite der Dieselmotoren nahm der Stabsobermaschinist Strunk seine Mütze ab und wischte das Lederband in der Innenseite gewissenhaft mit einem Lappen zweifelhaften Aussehens ab. Dann fuhr er mit den Fingern durch sein feuchtes Haar, setzte die Mütze wieder auf und schob sie am Schirm nach oben. Dann kam er durch den Raum auf Wessels zu.

»Ich wette, der Alte nimmt die Parade der britischen Flotte ab. Wir kurven nun schon seit einer halben Stunde auf ihrem Liegeplatz herum, ohne einen einzigen Aal loszuwerden«.

»Ich verstehe das auch nicht mehr. Alles ist so ruhig, daß man glauben könnte, wir wären in der Kieler Bucht«, antwortete Wessels.

»Spahr müßte etwas wissen«, sagte Walz, der von der Kombüse nebenan die Unterhaltung mitgehört hatte.

»Sie haben recht; da Sie sonst nichts zu tun haben, gehen Sie mal hin und fragen Sie ihn«, erwiderte Strunk.

»Ist recht, ich gehe, wenn das ein Befehl ist«, antwortete Walz mit vorgetäuschter Ehrerbietung.

Die Beiden in der Maschine wandten sich um und sahen ihn schnell zur Zentrale gehen.

Wenige Augenblicke später tauchte er wieder auf, sein Gesichtsausdruck verriet nichts.

»Und?« fragte Strunk.

»Nichts«, antwortete Walz und starrte auf seine Schuhe, die immer noch mit Lappen umwickelt waren.

»Wieso nichts?« erwiderte Wessels scharf, »Sie wollen uns wohl auf den Arm nehmen«.

»Nein, Herr Oberleutnant«.

»Was hat er Ihnen denn nun gesagt? Sind wir wirklich in Scapa Flow oder nicht?«

»Jawohl, Herr Oberleutnant« nickte Walz mit noch immer gesenktem Blick.

84

»Nun reden Sie doch, was machen die da oben?« fragte Strunk.

»Die suchen die britische Flotte«.

»Machen Sie keine Witze, Sie Himmelhund« rief Strunk außer sich vor Zorn über Wessels Schulter hinweg.

»Hören Sie auf, mich zu beleidigen, oder ich sage gar nichts mehr« erwiderte Walz. Der Koch genoß sichtlich die Situation und machte kein Hehl daraus. Walz war ein kluger Junge, er hatte sich genug in der Hand, um die Lage zu überblicken. Wessels sah mit Bewunderung auf ihn, was er durch barschen Ton zu verbergen suchte:

»Gut, gut, bleib ruhig mein Junge. Sei ernst und antworte uns anständig«.

»Ich bin ernst, Sie wissen sehr gut, daß ich niemals spaße«.

»Ah! ...«

Strunk unterdrückte mühsam ein wütendes Stöhnen, was den Koch veranlaßte, ihn anzusehen, die Stirn zu runzeln und die linke Augenbraue zu heben.

»Und wo sind wir? In Scapa Flow?« fragte Strunk mit krampfhaft unbeteiligter Stimme.

»Auf dem Hauptankerplatz der Flotte – der leer ist wie die Oper am spielfreien Tag«.

»Was? Wollen Sie damit sagen, daß nicht ein einziges Schiff da ist? Daß wir ganz allein sind in Scapa Flow?«

»So genau weiß ich das nicht. Jedenfalls haben wir gerade kehrt gemacht, nachdem wir bis querab vom Hoxa Sound vorgestoßen sind, ohne eine Menschenseele außer dem Mistvieh von Wachboot am Eingang dieses Fahrwassers zu sehen«.

»Und wo gehen wir jetzt hin?«

»In den Nordostteil der Bucht... ich bat Willi, uns Bescheid zu sagen, wenn sie ein Ziel finden«, fügte Walz so nebenbei hinzu und ging in seine Kombüse zurück.

Auf der Brücke richtete Prien sein Glas in Richtung der Sackgasse die von der Bucht von Scapa gebildet wird, und als Südhafen der kleinen Stadt Kirkwall dient. Landeinwärts, eine Meile nördlich der Bucht und mehr als vier Meilen von ihrer jetzigen Position entfernt, erhob sich die Kathedrale von Kirkwall. Sie wird von einem spitzen Mittelturm aus rotem Sandstein überragt, der bei Tage gut auszumachen ist, den Prien jedoch wegen der Entfernung und der Dunkelheit nicht richtig erkennen konnte. Er wußte, daß die Bucht von Scapa nur für Schiffe mittlerer Größe als Ankerplatz geeignet ist. Ein Felsen, Scapa Skerry, mit weniger als zwei Meter Wasser darüber, versperrt in der Mitte den Eingang in die Bucht. Dieser Felsen fällt nach Osten steil ab, geht aber auf der anderen Seite in das flache Ufergewässer über, das sich über den ganzen Westteil der Bucht erstreckt. Die Leuchtboje, die diese Gefahrenstelle markiert, brannte natürlich nicht. Wenn große Schiffe in der Nähe waren, dann mußte man sie südöstlich dieser Boje suchen. Von der offenen Bucht her würden sie gegen die dunklen Felsen nur schwer auszumachen sein. Um sie schon aus einer gewissen Entfernung erkennen zu können, mußten sie so dicht wie möglich unter die Küste gehen, dann würden sich die Aufbauten der vor Anker liegenden Schiffe gegen den helleren Hintergrund des Himmels abheben.

Das Nordlicht schuf ausgezeichnete Sichtverhältnisse, viel zu gut für Prien's Geschmack. Zuweilen gab es Perioden völliger Dunkelheit, in denen man für eine unbestimmte Zeit, die wenige Sekunden, wenige Minuten, eine halbe Stunde oder länger dauern konnte, nicht einmal mehr die Hand vor Augen sehen konnte.

Endrass sah aufmerksam auf die Binnensee zur Linken, als das Licht am Himmel plötzlich ausging, als wenn eine Hand einen Vorhang vorgezogen hätte. Er ließ das Doppelglas auf die Brust sinken und sagte in deprimiertem Ton:

»Nichts zu sehen. Weder in Richtung der Leuchttonne ›Butter Barrel‹ noch sonstwo. Eine verkorkste Angelegenheit. Aber es wäre doch zu ärgerlich, wenn wir mit leeren Händen heimkämen«.

»Wir haben vielleicht noch eine kleine Chance am Nordostufer, antwortete Prien, mehr um die Stimmung zu heben als aus Überzeugung.

»Ich kann das Nordufer noch nicht sehen, aber es sollte mich wundern, wenn dort irgendetwas Interessantes zu finden wäre«, fuhr Endrass fort.

»Es wird nicht sehr lang dauern, bis wir wissen woran wir sind«.

»Zum Teufel, ist das dunkel – pechschwarze Nacht«, warf von Varendorff ein.

Die Steilküste von Mainland war trotz ihrer Nähe nicht zu sehen. Die Dunkelheit war so undurchdringlich, daß Prien sie nicht einmal mehr ahnen konnte. Nach der letzten Sichtung zu urteilen, vermutete er sie in einer Entfernung von einer Meile.

Der Himmel wurde nach und nach klarer und ließ nun einen Schimmer der Höhen von Mainland erkennen.

»Ich sehe etwas an Backbord voraus!« rief Dziallas aufgeregt.

Sofort richteten die drei Offiziere ihre Gläser in die angegebene Richtung. Obwohl sie die See und die Schatten unter der Küste genau absuchten, konnten sie nichts Verdächtiges ausmachen.

»Sie müssen Ihre Augen mal nachsehen lassen. Die Küste ist verlassen wie am ersten Schöpfungstag« sagte von Varendorff schließlich, ohne das Glas von den Augen zu nehmen.

Dziallas untersuchte noch immer die Stelle der Küste, wo er einen Schatten, dunkler als die anderen, gesehen zu haben glaubte. Die Anspannung begann ihn schließlich zu schmerzen, doch es gelang ihm nicht, den schwarzen Fleck wieder zu finden. Überzeugt, daß er das Opfer einer Sinnestäuschung gewesen sei, entschuldigte er sich ärgerlich.

»Ja, ich hab' mich wahrscheinlich geirrt. Ich kann nichts mehr sehen. Bei diesem scheußlichen Licht ist das nicht einfach«.

Prien ließ sein Glas sinken und blickte in Richtung Mainland.

»Hart Backbord«!

»Liegt hart Backbord«.

»Was geht durch?«

»350° geht durch«.

»Noch 10° nach Backbord auf 340° gehen«.

Das Boot lag nun parallel zur Küste von Mainland mit einer halben Meile Abstand vom Ufer. Wenn innerhalb einer Viertelstunde kein Schiff gesichtet wäre, würde die Unternehmung ein Reinfall gewesen sein.

Im vorderen Torpedoraum kontrollierte der Obermechanikersmaat Bleek die vier Torpedorohre mit den gewohnten, fast automatischen Bewegungen.

»Das ist nun mindestens das zehnte Mal, daß Sie die Rohre überprüfen«, rief Thewes und legte seinen linken Arm um den Steuerbord-Reservetorpedo.

»Ja, das ist schon zum Tick geworden, seit wir in Scapa hin und herfahren«, antwortete Bleek, sich umwendend und seine Bordmütze zurechtrückend. Alles war in Ordnung. Die vier Rohre waren bereits mit Wasser aus dem Torpedotank geflutet und der Druck in den Druckluftflaschen war normal. Jetzt brauchte man die Torpedos nur noch auf ihr Ziel loszulassen. Bleek und Thewes hatten zwei Torpedos in Schnelladeposition gebracht. An ihren gezahnten Schienen hingen sie klar zum Laden in die oberen Rohre 1 und 2.

»Begreifen Sie, was da oben vor sich geht?« fragte Thewes.

»Nein, es ist nicht zu glauben, daß wir seit einer halben Stunde in aller Ruhe kreuz und quer durch den am meisten gefürchteten aller britischen Stützpunkte fahren. Das ist alles höchst seltsam ...«

»Ich habe das Gefühl, daß wir bald schießen werden« unterbrach Thewes.

»Vermutlich sträuben sich wieder Deine Nackenhaare« feixte Bleek.

»Lachen Sie so viel Sie wollen. Mein Gefühl hat mich nie getäuscht, das werden Sie bald sehen« erwiderte Thewes gelassen.

Bleek konnte nicht ruhig bleiben. Um seine Nerven zu beruhigen und sich nichts anmerken zu lassen, begann er, die Temperatur der beiden Reservetorpedos zu prüfen, die er zum Aufwärmen angeschaltet hatte. Es war wichtig, die elektrischen Torpedos nicht in kaltem Zustand zu schießen, man riskierte dann, daß sie schlecht liefen, wenn sie nicht sogar unmittelbar nach dem Ausstoß aus den Rohren absackten.

»Trauen Sie diesen neuen Dingern?« fragte Thewes, nur um etwas zu sagen, denn er kannte die Antwort genau.

»Nein, mir sind die guten alten Preßluft-Aale lieber, trotz ihrer Blasenbahn, denn sie haben sich bewährt, und ich kann nicht einsehen, was uns die Laufbahn in einer mondlosen Nacht schaden kann. Was meinen Sie?«

»Ich weiß nicht, auf den ersten Blick gewiß nicht, aber der »Löwe« weiß sehr genau, was er tut. Wenn er sie uns mitgegeben hat, dann glaubt er auch, daß sie zuverlässig sind«.

»Sie haben wahrscheinlich recht« erwiderte Bleek und tätschelte liebevoll den Torpedo, auf den Thewes den Ellbogen gestützt hatte. Er wischte einen Tropfen Kondenswasser mit dem Ärmel ab.

Am anderen Ende des Bootes, im hinteren Torpedoraum, hatten die Mechanikerobergefreiten Herrmann und Loh eine ähnliche Unterhaltung.

Was Prien, Bootsmaat Dziallas und Matr. Ob. Gefr. Hänsel während des Angriffs von der Brücke der U 47 aus nach ihrer Aussage gesehen haben. (Rekonstruktion durch den Autor)

HMS *Royal Oak* im September 1937. (IWM)

Die sinkende *Royal Oak* nach einem zeitgenössischen deutschen Gemälde. Diese Darstellung ist falsch, da das Schiff in Wirklichkeit nach Steuerbord kenterte. (Verlag Erich Klinghammer)

Zeichnungen von Prien (links) und Wessels (rechts), als Postkarten zur Erinnerung an ihre Tat in Scapa Flow herausgegeben. Die Zeichnung von Prien war coloriert.

Der ›Stier von Scapa Flow‹, gezeichnet von Engelbert Endrass, dem 1 WO von U 47 und bei der Rückkehr von Scapa Flow auf den Turm aufgemalt. (Fried. Krupp AG)

Matr. Ob. Gefr. Gerhard Hänsel, der zweite der beiden noch lebenden Augenzeugen, der ebenfalls als Ausguckposten auf der Brücke war. (Hänsel)

Wilhelmshaven am 17. Oktober 1939. Günther Prien nach Rückkehr von Scapa Flow.

Generaladmiral Saalwächter und Großadmiral Raeder (rechts) begrüßen Prien nach dem Einlaufen in Wilhelmshaven. (IWM)

Berlin, 18. Oktober 1939. Die Besatzung von U 47 trifft in Berlin ein. An der Spitze Kapitänleutnant Prien, dahinter von links nach rechts, Hans Wessels, LI; Engelbert Endrass, 1 WO; Amelung von Varendorff, 2 WO.

Herrmann strich sich sorgfältig sein dichtes schwarzes Haar über das rechte Ohr und setzte seine Bordmütze zurecht. Düster betrachtete er das einzige Torpedorohr und wandte sich dann an Loh.

»Ja, Willi, wir brauchen uns weiter keine Sorgen zu machen, Bleek wird wie gewöhnlich zuerst schießen«.

»Ja, er wird der erste sein und uns gönnen, daß wir auch unseren Aal loswerden, was keineswegs sicher ist, so wie die Dinge liegen. Das wird nur passieren, wenn die da oben über mehrere dicht zusammenliegende Ziele stolpern oder wenn Bleek seine Sache verkorkst«.

»Du hast vielleicht Vorstellungen, wenn Du glaubst, daß wir alles für nichts auf uns genommen haben. Natürlich werden wir schießen. Du glaubst doch nicht im Ernst, daß in Scapa Flow überhaupt keine Schiffe liegen? Und in der Not frißt der Teufel Fliegen«.

»Das einzige, was mich interessiert, ich möchte nicht wie eine Ratte versaufen ... das ist alles drin. Der Krieg hat gerade angefangen. Sei sicher, Herbertchen, ich wäre lieber zu Hause«.

»Reg Dich nicht auf, ich bin überzeugt, daß wir hier gut raus kommen. Der »Alte« versteht sein Geschäft. Das ist ein zäher Bursche«.

»Sicher ist er ein zäher Bursche, aber es ist noch niemals jemand aus Scapa Flow zurückgekommen, um seine Erlebnisse zu berichten; und das sagt doch wohl, daß die Engländer ihr Geschäft ebenfalls verstehen!«

Herrmann sah auf seine Armbanduhr und runzelte die Stirn.

»Bald haben wir tatsächlich eine Rundfahrt durch die ganze Basis hinter uns, und es geschieht immer noch nichts. Verdammt nochmal! Was machen die dann bloß da oben?« nörgelte er und blickte zur Decke. Aber da sah er nur die Rundung des Druckkörpers.

Auf der Brücke spannte Dziallas alle Gesichtsmuskeln an. Die flüchtige Erscheinung eines Schattens, noch ein wenig dunkler als die Felsen, tauchte wieder für den Bruchteil einer Sekunde im Blickfeld auf und verschwamm dann wieder im Grau der Umgebung. War das immer noch eine Täuschung? Der Wind, der ihm um die Ohren pfiff, ließ die Hand zittern und das Ziel kam ihm aus seinem engen Gesichtsfeld. Der Unteroffizier empfand jetzt, daß die Nacht doch recht kalt war, und er wurde langsam steif. Er ließ sein Glas sinken, schloß die Augen für einen Moment und sah sich flüchtig um. Niemand schien etwas bemerkt zu haben. Er begann weiter Ausguck zu halten, und fast im gleichen Moment traf es ihn wie ein Schlag. Da war dieser schwarze Fleck wieder, die Umrisse blieben verschwommen. Um sicher zu sein, bewegte er das Glas ein wenig zur Seite und dann wieder zurück auf die gleiche Stelle, die er sofort genau erkennen konnte. Kein Irrtum, da war etwas. Er stieß Endrass an.

»Diesmal bin ich sicher, daß da vorn ein dickes Schiff ist, 10° an Steuerbord«, murmelte er und sah ihn aus den Augenwinkeln heraus an.

Dziallas sah ihn einige Sekunden nach dem verdächtigen Punkt suchen und dann sein Glas festhalten.

»Donnerwetter! Sie haben recht! Schiff voraus 10° an Steuerbord« meldete Endrass erregt.

Prien versuchte gerade, die Funkmasten auf der Steilküste im Osten am Südende der Scapa-Bucht auszumachen. Sofort führte er sein Glas zurück in die gemeldete Richtung und überprüfte bedächtig das Objekt, das solche Aufregung unter der Brückenwache hervorgerufen hatte.

»Ja, ich seh' es, das ist ein dicker Brocken. Entfernung mindestens 4000 Meter« stieß er schließlich hervor.

Im Turm vor dem Torpedo-Vorhaltrechner erstarrte Smyczek, als er das durch das Sprachrohr hörte. Auf der Brücke wurde die Atmosphäre gespannt. Endrass trat an das Torpedozielgerät.

Die Stille wurde nur durch das Brummen der Diesel, das Rauschen der Bugsee und das Klatschen des am Rumpf vorbeigleitenden Wassers unterbrochen. Prien und Endrass hatten ihre Doppelgläser wieder aufgenommen. Aus dem Schatten wurde eine deutliche Silhouette. »Das ist ein dicker Kasten mit einem Schornstein, liegt mit dem Bug zum Land«.

»Ich würde sagen, es ist ein Schlachtschiff der ›Royal Sovereign‹- oder der ›Queen Elizabeth‹-Klasse« sagte Prien.

»Eher ›Royal Sovereign‹. Ich kann achtern den Dreibeinmast erkennen. Die ›Queen‹-Klasse hat massigere Aufbauten«.

»Es liegt rechtwinklig zur Küste vor Anker ... nein, es muß einen Winkel von 45° bilden, oder so ungefähr, es ist schwer zu

94

sagen, es ist kein Lichtschein zu sehen«.

»Gegen die Steilküste kann man uns nicht ausmachen – und wir zeigen schmale Silhouette. Sie werden keinen Angriff von der Landseite her erwarten« setzte Endrass hinzu.

Prien nickte und antwortete

»Dennoch! Wir müssen ganz vorsichtig sein. Unser Erfolg hängt vom Überraschungseffekt ab«.

Wieder legte sich Schweigen über die Brücke. Es war ihnen allen klar, daß die leichten Geschütze des Schlachtschiffes sie in wenigen Augenblicken auf den Grund schicken würden, wenn die britischen Wachen sie durch einen unglücklichen Zufall entdeckten.

»Zweites Großkampfschiff hinter dem ersten!« rief von Varendorff. Der Kommandant und der 1 WO hoben ihre Gläser.

»Donnerwetter! Tatsächlich, ... ein Dicker, zwei Schornsteine ... sie liegen gestaffelt ... der erste verdeckt den zweiten, der dicht unter Land liegt, zu zwei Drittel« sagte Endrass, die Augen fest am Okular.

Ein Bug, der in einem leicht vorspringenden Steven auslief, ein freies Deck, zwei schwere Geschütztürme und ein Teil der vorderen Aufbauten waren hinter der ersten Silhouette zu erkennen.

»Es ist ein Schlachtkreuzer ... *Repulse* oder *Renown* ... er ist viel länger als der Dicke« beobachtete von Varendorff.

»Es muß die *Repulse* sein, denn die *Renown* ist auf einer Unternehmung« erwiderte Prien.

»Schöne Ziele, und grade in richtiger Lage zum Schuß« sagte Endrass zu sich, ohne das Glas abzusetzen.

Hänsel, als Ausguck im Achteraussektor, hörte gespannt dem Gespräch der Offiziere zu. Er hätte sich schrecklich gern den Feind einmal angesehen, der ihn ins Jenseits befördern konnte, während er ihm den Rücken zuwandte. Er setzte das Glas ab und fluchte auf das Meerleuchten, das das schäumende Kielwasser aufleuchten ließ wie einen fahlen Finger, der auf das Boot wies. Kaum eine Minute war seit der letzten Bemerkung des 1 WO vergangen, und doch schien sich diese Stille übermäßig in die Länge zu ziehen. Was ging da vor? Er nahm sein Glas wieder hoch und suchte den ihm zugeteilten Sektor ab. Der Gefreite wußte, daß das Boot kehrt machen würde, sobald die Torpedos geschossen waren. Mit Beklemmung und Ungeduld lauerte er auf die Befehle des Kommandanten.

Worauf wartete er nur? Sie mußten doch jetzt auf Schußweite heran sein. Auf welche Entfernung würde er sich entschließen zu schießen? Er sah wieder auf das Kielwasser, die von den Schrauben aufgewirbelte Spur muß meilenweit zu sehen sein, dachte er.

»Mündungsklappen öffnen! Rohr Eins bis Vier klar zum Überwasserschuß! Schnell!« befahl Prien.

Endrass beugte sich über das Sprachrohr. Im vorderen Torpedoraum drehte Bleek wild an den Kurbeln der vier Rohre und bellte dann in das Sprachrohr:

»Rohr Eins bis Vier klar!«

»Rohr Eins bis Vier klar zum Schuß, Herr Kaleunt«, meldete Endrass.

»Tiefe 7 Meter. Rohr eins und zwo Zielrichtung Back des südlichen Schiffes, Rohr drei und vier Bug des nördlichen Schiffes. Entfernung 3000 Meter, Torpedogeschwindigkeit 30, Drehwinkel grün drei.«

»Jawohl, Herr Kaleunt« antwortete Endrass.

Er preßte die Augen fest an die Zieloptik, dann begann durch das Sprachrohr ein schneller Wortwechsel mit Smyczek. Er gab ihm die Entfernung durch, die Lage des Ziels und weitere Einzelheiten. Der Vorhaltrechner war auf den Kreiselkompaß und das Torpedozielgerät geschaltet. Vor dem Gerät beobachtete Smyczek die beiden roten, abgeblendeten Kontrollampen, die ihm die Ausführung der Befehle anzeigten. Nach wenigen Sekunden hörte der Vorhaltrechner auf zu summen, und die beiden Lampen erloschen. Smyczek meldete das Resultat und schaltete dann den Vorhaltrechner auf die Torpedos: von nun an wurden ihnen die Schußunterlagen automatisch eingegeben. Ein weiteres Licht leuchtete jetzt vor dem Gefreiten auf. Nun konnte aus jeder Lage heraus geschossen werden, solange der Winkel nicht größer war als 90°.

Endrass richtete das Fadenkreuz des Zielfernrohrs auf die Back des Schlachtschiffes und legte, ohne den Kopf zu heben, die rechte Hand auf die Torpedoabfeuerung.

»Frage Feuererlaubnis?«

»Feuererlaubnis!«

»Rohr Eins und Zwo fertig!«

»Rohr Eins, los!«

»Rohr Zwo, los!«

Prien ließ den Blick nicht von seinem 1 WO. Er sah, wie dieser die Zieloptik leicht nach rechts drehte,

»Hart Steuerbord«, befahl er.

Das Fadenkreuz zeigte jetzt genau auf den Bug des nördlichen Schiffes.

»Rohr Drei und Vier, fertig!«

»Rohr Drei los!«

»Rohr Vier los!«

Im ›House of Lords‹ hörte Bleek, die Hände auf der Handabfeuerung der oberen Rohre 1 und 2 und einen Fuß auf der Abfeuerung des unteren Rohres 3, die Feuerbefehle durch das Schiffstelefon.

U 47 bockte drei Mal. Die ersten beiden Rucke mit einem Intervall von 1,2 Sekunden, dann der dritte nach 3,5 Sekunden zeigten ihm, daß drei Torpedos das Rohr verlassen hatten und mit 30 Knoten auf ihre Ziele zuliefen. Bleek warf sich mit einem Fluch auf die Handabfeuerung von Rohr 4. Nichts geschah. Verzweifelt versuchte er den vierten Torpedo loszumachen. Vergeblich. Eine metallische Stimme kam aus dem Sprachrohr. Er erkannte Endrass' Stimme.

»Was ist mit Rohr Vier los?« fragte er ruhig.

»Ich weiß noch nicht«, antwortete Bleek und richtete sich auf.

»Klemmt der Torpedo?«

»Ich glaube nicht; das muß die Abfeuerung sein. Ich werde gleich nachsehen«, sagte der Unteroffizier mit belegter Stimme, als ob er sich für diesen unglücklichen Vorfall persönlich verantwortlich fühle.

Auf der Brücke hatte von Varendorff, sobald der erste Torpedo das Rohr verlassen hatte, den Sekundenzeiger seiner Armbanduhr gestartet.

In der Zentrale war Wessels damit beschäftigt, die Torpedorohre in den Ausgleichstanks zu entwässern und Wasser im Gewicht der verschossenen Torpedos hinzuzufügen. Trimm und Gewicht des Bootes mußten in Ordnung sein, damit es jederzeit klar für ein Schnelltauchmanöver war.

Die durch das Warten hervorgerufene Spannung wurde unerträglich. Von Varendorff meldete die dreißigste Sekunde der dritten Minute. Hatten die Torpedos ihre Ziele verfehlt? Hatten die

Zündeinrichtungen versagt? Drei Fehlschüsse auf ein stilliegendes Ziel – das war fast unmöglich.

Plötzlich erhob sich, seltsam träge, eine weißliche Wassersäule und verdeckte den Bug des Schlachtkreuzers. Dann ein Explosionsgeräusch, das in gedämpftem Dröhnen von den Felsen zurückgeworfen wurde.

Der Stoß der Unterwasserdetonation, der sich im Wasser fortpflanzte, wurde von den Männern im Inneren des Bootes stärker empfunden.

Prien hielt den Blick auf das Ziel gerichtet. Der weiße Fleck der Wassersäule war verschwunden. Für einen Augenblick dachte er, alles sei ein Trugbild gewesen. Das Schiff blieb dunkel und ruhig; es lag da, als ob nichts geschehen sei.

U 47 drehte ab.

Hänsel riß die Augen weit auf. Die beiden großen Schiffe schienen ihrer zu spotten. Er konnte den Blick nicht von diesen Kolossen losreißen, deren Umrisse sich wie in einem Schattenspiel gegen die von dem unwirklichen Himmelsleuchten erhellte Bucht abzeichneten. Für einen kurzen Augenblick zweifelte er, ob das alles Wirklichkeit war. So hatte er sich den Angriff auf die britische Flotte in Scapa Flow nicht vorgestellt.

In dem winzigen achteren Torpedoraum klirrte plötzlich die Stimme von Endrass durch das Sprachrohr:

»Rohr Fünf, Mündungsklappe öffnen – Rohr Fünf, fertig!«

Herrmann und Loh sprangen auf.

»Was hab' ich Dir gesagt?« jubelte Herrmann.

Loh überhörte die Bemerkung und wischte sich die Schweißtropfen auf der Stirn mit dem linken Ärmel ab. Herrmann stand ganz ruhig, die rechte Hand auf der Handabfeuerung.

»Rohr Fünf, los!«

Ein weiterer Ruck ging durch das Boot, als der vierte Torpedo ablief. Auf der Brücke setzte von Varendorff die Stoppuhr wieder in Bewegung. Noch immer war beim Gegner keine Reaktion zu bemerken. Tiefste Ruhe herrschte weiter über Scapa Flow.

»Das Ganze nochmal, Herr Kaleunt?« fragte Endrass mit Nachdruck.

»Ja. Rohr Eins und Zwo nachladen. Wir greifen noch einmal an«.

Der 1 WO beugte sich über das Sprachrohr.

»Rohr Eins und Zwo nachladen, und zwar schnell, für einen zweiten Anlauf«, sagte er mit Nachdruck.

Auf den beiden Großkampfschiffen herrschte immer noch geisterhafte Ruhe. Es wurde langsam unerklärlich. Prien setzte das Doppelglas an die Augen, der Bug des nördlicheren Schiffes war sichtlich tiefer gesunken.

»Hallo, Brücke! Rohr Vier klar. Abfeuergestänge frei. Wir fangen an, Rohr Eins und Zwo nachzuladen«, keuchte Bleek durch das Sprachrohr.

»Gut gemacht, Bleek, aber trödeln Sie jetzt nicht mit den beiden Aalen, wir wollen hier nicht alt werden« erwiderte Endrass.

»Wir auch nicht, wir tun was wir können«.

Der 1 WO wandte sich an Prien: »Rohr Vier ist wieder klar, Herr Kaleunt, Rohr Eins und Zwo werden nachgeladen«.

»Gut – wir werden drei Torpedos auf das südliche Schiff schießen«.

»Drei Minuten«, verkündete von Varendorff.

Das Warten und die steigende Sorge um die britische Reaktion schufen eine unerträgliche Spannung. Die Stille, das Nordlicht und die Schatten, all das zusammen schuf eine unwirkliche Atmosphäre. Die Sekunden dehnten sich bis zur Unendlichkeit.

Um die Spannung etwas zu lockern, entschloß sich Endrass etwas zu sagen.

»Es ist doch nicht zu fassen! Das ist ein schlechter Witz, wir torpedieren einen Schlachtkreuzer und die Besatzung schläft weiter. Der ganze Stützpunkt schläft, als ob nichts passiert wäre. Alles schläft. Vielleicht schlafen wir auch. Ich hoffe, wir haben das nicht alles geträumt«.

Prien lächelte ein wenig und erwiderte:

»Ebenso unglaublich ist, daß wir drei Fehlschüsse und ein blockiertes Rohr haben. Auf der anderen Seite ist die Trägheit der Engländer verständlich. Ein Ubootsangriff muß ihnen so unwahrscheinlich erscheinen, daß ihnen der Gedanke daran gar nicht in den Kopf gekommen ist. Die Explosion haben sie zweifellos auf eine Magnetmine zurückgeführt«.

Auf südöstlichem Kurs näherte sich U 47 in spitzem Winkel der schon ziemlich nahen Küste von Mainland. An Backbord voraus, fast auf ihrem Kurs, lag der massige Vorsprung, der den Südwestteil der Insel bildete. Diese steile Huk, die sie beim Einlaufen passiert hatten, markierte die innere Begrenzung von Scapa Flow.

Im vorderen Torpedoraum öffnete Bleek und Thewes sobald das Wasser aus den Rohren abgelassen war, den Bodenverschluß von Rohr 1. Dann zogen sie den Torpedo, der an zwei Laufkatzen an der Schiene hing, voraus und ließen ihn fast ganz ins Rohr gleiten. Das war bei einem Gewicht von mehr als anderthalb Tonnen nicht einfach. Nur die Ruder und die Schrauben ragten noch aus dem Rohr. Bleek hatte sein eigenes Verfahren, Torpedos in die Rohre zu bringen. Er zog seine Bordmütze in die Stirn, ergriff die Schiene fest mit der Hand, hob das rechte Bein und setzte die Fußhöhlung vorsichtig auf den Konus der Schrauben, stützte sich ab und schob den Torpedo in einem Zuge ganz in das Rohr.

Thewes schloß sofort den Bodenverschluß und sicherte ihn sorgfältig. Bleek richtete sich auf, Schweißtropfen liefen über seine blondstoppeligen Backen.

»Der ist drin«, stöhnte er.

Von der Brücke konnte man in 200 m Entfernung deutlich die Gischt der sich am Ufer brechenden Wellen erkennen und ihr Rauschen deutlich hören.

»Rohr Eins und Zwo nachgeladen – Rohr Eins, Zwo und Vier klar zum Schuß«, verkündete Bleek wenige Minuten später keuchend durch das Sprachrohr.

»Hart Steuerbord!«

Prien hatte sich umgewendet, um das Ufer von Mainland zu beobachten. Endrass sah ihn von der Seite an und öffnete den Mund, um etwas zu sagen, aber dann hörte er ihn bereits befehlen:

»Recht so! Was liegt an?«

»310° liegt an«, antwortete Schmidt.

»310° steuern!«

Langsam entfernte sich U 47 von der Küste. Das Schlachtschiff war noch nicht zu sehen, es versuchte auch niemand auf der Brücke, es zu entdecken. Sie fühlten es, wie die Jäger die Nähe des Wildes erfühlen. Das große Schiff mußte nun voraus zwei Dez an Steuerbord sein.

Bis jetzt hatte Hänsel seine Suche auf den Südteil seines Sektors, den Kirk Sound, konzentriert. Dort regte sich nichts. Der Gefreite wandte nun seine Blicke nach links und begann aufmerksam, die Küste von Mainland abzusuchen. Vielleicht lagen dort im Schatten der Felsen ein oder mehrere Schiffe vor Anker, bereit, unversehens über sie herzufallen. Er untersuchte methodisch die kleinsten Winkel der Schatten. Nichts! Plötzlich erkannte er deutlich ein Schiff, das in einer Bucht vor Anker lag. Im Hintergrund glaubte er etwas, das wie ein Öllager aussah, wahrzunehmen, aber er nahm sich nicht die Zeit, das genauer festzustellen.

»Tanker vor Anker Steuerbord querab«, meldete er hastig.

Schnell richteten Prien und seine beiden Offiziere ihre Gläser auf den gemeldeten Punkt.

»Es ist ein kleiner Tanker, wahrscheinlich ein Handelsschiff, seine Besatzung schläft, denn sie haben uns weder auf dem Hin- noch auf dem Rückweg gesehen«, bemerkte Endrass.

»Hoffentlich haben sie einen tiefen Schlaf und hören uns nicht«, setzte von Varendorff spöttisch hinzu.

Prien setzte das Glas ab und sah auf die Uhr. Die Leuchtzeiger weisen auf 01.12 Uhr, 14 Minuten waren seit dem ersten Torpedoschuß verstrichen. Wenn sie auf dieselbe Entfernung wie vorher schießen wollten, dann waren es nur noch sechs Minuten bis zum Schuß. Er überlegte, was wohl zu den Fehlschüssen geführt haben mochte. War die Schätzung der Lage des Ziels und der Stromversetzung nicht genau genug gewesen? Oder war es ein Versagen der neuen Zündeinrichtung? Die Antwort auf diese Frage war wichtig. Drei von vier Torpedos waren nicht hochgegangen. Das war eine Menge. Er hatte das unangenehme Gefühl, daß es an den Torpedos lag. Wenn das der Fall war, wenn das Arsenal schadhafte Torpedos auslieferte, dann war es wirklich nicht zu verantworten, sein Leben und das seiner Besatzung aufs Spiel zu setzen, um Heldentaten zu vollbringen.

Dziallas setzte das Glas ab und wischte sorgfältig die Linsen aus. Er hatte das Schlachtschiff eingehend überprüft, doch er glaubte, er hätte noch etwas recht voraus gesehen. Die Erscheinung war nur vorübergehend und er war sich keineswegs sicher. Er sagte nichts, denn das konnte ebensogut ein Schiff wie ein durch das Nordlicht verursachter Schatten gewesen sein oder auch ein Einschnitt in der Küstenlinie. Er nahm das Glas wieder hoch, konnte jedoch nichts sehen, was wie ein Schiff aussah. Wieder sah er eine Zeitlang auf die dunkle Masse des Kriegsschiffes, dann begann er methodisch den Raum rechts davon abzusuchen. Es war nichts zu sehen. Nicht einmal die Masten, die er kurz vorher ausgemacht hatte und die zu einem Zerstörer gehören konnten.

Er zog das Glas wieder nach links, bis die Silhouette des Schlachtschiffes ins Blickfeld kam. Ein Lichtschein hellte das Halbdunkel streifenweise auf. Dzialles glaubte einer Täuschung zu erliegen. Aber nein, ein schmaler, leuchtender Strahl zeigte sich an Bord des Schlachtschiffes auf der abgewandten Seite. Der Strahl war hinter dem Schornstein nur teilweise zu sehen; vielleicht kam er von der Signalbrücke.

»Herr Kaleunt! Die haben einen Scheinwerfer auf der Landseite angestellt«.

Die drei Offiziere richteten ihre Gläser wieder auf das Schlachtschiff.

»Kein Zweifel, sie sind wach geworden«, bemerkte von Varendorff.

»Ja, aber glücklicherweise richtet sich ihre Aufmerksamkeit auf die falsche Seite« spottete Prien.

Das Glas vor die Augen gepreßt, fuhr er fort:
»Wenn wir gleich schießen – drei Torpedos Mitte Ziel. Da! Jetzt haben sie den Schweinwerfer ausgeschaltet! Aber sie werden trotzdem auf der Hut sein«, fügte er hinzu.

Endrass beugte sich zum Zielapparat nieder und richtete die Visierlinie auf den Schornstein.

»Wir werden aus kürzerer Entfernung als vorhin schießen« fuhr Prien fort.

Dziallas hörte den 1 WO die Entfernung, Lage und Stromversetzung schätzen und dies an Smyczeck weitergeben. Er begann seinerseits in aller Ruhe die See mit dem Glas abzusuchen und prüfte genau den Sektor, in dem er soeben etwas Verdächtiges gesehen zu haben glaubte. Mit aller Konzentration, deren er fähig war, erforschte er langsam und methodisch die verschwimmende Grenzlinie zwischen Land und Wasser. Die Anstrengung wurde unerträglich. Die Wasseroberfläche war weißlich und das Leuchten nicht gleichmäßig. Hier und da wechselten helle Stellen mit flüchtigen Schatten, die irgendwo im Grau des Ufers verschmolzen. Das Licht änderte ständig seine Intensität. Dziallas war einer der besten Ausguckposten an Bord. Dafür war er bekannt, und er tat sein

102

Möglichstes, um diesen Ruf, auf den er ein wenig stolz war, zu erhalten. Als er zum dritten Male auf den Ausgangspunkt in seinem Sektor zurückkam, hielt er beim Anblick einer schmalen, senkrechten Linie an. Dieser Strich war kaum wahrnehmbar und hob sich kaum gegen die Hügel im Hintergrund ab. An seinem Fußende war eine leichte Verfärbung. Je eingehender er hinsah, um so mehr nahm es die Form eines Schiffes an. Ein Irrtum war nicht möglich. Sein Herz begann schneller zu schlagen, das Schiff mußte 3–4 000 m, wenn nicht noch weiter weg sein. In Anbetracht der Entfernung konnte es sich um einen Tanker handeln. Absichtlich wandte Dzialles seine Augen ab, um zu sehen, ob er es wiederfinden konnte. Ja, da war es wieder. Ein flaches Deck und die Brücke ganz achtern.

»Schiff 30° an Backbord« schrie er fast.

Endrass fuhr zusammen, sah jedoch weiter auf das Schlachtschiff, während er gelegentlich auf den Folgezeiger des Vorhaltrechners schaute. Prien brauchte wenige Sekunden, um das neue Schiff zu entdecken.

»Ich würde sagen es ist ein kleiner Tanker, der dicht unter Land ankert, wenn es nicht der alte Flugzeugträger *Pegasus* ist. Ja, so ist es. Der wird uns beim Angriff nicht stören, aber bei dieser Beleuchtung werden wir uns nachher vor ihm in acht nehmen müssen«, sagte er, das Glas vor die Augen gepreßt.

Er wandte den Kopf und sah wieder zum Schlachtschiff hinüber, dessen Silhouette wesentlich größer geworden war. Nun konnte er es mit bloßem Auge deutlich erkennen. Er schätzte die Entferung und befahl:

»Mündungsklappen öffnen!«

Dann ließ er das Glas auf die Brust sinken und sah weiter auf das Kriegsschiff.

»Endrass, sind Sie klar zum Schuß?« fragte er knapp.

»Jawohl, Herr Kaleunt, Streuwinkel Grün drei, klar zum Schuß«.

Die Hand auf dem Abfeuerungsknopf, stand der 1 WO gespannt und wartete.

Trotz seiner zwei Pullover fröstelte Dziallas. Angestrengt bemühte er sich, den Drang zum Niesen zu unterdrücken. Ihm schien, der Wind war stärker geworden; für einen Augenblick blickte er auf die Bugsee, dann hielt er weiter Ausguck.

Die Spannung stieg von Sekunde zu Sekunde. Endrass war ge-
spannt, wann ihm der Kommandant endlich Feuererlaubnis ertei-
len würde. Die Entfernung zum Ziel betrug nach seiner Schätzung
jetzt weniger als 1 500 m. Der dunkle Schatten des Schlacht-
schiffs erhob sich riesig in der Dunkelheit.
»Hart Steuerbord! Feuererlaubnis!« Priens schneidende, scharfe
Stimme ließ ihn zusammenzucken.
»Rohr Eins, Zwo und Vier fertig«.
»Rohr Eins, los!«
»Rohr Zwo, los!«
»Rohr Vier, los!«
Der letzte Ruck zeigte an, daß drei Torpedos ausgestoßen waren.
In diesem Moment wischte sich Bleek im ›House of Lords‹ die
Stirn mit dem Ärmel ab und flüsterte ›Gute Reise‹.
Auf der Brücke setzte von Varendorff zum dritten Mal seine
Stoppuhr in Gang. Prien sah auf die Uhr, 00.13 Uhr und 5 Sekun-
den. In den nächsten beiden langen Minuten würde sich der Aus-
gang des Unternehmens entscheiden.

104

Was sollen wir antworten,
Herr Kapitänleutnant?

Hänsel hatte nun die beiden Schlachtschiffe im Blickfeld. Der Gefreite versuchte, sich den Weg der drei Torpedos vorzustellen, die keine Blasenbahn hinterließen. Wo würden sie wohl auftreffen? Die Spannung wurde unerträglich. Er bewegte sein Glas nach links bis zur Begrenzung seines Ausgucksektors und versuchte, *Pegasus* auszumachen. Zufällig oder vielleicht auch seiner vorzüglichen Augen wegen dauerte es nicht lange, bis er sie entdeckt hatte.

Prien stand mit zusammengebissenen Zähnen und ließ seine Augen nicht von dem Schlachtschiff.

Sein Herz schlug schneller: der weiße Gischt einer Wassersäule hob sich vor der dunklen Masse des Schiffes empor und stieg so hoch, daß sie die Brückenaufbauten verdeckte. Priens Finger klammerten sich fast schmerzhaft um die Oberkante des Brückenkleides. Für einen Augenblick hielt er den Atem an, dann entspannten sich die Muskeln und er fand seine gewohnte Ruhe wieder. Gottseidank, diesmal hatten die Torpedos normal funktioniert. Schon erhob sich ein zweiter Geysir Achterkante Schornstein. Dann verdeckte ein dritter den achteren oberen Geschützturm.

Eine dreifache Detonation hallte von den Felsen wider. An der Stelle des zweiten Aufschlages begann sich eine dicke schwarze Wolke zu erheben. Prien wartete mit einer gewissen Besorgnis auf die Reaktion des Gegners, aber noch immer geschah nichts.

105

Endrass hob den Unterarm und beugte sich über das Handgelenk
»01 Uhr 15 und 40 Sekunden« meldete er.

»Drei Torpedos mitten im Ziel. Wenn er damit nicht erledigt ist,
ist es ein Geisterschiff ...«

Von Varendorff hörte mitten im Satz auf zu sprechen, denn plötzlich zerriß ein blendender Schein die Dunkelheit. Eine Sekunde
später erhellte eine gigantische Feuerzunge von unerträglicher
Stärke den achteren Teil des Schlachtschiffes. Der Lichtschein war
so stark, daß er das Innere der Brücke erhellte. Fasziniert von
diesem Anblick standen die Männer wie angewurzelt mit zu-
sammengekniffenen Augen da.

Endrass öffnete den Mund, um etwas zu sagen, als eine Druckwelle das Boot mit ungeheurer Stärke traf. Das Krachen drang
ihm schmerzhaft durch die Brust und nahm ihm den Atem. Dann
herrschte Totenstille. Er hatte den Eindruck, ihm seien die Trommelfelle geplatzt. Mit eingezogenem Kopf verfolgte er die Flug-
bahn großer Stahlbrocken, die aus dem Schlachtschiff herausge-
rissen waren und wie Stroh durch die Luft flogen. Ebenso plötzlich
wie sie aufgebrochen war, fiel die Feuersäule in sich zusammen.
Ein riesiger Rauchpilz, noch schwärzer und dicker als der an der
Achterkante Schornstein, stieg in den von den Irrlichtern des
Nordlichtes funkelnden Himmel.

»Sowas habe ich noch nie gehört« stieß Endrass mit heiserer
Stimme hervor.

»Wahrscheinlich ist eine der Munitionskammern hochgegangen.
Der Rauch riecht nach verbranntem Pulver« antwortete Prien.

Endrass beugte sich über das Sprachrohr und verkündete für die
Besatzung:

»Das Schlachtschiff, das wir eben torpediert haben, ist in die Luft
geflogen!«

»Da, es legt sich auf die Seite!« rief Dziallas.

Im Innern des Bootes hatten sie die Reihe der Explosionen mit
außerordentlicher Heftigkeit empfunden.

Spahr's erster Gedanke war, daß eine Salve der schweren Artillerie
des Schlachtschiffes soeben ganz nahe eingeschlagen sei.

Im ›Hause of Lords‹ hatte sich Bleek noch nicht einmal den
Schweiß abgewischt, der ihm über die Backen rann. Mit verzerr-
tem Gesicht, die Stoppuhr in der rechten Hand, stand er regungs-

los während der zwei Minuten, die der ersten Detonation vorausgingen. Ein breites Lächeln, dann ein Freudenschrei begrüßte die Doppelexplosion. Er drehte sich um zu Thewes und schlug ihm krachend auf die Schulter.

»Unsere lieben Kleinen haben es gut gemacht, ich wußte es, sie waren gerade richtig angewärmt«.

Die vierte Explosion unterbrach seinen Monolog und warf ihn fast aus dem Gleichgewicht. Der Bootskörper bebte wie im Griff einer Riesenfaust, aber das Boot wurde nicht sehr mitgenommen, die Explosion hatte offensichtlich dicht an der Oberfläche stattgefunden.

Betroffen durch die Wucht der Explosion, sahen sich Bleek und Thewes ängstlich an. Thewes fand zuerst die Ruhe wieder.

»Wir müssen da ein großartiges Feuerwerk veranstaltet haben – jetzt wird's Zeit, von hier zu verschwinden, ehe die Luft dick wird«.

Er unterbrach sich und horchte in der Erwartung feindlichen Abwehrfeuers. Stattdessen drang eine Stimme durch das Sprachrohr.

»Das Schlachtschiff, das wir eben torpediert haben, ist in die Luft geflogen«.

Bleek und Thewes horchten, ihre Blicke auf die Mündung des Sprachrohrs gerichtet in der Hoffnung, weitere Einzelheiten zu hören. Aber es folgte nichts mehr.

Thewes kratzte sich am Hinterkopf.

»Ich hab' den Eindruck, daß hier bald die Hölle los sein wird. Wir haben nicht genug Wasser zum Tauchen. Mit den Briten auf den Fersen wird das Rauskommen noch viel schwieriger sein als das Reinkommen«.

»Laß mal! Mach Dir keine Gedanken, überlaß das den Offizieren«, erwiderte Bleek.

Zur selben Zeit warteten im hinteren Torpedoraum Herrmann und Loh auf die unvermeidbare Reaktion des Gegners. Beide waren von der gleichen Sorge gepackt. Die Engländer würden nicht untätig bleiben, man würde, wenn dies nicht schon geschehen war, alle in der Nähe greifbaren Schiffe auf sie hetzen, und das waren sicher nicht wenige. Die Mechanikergefreiten spitzten ihre Ohren beim geringsten Geräusch, aber sie hörten nur das gleichmäßige

Mahlen ihrer eigenen Bootsschrauben. Endrass begann nun, das Geschehen wie ein Radioreporter zu beschreiben:

»Das Schlachtschiff ist tödlich getroffen. Es legt sich auf die Seite, ein kleines Fahrzeug, wahrscheinlich ein Verkehrsboot, bleibt in der Nähe dicht am Heck und gibt wie wild SOS. Ich würde sagen, daß das Schiff jetzt etwa 45° Schlagseite hat. Es sinkt langsam und unaufhaltsam. Ich kann es wegen der Entfernung und wegen des Qualms nicht mehr genau erkennen ...«

An Bord der *Royal Oak* war alles ruhig. In wenigen Minuten würde zur Erleichterung aller Abergläubischen Freitag, der 13., vorüber sein.

Mitternacht, Wachwechsel. Die etwa 200 Männer, seit 20.00 Uhr auf Wache, waren froh, nun endlich im sicheren Hafen von Scapa Flow in die Koje gehen zu können. Sie waren alle todmüde, und das war durchaus verständlich.

Das Schlachtschiff war am Tag vorher von einer sehr anstrengenden Fahrt zurückgekehrt. Aufgrund sehr schlechten Wetters waren die meisten der Besatzung seekrank gewesen. Die Begleitzerstörer hatten wegen des heftigen Sturms nicht mehr dran bleiben können, und die *Royal Oak* hatte sich ohne jeden Schutz ihren Weg durch die wild bewegte See bis in die Gegend von Fair Isle (Färöer-Inseln) gebahnt. Ihr Deck war ständig von der grünen See überspült, die Wellen hatten die meisten der Rettungsflöße zerschlagen. Die Backbordbatterie war durch Seeschlag ausgefallen. Am 12. Oktober lief das Schlachtschiff in Scapa Flow ein, wo außerdem ein Flugzeugträger, vier Großkampfschiffe, zehn Kreuzer und einige Zerstörer vor Anker lagen. *Royal Oak* ankerte in der Nordostecke der Bucht, in der Nähe des Schlachtkreuzers *Repulse*.

Gegen 15.00 Uhr wurde ein deutsches Aufklärungsflugzeug gesichtet. Das Gleiche war bereits am Tag vorher geschehen; diese Aufklärung war möglicherweise das Vorzeichen eines Bombenangriffs der Luftwaffe. Die Wachen an den Flugabwehrgeschützen des Schlachtschiffs wurden deshalb verstärkt, denn die Zahl der Fla-Batterien und Jäger an Land war gering.

Kurz vor 17.00 Uhr erhielt Kommodore Dönitz den Funkspruch von Leutnant Newe mit seiner Beobachtung über Zahl und Typ

Berlin, 18. Oktober 1939. Die Bevölkerung jubelt Prien und Wessels zu. (Wessels)

U 47 läuft auf der Fahrt nach Kiel in die Brunsbütteler Schleuse ein (BfZ)

U 47 am 23. Oktober 1939 in der Kieler Förde. (BfZ)

23. Oktober 1939. U 47 läuft aus dem Kanal kommend in die Holtenauer Schleuse in Kiel ein.

23. Oktober 1939. U 47 in der Kieler Förde.

Kiel, 23. Oktober 1939. Die Besatzung des Kreuzers *Emden* grüßt die Sieger von Scapa Flow. (Ferdinand Urbahns)

Kiel, 23. Oktober 1939. U 47 passiert das Schlachtschiff *Scharnhorst*. Die Besatzung ist an Oberdeck angetreten. (Ferdinand Urbahns)

der in Scapa Flow festgestellten Schiffe. Diese Nachricht war so ermutigend wie sie nur sein konnte. Hervorragende Sicht ließ keinen Zweifel an der Identität der Schiffe. Eine genaue Auswertung der Luftaufnahmen sollte diese Meldung bestätigen.

Nach einer Sitzung, die an diesem Abend in Wilhelmshaven stattfand, und an der auch Leutnant Newe teilnahm, ging ein Funkspruch an U 47. Das Boot erhielt diesen Funkspruch nicht, weil es zu dieser Zeit in der Nähe der Orkneys auf dem Grund der Nordsee lag. Aber das war nicht schlimm. Wichtig war, daß es im Jagdrevier keinen Mangel an Zielen gab.

Priens Unternehmung versprach einträglich zu werden.

Aber der schicksalsschwere 13. Oktober brachte eine dramatische Wende. Wie eine Bombe schlug die Nachricht ein: der Funk-Entzifferungsdienst teilte mit, daß die brititsche Flotte am Abend vorher ausgelaufen sei. Daraus zog Kommodore Dönitz den Schluß, daß die Royal Navy, alarmiert durch die beiden aufeinanderfolgenden Luftaufklärungen Scapa Flow in der Furcht vor Luftangriffen vorübergehend verlassen habe. Das war um so ärgerlicher, als das erste Flugzeug der Luftflotte 2 Scapa Flow ohne Befehl überflogen hatte.

Dönitz überlegte, ob er U 47 zurückrufen solle. Aber nach einigem Nachdenken sah er davon ab. Die Würfel waren gefallen – es blieb nur die Hoffnung, daß nicht alle schweren Einheiten den Stützpunkt verlassen hatten.

In Scapa Flow verlief der 13. entgegen allen Erwartungen, ohne daß ein Alarm die tägliche Routine gestört hätte.

An Bord der *Royal Oak* hatten einige Royal Marines Verpflegung übernommen, während Seeleute damit beschäftigt waren, die Sturmschäden zu beseitigen und die Trümmer der zerbrochenen Rettungsflöße an Deck in einem Haufen aufzutürmen. Die Besatzung hatte noch nicht genügend Zeit gehabt, sich zu erholen, die Männer waren völlig erschöpft.

Am 14., um 00.58, hallte eine Explosion mittlerer Stärke durch die Nacht. Ein leichter Stoß ging durch das Schlachtschiff. Niemand glaubte an eine unmittelbare Gefahr. Die Männer in den vorderen Wohnräumen unter dem Oberdeck fuhren hoch, legten sich dann aber mit nur wenigen Ausnahmen wieder hin, um friedlich weiterzuschlafen. Diejenigen, die mittschiffs oder gar achtern

113

schliefen, hörten nur eine gedämpfte Explosion, die überhaupt nicht alarmierend war. Das 29 000 ts-Schlachtschiff gab ihnen ein beruhigendes Gefühl der Sicherheit. Die Möglichkeit, daß diese schwimmende Festung in wenigen Minuten mitten in Scapa Flow zerplatzen könnte, war schwer vorstellbar. Einige Offiziere hatten sich hastig angezogen und waren an Deck geeilt, um die Ursache der Explosion festzustellen. War es eine Bombe oder eine von einem Flugzeug abgeworfene Mine? Niemand hörte das verräterische Dröhnen; nichts zeigte an, daß das Schiff getroffen war. Vielleicht war es eine innere Explosion. Pflichtgemäß wurde ein Lecksicherungstrupp nach vorn in die Farbenlast geschickt, wo man den Knall anscheinend stärker gehört hatte.

Die Möglichkeit eines Ubootangriffs hielten die meisten für unwahrscheinlich, umso mehr als die Minuten dahingingen, ohne daß irgendetwas die Ruhe ringsherum störte. Ein feindliches Uboot hätte sich bestimmt nicht damit zufrieden gegeben, einen einzelnen Torpedo zu schießen, der offenbar etwas zu früh detoniert war, und dann zu verschwinden. Würde ein Uboot nicht erneut angegriffen haben? Und dann, wie um Himmels willen sollte es nach Scapa Flow hereingekommen sein?

Doch ein paar Seeleute vorn unter dem Oberdeck, überzeugt, daß es sich wirklich um einen Torpedoangriff gehandelt habe und ihr Leben in Gefahr sei, bemühten sich, ihre Kameraden zu wekken, doch die waren zu müde, um zu reagieren. Sie drehten sich um und knurrten, daß man sie in Ruhe lassen solle.

Auf der Signalbrücke glaubte ein Signalgefreiter, etwas Verdächtiges auf dem Wasser zu sehen, und meldete dies dem Leutnant der Wache, der ihm befahl, für einen Augenblick einen Scheinwerfer anzustellen. Im Scheinwerferstrahl sah man einen leeren Whiskykarton in der Strömung vorbeitreiben.

Eine Viertelstunde war seit dem Alarm verstrichen, und die meisten der Männer, die an Oberdeck gekommen waren, gingen wieder in ihre Räume zurück.

Plötzlich erschütterten fast gleichzeitig drei heftige Explosionen das Schlachtschiff. Wassersäulen, eine in Höhe der Brückenaufbauten, die andern hinter dem Schornstein und in der Höhe des oberen Turmes, ließen keinen Zweifel mehr: dies war wirklich ein Torpedoangriff.

Tief unten im Schiff waren eine Reihe von Explosionen zu hören. Das Licht ging aus, und das führte zu größter Verwirrung. Eine schwarze Rauchwolke, dick und fett, lag über dem Mittelschiff. Die *Royal Oak* bekam Schlagseite.

Ein blendend weißer Blitz schoß am Mast bis zur Spitze empor, eine schreckliche Druckwelle streckte eine große Zahl von Seeleuten und Marineinfanteristen nieder. Platten, Bleche und tonnenschwere Trümmer flogen durch die Luft. Plötzlich stand das ganze Achterschiff in Brand. Eine blendend helle Flamme, wie von der Hölle ausgespien stieg in schwindelnde Höhe und fiel dann in Sekundenschnelle wieder zusammen.

Das Oberdeck bot einen schrecklichen Anblick mit all den Toten, Sterbenden und vor Schmerzen schreienden Verwundeten. Der beißende und gleichzeitig süßliche Geruch von verbranntem Fleisch, Pulver und Heizöl schnürte die Kehlen zusammen.

Das Schiff krängte von Sekunde zu Sekunde stärker. Die Lecksicherungsgruppen tasteten sich durch die Trümmer und stießen in der Dunkelheit mit den Erste-Hilfe-Trupps zusammen.

Alle Sprechverbindungen innerhalb des Schiffes waren ausgefallen. Ganze Gruppen unversehrter Männer waren in den verschiedenen Abteilungen des Schlachtschiffes abgeschnitten. Befehle konnten nur durch Läufer übermittelt werden, aber sobald diese ins Innere des Schiffes zu gelangen versuchten, wurden sie von einer Flut menschlicher Leiber zurückgeworfen, die im Drang nach frischer Luft ihren Weg nach oben erzwangen.

»Rette sich wer kann!« Der Ruf zum Verlassen des Schiffes verbreitete sich mit überraschender Geschwindigkeit. Drunten im Schiff waren die wasserdichten Türen auf wechselnden Seiten angebracht; das heißt, um einen Raum zu passieren, mußte man durch eine Tür hinausgehen, die an der gegenüberliegenden Bordseite der Tür lag, durch die man hineingekommen war. Diese schweren Türen, die man nicht von Hand bewegen konnte, hatten sich geschlossen, als die Schlagseite des Schiffes einen gewissen Grad erreichte. Wie Ratten in einer Falle mühten sich die Männer bis zur Erschöpfung, die Türen zu öffnen. Mit der Kraft der Verzweiflung, stoßend und ziehend, endete dies meist damit, daß sie einer über den anderen fielen. Schwere Gegenstände, durch die stärker werdende Krängung aus dem Gleichgewicht gebracht, erschlugen die unglücklichen Männer, die in der Dunkelheit das Kippen gar nicht bemerken konnten.

An Steuerbord, unter dem Oberdeck, wo die Torpedos getroffen hatten, herrschte ein Chaos. In dem Wohndeck der Royal Marines und in dem der Heizer brannten Unglückliche wie Fackeln. Männer mit schrecklichen Verbrennungen, Sterbende und Verwundete, lagen in wildem Durcheinander mit verkohlten Leichen in einer erstickenden Atmosphäre.

Die Männer, denen es gelungen war, die vorderen und achteren Niedergänge zu erreichen, kämpften mit aller Macht, die Menschentraube vorwärtszuschieben, die den Weg zum Oberdeck versperrte. Einige gerieten in Panik, aber man sah auch viele Beispiele von Mut und Selbstaufopferung.

Kaum fünf Minuten waren seit der letzten Explosion vergangen und schon hatte das Deck des Giganten eine Neigung von 45°. Wasser strömte durch die zur Lüftung geöffneten, zwar abgeblendeten, aber nicht wasserdichten Bulleyes ein.

Das Drama entwickelte sich so schnell, daß das Fischerboot, das als Verkehrsboot zwischen dem Schlachtschiff und Scapa Flow diente und an der Backbordseite festgemacht hatte, sich in weniger als einer Minute nach dem zweiten Angriff in einer mißlichen Lage befand. Als sich die *Royal Oak* nach Steuerbord überlegte, hatte sie das Fischerboot aus dem Wasser gehoben. Glücklicherweise war der Schiffer auf den Beinen, er griff instinktiv nach einer Axt und durchschlug mühsam die Festmacherleinen, die steif wie Stahlstangen standen. Holz knirschte über Metall, als das kleine Boot an der Außenwand des Schlachtschiffes abrutschte und mit einem hohen Gischtschwall in das Wasser fiel. Zum Glück hatte es keinen ernsten Schaden genommen und der Schiffer begann sofort, Überlebende zu retten. Viele Männer schwammmen halb tot vor Kälte in dem eisigen, mit Heizöl bedeckten Wasser. Die beiden großen Beiboote, die an Backbordseite festgemacht und rechtzeitig losgeworfen hatten, waren unter der Last der Überlebenden umgeschlagen. Sie schwammen nun kieloben neben den Trümmern der vom Schiffsdeck heruntergeworfenen Rettungsflöße. Einigen Seeleuten war es gelungen, sich gegenseitig auf die Boote hinaufzuziehen, andere klammerten sich daran oder versuchten hinaufzuklettern und drohten dabei die Boote zum Sinken zu bringen.

An Bord des Fischerbootes wurden die Überlebenden mit unendlicher Sorgfalt geborgen, die leichteste Berührung ihrer verbrannten Haut ließ sie vor Schmerzen aufschreien.

Die Krängung des Decks der *Royal Oak* wurde so stark, daß man sich nur noch auf den Knien bewegen konnte. Eine ihrer riesigen Schrauben ragte aus dem Wasser. Aus Angst vor dem Strudel, der beim Kentern entstehen würde, sprangen immer mehr Männer gruppenweise ins Wasser. Kaltblütig halfen einige Offiziere den Verwundeten und gaben ihnen ihre eigenen Schwimmwesten. Viele von ihnen weigerten sich bis zum letzten Moment, das Schiff zu verlassen. Im Inneren der *Royal Oak* standen die senkrechten Leitern fast horizontal. Die Männer gingen auf den Schottwänden. Das große Schiff hörte auf, sich weiter überzulegen. Für einige Augenblicke lag es still, bebte über die ganze Länge, dann setzte es seine Bewegung schneller als zuvor fort.

Mit seinem Scheinwerfer gab das Fischerboot unaufhörlich Hilferufe an den Flugzeugträger *Pegasus*, der etwa zwei Meilen weg vor Anker lag. Der Schiffer fluchte wie ein Landsknecht; ein Schlachtschiff von 29 000 ts war gerade in die Luft geflogen, und niemand schien das bemerkt zu haben. Endlich sah er die niedrigen Schatten von Zerstörern und Ubootjägern herankommen. Lichter begannen zu blinken, lang – kurz – lang. »Endlich sind sie wach geworden« knurrte der Schiffer am Ruder.

Plötzlich, ohne jede Vorwarnung, kenterte der Gigant und nahm viele Männer mit sich in die Tiefe. Der aufgeworfene Schwall ließ das Fischerboot wie eine Nußschale tanzen. Als die See sich beruhigte, sah der Schiffer zu seiner Überraschung Köpfe aus der Ölschicht auf der Wasseroberfläche auftauchen. Diese Überlebenden waren in letzter Minute aus dem gekenterten Schiffskörper herausgekommen, indem sie sich durch einen Notausgang zwängten, aus dem sie Verdunklung und Entlüfter hinausgerissen hatten.

Die Tragödie hatte noch keine zehn Minuten gedauert. Im kalt funkelnden Nordlicht war ein lang rollender Swell dort zu sehen, wo die *Royal Oak* gelegen hatte.

»Ich kann nichts mehr sehen, es muß gesunken sein« schloß Endrass mit weit geöffneten Augen.

»Zerstörer und Ujäger voraus und an Steuerbord« schrie von Varendorff.

Prien fuhr herum, sah in die angegebene Richtung und meinte
dann trocken:
»Die zickzacken durcheinander und ahnen nichts«.
»Großer Gott, wenn einer von ihnen uns sieht, sind wir dran«
dachte er.
Scheinwerfer blinkten Signale aus allen Ecken. Ein langer, bleicher
Strahl durchdrang die Dunkelheit, wischte über das Wasser, kam
zum Stehen und erlosch. Ein, zwei, drei andere Scheinwerfer wur-
den eingeschaltet und reckten ihre langen weißen Finger auf der
Suche nach Flugzeugen gen Himmel.
Von Varendorff gab den Gedanken aller Ausdruck, als er halb
spöttisch, halb ernst sagte: »Es wird nicht mehr lange dauern bis
die Sache hier zu heiß wird. Es wird Zeit abzuhauen«.
Auf südöstlichem Kurs lief das Uboot nun mit allem, was die
Diesel hergaben, an der Küste von Mainland entlang, auf den
noch etwa eine Meile entfernten Ausgang von Scapa Flow zu. Die
Steilküste erhob sich in weniger als 200 m Entfernung. Trotz des
Rauschens der See und des Dröhnens der Diesel meinte man deutlich das Motorengeräusch der Wagen zu hören, die auf der schmalen Küstenstraße dahinrasten.
»Nun sind wir dran; sie sind wach geworden« sagte von Varendorff.
Er riß erstaunt die Augen auf. Aus allen Richtungen hoben sich
die Scheinwerferkegel, kreuzten sich über dem Uboot und bildeten
eine leuchtende Kuppel, ein wunderbarer Anblick. »Sie glauben,
es ist ein Luftangriff – umso besser« dachte er.
Hänsel folgte aufmerksam den Bewegungen eines Zerstörers in
seinem Ausgucksektor. Der Schatten wurde ganz schmal, dann
fast unmerklich stärker und plötzlich schnell höher über dem Was-
ser. Der Gefreite runzelte die Stirn, das Blut gefror in seinen
Adern, als er die hohe Bugsee erkannte.
»Herr Kaleunt! Ein Zerstörer läuft auf uns zu!«
Er hatte diese Worte gerade ausgestoßen, als er merkte, daß der
Kommandant den Neuankömmling schon gesehen hatte.
»E-Maschinen zuschalten«, befahl Prien mit ruhiger Stimme.
Die Brückenverkleidung begann leicht zu zittern; Wessels hatte
die Motoren auf Höchstumdrehungen gebracht. Die Wirkung des
Gegenstromes war schon stark zu spüren, und der Verfolger kam

mit beängstigender Geschwindigkeit auf.

»Kein Zweifel, jetzt hat er uns gesehen, genau gesehen. Wenn nicht ein Wunder geschieht, wird er uns vernichten«, sagte sich Prien. Er wartete jeden Augenblick darauf, das Mündungsfeuer der Geschütze zu sehen.

»Rohr Fünf klarmachen zum Schuß. Tiefe zwei Meter, Torpedogeschwindigkeit 30« knurrte er.

Endrass gab den Befehl durch das Sprachrohr an Herrmann weiter, dann richtete er nervös das Zielgerät auf den Zerstörer. Der 1 WO war sich darüber im klaren, daß Rohr 5 ihre allerletzte Rettungsmöglichkeit war. Dieser Schuß durfte nicht danebengehen. Mit diesen Gedanken begann er, die Schußunterlagen zu schätzen und gab sie dann an Smyczek weiter. Dieser meldete das Ergebnis des Vorhaltrechners und schaltete das Gerät dann auf den Torpedo.

Die farbigen Flammen am Himmel funkelten stärker als je zuvor und warfen ein gelbliches Licht über die Bucht. Endrass hatte keine Schwierigkeiten, das Fadenkreuz des Zielgeräts mit der Zerstörerbrücke in Deckung zu bringen. Er legte die rechte Hand auf den Abfeuerknopf und meldete, ohne die Augen vom Ziel zu lassen, »Rohr Fünf klar zum Schuß«.

Prien reagierte nicht, sondern sah erst auf den Verfolger, dann an Land, um die Geschwindigkeit zu schätzen. Von Varendorff hob immer wieder den Blick gen Himmel, um die ständig über dem Boot stehenden, sich kreuzenden Scheinwerferkegel zu beobachten. Er hatte ein unbehagliches Gefühl und sagte mit einem Anflug von Furcht in der Stimme zu Endrass:

»Verdammt nochmal, warum stehen diese Scheinwerfer immer über uns. Sie folgen uns so genau, als ob sie uns tatsächlich sähen. Haben sie uns entdeckt? Es sieht so aus, als ob sie genau die Senkrechte über unserer Position markierten«.

»Nein, das glaube ich nicht, sie suchen nach Flugzeugen und folgen unserm Motorengeräusch. Sie können sich noch immer nicht vorstellen, daß ein Uboot die Frechheit besessen haben könnte, in ihren absolut sicheren Stützpunkt Scapa Flow einzudringen«.

»Der Zerstörer da jagt uns aber ganz schön«, knurrte der 2 WO.

»Glaube ich nicht« antwortete Endrass lakonisch, nahm wieder das Glas an die Augen und richtete es auf das britische Schiff.

Obwohl die Maschinen mit äußerster Kraft liefen, kam das Boot gegen den Strom nur beängstigend langsam voran, trotz hoher Bugwelle. Endlich waren sie auf der Höhe von Skaildaquoy-Point und näherten sich langsam der Insel Glims. Etwas an Backbord voraus waren die versenkten Rümpfe der Wracks im Skerry Sound als dunkle Flecken gegen die hellere Wasseroberfläche zu sehen. An Backbord querab öffnete sich der Kirk Sound, der Weg nach Hause, der Weg in die offene See, der Weg, durch den sie hereingekommen waren. Die Blockschiffe dieser Einfahrt verschwammen noch mit der Insel Mainland.

»Hallo Brücke! An Kommandant: wir haben Niedrigwasser und nicht genug Wasser, um wieder durch die nördliche Einfahrt zu laufen«.

»Wir werden die südliche Durchfahrt nehmen«, erwiderte Prien.

»Deshalb hole ich weit um Skaildaquoy-Point herum, um zwischen der Insel Lamb und dem südlichsten Wrack, das in zwei Teile gebrochen ist, durchzugehen«.

»Sie können bis auf 300 Meter an Glims herangehen, ehe Sie aufdrehen, es ist dort tief genug – Ende« sagte Spahr.

Prien richtete das Glas nach Backbord auf das etwa eine Meile entfernt liegende zerbrochene Wrack, er konnte jedoch die verschiedenen Teile gegen den dunklen Hintergrund der Inseln nicht ausmachen. Der Strom aus dem Kirk Sound erfaßte das Boot breitseits an Backbord. Es begann so ruckartig zu schlingern, daß die Wache breitbeinig stehen mußte, um das Gleichgewicht zu behalten. Als Prien die Entfernung der Insel Glims noch auf etwa 400 m schätzte, gab er den Befehl: »Hart Backbord!«

U 47 änderte seinen Kurs fast um 90° und drehte gegen den Strom.

»Recht so, was liegt an?«

»48 Grad liegen an« antwortete Schmidt.

»E-Maschinen stop!«

Die Brückenverkleidung hörte auf zu vibrieren. Das Boot verlor leicht an Fahrt und kam nur schwer gegen den Strom an.

Das Nordlicht wechselte nach Orange, dann nach Blau und verlor für eine Weile seine Leuchtkraft.

Die Männer auf der Brücke verfolgten mit zugeschnürter Kehle und wachsender Sorge die schnelle Annäherung des Zerstörers. Dieser war trotz der Dunkelheit nun nicht mehr ein vager Schatten, sondern eine Silhouette mit klaren Umrissen.

Hänsel konnte den Blick nicht vom Zerstörer lösen. Wirre Gedanken gingen holterdipolter durch seinen Kopf und schienen ihn sprengen zu wollen. Das war nun das Ende. Er würde seine Eltern, nun nicht mehr vor Kriegsende wiedersehen, vorausgesetzt er würde die bevorstehende Vernichtung des Bootes überleben. Andererseits bemerkte er mit Erleichterung, daß der Schaum des Kielwassers in den starken Stromwirbeln unterging. Plötzlich schaltete der Zerstörer einen starken Scheinwerfer ein. Eine Zeitlang wischte der kalk-weiße Strahl über die Wasseroberfläche, dann erlosch er. Hänsel hatte kaum Zeit, zu Atem zu kommen, als ein anderer Scheinwerfer auf der Brücke des Zerstörers zu blinken begann.

»Großer Gott, jetzt morst er uns an« stöhnte Endrass, ohne sich von der Zieloptik zu entfernen.

»Er verlangt Erkennungssignal« murmelte von Varendorff.

»Was sollen wir antworten, Herr Kaleunt?« fragte Hänsel ängstlich.

»Nichts!« bellte Prien.

Ein eisiger Spritzer fegte über den Turm. Der Zerstörer kam noch immer unerbittlich näher und gab erneut kurze Lichtzeichen.

»Er hat uns und wird nicht...« seufzte Endrass; doch ehe er den Satz beenden konnte, schrie er fast »Himmel! Jetzt dreht er ab!«

Mit Stielaugen sah Hänsel, wie der Zerstörer Kurs änderte. Als er seine Breitseite zeigte, krampfte sich Endrass' Hand um die Abfeuerung – aber Prien schwieg.

Verblüfft sahen die sechs Männer wenige Sekunden später den Zerstörer mit hoher Fahrt und weißem Kielwasser in der Dunkelheit verschwinden.

Endrass faßt sich zuerst; er blinzelte, um sicher zu sein, daß er nicht träume, wandte sich an Prien und sagte noch gedehnter als sonst:

»Na, heut' Nacht haben wir ja wirklich nichts ausgelassen, Herr Kapitänleutnant!«

Dieser stand regungslos. Er schien überhaupt nichts gehört zu haben.

Von Varendorff dagegen riß sich aus der Erstarrung, die ihn gelähmt hatte; er wischte sich die von Spritzwasser nasse Stirn mit

der Handfläche und sagte mit vor Erregung heiserer Stimme:
»Wie ist das zu verstehen? Die Signale beweisen, daß er uns richtig und genau erkannt hatte. Mit seinen 12 Zentimeter-Geschützen hätte er uns im Handumdrehen abtakeln können und nun . .«
»Offensichtlich hat er uns nicht erkannt« schnitt ihm Endrass das Wort ab. Er hat uns sicher für ein Wachboot oder für einen Trawler gehalten«.
»Es ist nicht zu fassen. Niemand wird uns das glauben, ich kann es ja selbst kaum glauben«.
»Endrass hat recht, er hat uns wahrscheinlich gar nicht gesehen, er suchte nach einem getauchten Uboot. Unter diesen Umständen eins aufgetaucht in Scapa Flow herumfahren zu sehen, das grenzt in ihrer Vorstellung an Wahnsinn. Wenn er uns wirklich bemerkt hat, was ich bei der Dunkelheit bezweifle, können wir durchaus für einen Trawler oder so etwas durchgehen, der seinen Anruf nicht beantworten kann«, erwiderte Prien.
Vor ihnen schienen Mainland, die Insel Lamb und die Blockschiffe eine geschlossene Wand zu bilden. Die Blockschiffe im Skerry Sound zur Rechten zeigten ihnen den einzuschlagenden Kurs. Das nächstgelegene passierten sie auf weniger als 100 m. Plötzlich hallte eine Reihe dumpfer Explosionen aus der Richtung Scapa Flow. Von Varendorff wandte sich an Endrass und murmelte »Das klingt wie Wasserbomben«.
»Ja, das glaub ich auch; die jagen ein getauchtes Uboot« warf Prien ein, während er immer noch eingehend den Kirk Sound absuchte.
Die beiden Offiziere bemühten sich angestrengt, die Dunkelheit zu durchdringen. Plötzlich tauchte aus der Nacht die Sperre auf, einen Steinwurf vor dem Bug. Steuerbord voraus lag der massige Schatten der Insel Lamb, an Backbord voraus die Blockschiffe. Die finsteren Skelette reckten sich wie verwundete Krieger, die ihnen die Durchfahrt verwehren wollten. War es Erschöpfung? Nervöse Spannung? Ihr Anblick erschien drohender, feindlicher, als beim Einlaufen.
»Beide Maschinen langsame Fahrt voraus« rief Prien.
Der Gezeitenstrom von etwa 10 kn verursachte eine starke Unterströmung und machte das Manövrieren noch schwieriger.
»Beide Maschinen Halbe Fahrt voraus«, verbesserte er fast un-

mittelbar danach. Um die Gefahr, auf die Insel Lamb aufzulaufen, zu vermeiden, mußten sie dicht an dem zerbrochenen Wrack vorbeilaufen. Heftig drückten die Wasserwirbel den Bug des Bootes auf den rostigen Schrotthaufen zu.

»Steuerbord 10!«

Eingeschlossen im Turm, und ohne die Hindernisse sehen zu können, stand Schmidt breitbeinig und steuerte nach bestem Können, um Kurs zu halten. Den Oberkörper leicht vorgebeugt, suchte der Gefreite am Ruder mit verbissenem, schweißüberströmten Gesicht das Gieren des Bootes abzufangen. Die Strudel, die es in allen Richtungen drehten, machten ihm diese Aufgabe nicht leichter. Meter um Meter näherte sich der Bug von U47 dem abgetakelten Skelett.

»Verflixt! So einen Strom habe ich noch nie erlebt« sagte Prien und beugte sich über die Schulter des 1 WO.

Das triefende Wrack kam jetzt auf die Höhe des Turms. Greifbar nahe konnten die Männer von der Brücke aus ganz deutlich Algen und Muscheln auf den verbogenen Stahlplatten erkennen. Das Rauschen der Strömung in der Enge übertönte alle anderen Geräusche, sogar das Dröhnen der Diesel und die Explosionen der Wasserbomben, die immer noch in der Ferne zu hören waren.

Die Schrauben wirbelten einen Strom von Gischt auf, aber das Boot kam nicht mehr voran. Das Heck begann gefährlich auszuschlagen und drohte das Boot quer zur Fahrrinne zu werfen.

»Zweimal halbe Fahrt voraus!« befahl Prien.

Mit trockener Kehle starrte der Bootsmann Sammann auf das Wrack. Es war immer noch da, querab vom Turm. Seine gespenstische Besatzung hielt sie mit unsichtbarer Enterhaken zurück. Er war ganz durcheinander von dem, was sie erlebt hatten, und seltsame Geschichten von Geisterschiffen gingen ihm durch den Kopf. Der eiskalte Hauch toter Seeleute verpestete die Luft die er atmete. Ein harter Schub der Gegenströmung, stärker als vorher, drückte ihn gegen die Brückenverkleidung und brachte ihn wieder in die Wirklichkeit zurück. Er schaute auf Prien und sah, wie sich dieser über das Brückenkleid an Backbord, zum Wrack hin, beugte, dann ruckartig herumfuhr, um mit donnernder Stimme zu befehlen: »Beide Große voraus – holt alles raus aus den Böcken, was sie hergeben! Wir werden doch zum Donnerwetter an diesem

dreckigen alten Wrack vorbeikommen! Recht so!«
Die scharfkantigen Streben und Träger des im Sand versunkenen Wracks drohten die dünnen Wände der Tauchzellen aufzuschlitzen. Prien fühlte einen Schauer den Rücken herunter laufen, denn eine Beschädigung der Tauchzellen würde sie tauchunfähig machen. Das Boot wäre dann jedem kleinen Wachboot auf Gnade und Ungnade ausgeliefert. Die Chance, die alliierte Blockade auf der Rückfahrt nach Wilhelmshaven aufgetaucht zu durchbrechen, würde äußerst gering, um nicht zu sagen gleich Null sein.
Langsam, aber immer schneller kam U 47 in dem starken Strom voran.
»Große Fahrt voraus!«
Das abgetakelte Skelett streifte sie leicht und blieb dann achteraus. Prien ließ es nicht aus den Augen. Sobald das Heck des Bootes von diesem unheimlichen Hindernis frei war, rief er:
»Äußerste Kraft voraus!«
In der Unterströmung und den Wirbeln schlingernd und stampfend nahm das Boot in einer Gischtwolke wieder Fahrt auf.
Wie ein einziges Gebrüll kam ein doppelter Schrei aus der Brust von Endrass und von Varendorff und ging in den Aufschrei von Prien über:
»Die Mole!«
»Backbord 30!«
»Backbord 30« antwortete Schmidt und legte das Ruder mit Beschleunigung.
Weniger als 100 m voraus ragte eine Landungsbrücke von der Insel Lamb in ihren Kurs hinein. Die Hand um die Kante der Brückenverkleidung geklammert, donnerte Prien:
»Recht so ...«
Das Boot gehorchte dem Ruder, unterstützt durch den Strom, der auf den Bug drückte. Das Boot kam knapp von dem Landungssteg frei und schwang nun in Richtung auf das dicht unter der Küste von Mainland auf Grund liegende Segelschiff zu.
»Hart Steuerbord. Halbe Fahrt voraus.«
Das Blockschiff, hinter dem sie nach Scapa Flow eingelaufen waren, blieb an Backbord liegen. U 47 war wieder im Kirk Sound und lief nun mit dem Gezeitenstrom parallel zu Mainland und Lamb. Die Sperre lag hinter ihnen.

124

»Puh! Jetzt sind wir raus aus dem Wespennest« seufzte von Varendorff hörbar.

Eine Reihe von Explosionen in der Ferne veranlaßte ihn, sich um-
zudrehen. Über Scapa Flow funkelte das Nordlicht weiter in allem
Glanz. Das Boot erreichte die Biegung des Kirk Sound, die durch
die Insel Mainland gebildet wird.

»Kurs 140 Grad« befahl Prien.

Der Holm Sound öffnete sich voraus weit in die freie See. An
Backbord lag die Steilküste von Mainland mit dem noch immer
stillen und dunklen Land dahinter.

»Äußerste Kraft voraus!«

Das Dröhnen der Diesel wurde einige Töne höher. Zwei Meilen
war es noch bis Rose Ness, der Strom verlor nun mit jeder
Schraubenumdrehung an Stärke.

Die Öffnung des East Weddel Sound tauchte an Steuerbord auf
und blieb schnell achteraus. Auf der Brücke herrschte völliges
Schweigen. Auch nachdem die Spannung etwas nachgelassen hatte,
sagte keiner ein Wort. Prien gingen die Bilder von seiner Frau und
seiner Tochter durch den Kopf, und er war glücklicher denn je,
hier lebendig herausgekommen zu sein.

Jetzt tauchte Kap Rose Ness ganz nahe aus der Dunkelheit auf.
Die Dünung der offenen See ließ das Boot schon leicht stampfen.
Gen Osten ging das Himmelsgewölbe von nachtblau in pech-
schwarz über.

Mechanisch nahm Prien sein Glas und beobachtete den abgedun-
kelten Leuchtturm, dann ließ er es auf die Brust sinken und ging
zum Sprachrohr.

»Das Boot ist raus aus Scapa Flow! Wir laufen Kurs Südost Richtung Heimat. Ihr habt Euch so gehalten, wie ich es erwartet habe,
und ich bin stolz darauf, Kommandant einer so tüchtigen Besatzung zu sein. Die Unternehmung war erfolgreich. In dem angeb-
lich unüberwindlichen Stützpunkt Scapa Flow haben wir ein
Schlachtschiff versenkt und ein weiteres schwer beschädigt. Wir
sind nun wieder in See, das heißt in unserem Element und von jetzt
an hängt unsere Sicherheit nur noch von uns selbst ab. Wegtreten
von Gefechtsstationen«.

In der Zentrale sah Spahr auf die Uhr: 02.15 Uhr. Er fühlte auf-
steigende Müdigkeit und rieb sich die Augen. In einer Stunde und

125

45 Minuten würde er wieder auf Wache ziehen müssen. Er machte das Licht aus und erhob sich, um in die Koje zu gehen. Als er hinter Böhm an den Trimmventilen vorbeiging, bemerkte er die Anspannung im sonst so fröhlichen runden Gesicht des Zentralmaschinisten.

»Na, Gustav, nun sind wir heil und sicher wieder rausgekommen«, sagte er und schlug ihm auf die Schulter.

»Himmel! Macht das müde, so untätig herumzustehen. Diese drei Stunden waren die längsten meines Lebens«, erwiderte Böhm und zwang sich zu lächeln.

»Laß mal, wir sind alle in der gleichen Lage. Ich werde jetzt ein Auge voll nehmen, und Du solltest dasselbe tun, das wird Dich wieder aufmöbeln«.

»Du hast recht, Willy, Werner wird mich gleich ablösen. Gute Nacht!«

Das Boot legte sich plötzlich über, stärker als vorher, der überraschte Spahr verlor fast das Gleichgewicht.

»Damit ist klar, daß wir wieder in See sind und das gefällt mir«, bemerkte Böhm markig.

Spahr wandte sich dem Unteroffizierraum zu, als von Varendorff sich die Leiter vom Turm herabgleiten ließ und hörbar auf den Flurplatten landete.

»Einen Schnaps für die tapfere Crew, Befehl vom Alten« rief er mit breitem Grinsen.

Spahr blieb verwirrt stehen.

»Das ist bestimmt das erste Mal, daß ich einen solchen Befehl höre, seit ich an Bord bin« knurrte Böhm.

»Was mich angeht, ich sage nicht nein. Mein Hals ist völlig ausgetrocknet«, warf Wessels vom anderen Ende der Zentrale aus ein.

Böhm drehte sich um, um noch etwas zu sagen, aber von Varendorff war schon in Richtung Kombüse verschwunden.

Der Stier von Scapa Flow

Von Varendorff atmete genießerisch die kühle Nachtluft ein. Nie zuvor hatte er die Weite der freien See so wohltuend empfunden. Alles war wieder in Ordnung, das regelmäßige Pochen der Diesel, das Geräusch der gegen den Schiffskörper schlagenden Wellen und die Bewegung des in der leichten Nordseedünung sanft schlingernden und stampfenden Bootes – all das war ihm vertraut. Die Wache verlief wieder routinemäßig: vier Männer, von denen jedem ein 90°-Sektor zugeteilt war. Die Sicht war wieder gut geworden, über Scapa Flow sah man immer noch das Nordlicht. Von Zeit zu Zeit hörte er die dumpfen Detonationen von Wasserbomben, die weiterhin in der Ferne hochgingen. Er dachte zurück an das, was seit 23.30 Uhr geschehen war. Daß das ganze Abenteuer höchstens knappe 165 Minuten gedauert hatte, war überraschend. Aber diese Minuten würden U 47 zum berühmtesten Uboot der Kriegsmarine machen. Er malte sich den Empfang in Wilhelmshaven aus, und was er seinen Kameraden erzählen würde.

Etwas vor 04.00 Uhr kam Spahr noch schlaftrunken auf die Brücke, um die Wache zu übernehmen. Trotz des Rollkragenpullovers und eines dicken Schals schien er zu frieren.

»Guten Morgen, Herr Oberleutnant, Sie sind wohl todmüde?« fragte er.

»Na, es geht, danke«, antwortete von Varendorff und fuhr sich mit der rechten Hand über die Stirn.

Spahr wußte, daß der junge Offizier diese mechanische Bewegung nur machte, wenn er erschöpft war oder Schlaf brauchte. Er warf einen prüfenden Blick über die See und den Himmel und fuhr dann fort:

»Wo sind wir? Welcher Kurs? Immer noch Südost?«

»Ja, Kurs 140 Grad – Fahrt 15 Knoten. Ich habe vor 10 Minuten ein Besteck von drei Sternen genommen, wir stehen etwa vor der Mitte des Moray Firth. Der Kommandant möcht um 05.45 Uhr zum Tauchen geweckt werden. Sonst keine besonderen Vorkommnisse. Kein Schiff oder Flugzeug gesichtet«, meldete von Varendorff.

Die gut eingefahrene Routine des Wachwechsels war bald vorüber, die neue Wache aufgezogen. Ein Seemann brachte eine kleine dampfende Kaffeekanne und eine Tasse herauf, die er Spahr übergab.

Von Varendorff stieg mit steifen, ungelenken Bewegungen die Leiter zur Zentrale herunter. Seine Glieder waren schwer und starr vor Kälte. Er merkte jetzt, daß er kaum noch auf den Beinen stehen konnte, und entgegen seiner Gewohnheit ging er nicht noch einmal zur Kombüse, um ein Brot zu essen, sondern direkt zu seiner Koje. Die feuchte Wärme im Bootsinneren nahm ihm die letzten Kräfte. Er ließ sich auf die Koje in der Messe fallen und schaute zufrieden auf die vertraute Umgebung und auf den grünen Vorhang, hinter dem Prien schlief. Dann begann er seine Stiefel auszuziehen und legte sich lang.

Ein neuer Tag dämmerte herauf. Im Osten wurde der Himmel heller und ließ den Horizont sichtbar werden, Prien hatte noch keinen Tauchbefehl gegeben, um so lange wie möglich über Wasser Raum zu gewinnen. Die Sicht war gut, nach Land zu jedoch durch häufige Schauer verdeckt.

Schließlich aber entschloß er sich zu tauchen und das Boot auf Grund zu legen. Bei einem Überwassermarsch bestand die Gefahr, daß die mit höchster Wahrscheinlichkeit verstärkt einsetzende See- und Luftüberwachung ihn entdeckte. Außerdem wollte er der Besatzung nach der anstrengenden Nacht eine Erholungspause gönnen. Um 06.30 Uhr knirschte der Kiel über den Sand, das Boot legte sich auf 70 Meter zur Ruhe.

Als U47 abends gegen 19.30 Uhr wieder auftauchte, stand ein frischer Wind aus Ostnordost. Nach Land zu war die Sicht durch

128

U 47 passiert das Schlachtschiff *Gneisenau*. Alle Schiffe haben zur Begrüßung Toppflaggen gesetzt, die Besatzungen sind angetreten. (Ferd. Urbahns)

U 47 macht nach dem Einlaufen am Liegeplatz seiner Flottille, der Tirpitzmole, in Kiel fest. (Fried. Krupp AG)

23. Oktober 1939. U 47 läuft in die Werft in Kiel ein. (Fried. Krupp AG)

Offiziere und Oberfeldwebel U 47 von links: Wessels, Endrass, von Varendorff, Spahr und Strunk. (BfZ)

**der Betriebsgemeinschaft
Fried. Krupp Germaniawerft A.G., Kie**

2. Jahrgang — Kiel, 21. November 1939 — Nr. 2

Die Sieger von Scapa Flow

Prien mit seinen Offizieren und einem Teil der Besatzung. Von links nach rechts 1. Reihe: Ob. Fk. Gefr. Hebestreit, Btsmt. Meyer, Oblt. von Varendorff, Ob. Gefr. Hänsel, Kptlt. Prien, Btsm. Sammann, Stabs. Masch. Boehm, Ob. Masch. Römer, Oblt. Ing. Wessels, Stabs Ob. Masch. Strunk. (Fried. Krupp AG)

24. Oktober 1939, U 47 auf dem Weg zur Bauwerft, der Fried. Krupp Germania Werft AG. (Fried. Krupp AG)

U 47 läuft zur Überholung in die Krupp Germania Werft in Kiel ein. (Fried. Krupp AG)

Regenböen zeitweise verdeckt, nach See zu gut.

»Diesel anstellen. Halbe voraus – mit Batterieladung!« befahl Prien.

Die beiden Motoren sprangen einer nach dem anderen mit vertrautem Hämmern an; zwei kurze Stöße, und das Boot lief voraus in die Nacht hinein. Eine Bö erfaßt die Gischt der Bugwelle und sprühte sie über den Turm.

Prien wandte sich um und sah auf das Kielwasser. Die beiden Schraubenwellen liefen normal. Er nahm seinen Ausguck wieder auf und prüfte für einen Augenblick die schottische Küste, die von Zeit zu Zeit sichtbar war. Kap Kinnairds Head war an dem weißen 23 m hohen Leuchtturm zu erkennen. Es war Zeit zur Kursänderung.

»Nach Backbord auf 180 Grad gehen«.

Um 20.00 Uhr löste Endrass Spahr in der normalen Seewache ab. Prien blieb noch auf der Brücke.

Kurz vor 21.00 Uhr gab er dem 1 WO seine Weisungen:

»Die Schiffahrt läuft zwangsläufig auf dem Küstenweg, wir werden ihm folgen, vielleicht haben wir dann Chance, ein Handelsschiff zu erwischen. So weichen wir U 20 aus, das weiter draußen operiert. Ich werde mir mal die Nachrichten um 21.00 Uhr anhören. Wenn sie etwas über uns bringen, werde ich Sie durch das Sprachrohr informieren«.

Prien stieg in die Zentrale hinunter, nahm das Doppelglas ab, zog die Lederjacke aus und ging dann zum Funkraum. Der Funkmaat Blank hatte Wache.

»Schalten Sie mal die Nachrichten von BBC ein«.

Die Musik setzte aus, die Nachrichten begannen.

»This is the BBC Home Service. Here is the news bulletin. As it was reported late this morning, the Secretary of the Admirality regrets to announce that HMS Royal Oak has been sunk, it is believed, by U-boat action. Fifteen survivors have been landed ..«

»Schalten Sie mal eine deutsche Station ein« unterbrach Prien.

Blank drehte an einem Knopf und die vertraute Stimme des deutschen Nachrichtensprechers kam mitten im Satz aus dem Lautsprecher:

»... im Rundfunk, die Britische Admiralität bedauert, den Verlust des Schlachtschiffes *Royal Oak* melden zu müssen. Die Engländer

133

glauben annehmen zu können, daß das Schlachtschiff von einem Uboot versenkt wurde. Sie haben keine Einzelheiten über Zeit und Ort der Versenkung gegeben. In Polen ist der Vormarsch der ..«
»Schalten Sie aus!«
Er rief die Brücke durch das Sprachrohr an.
»Hallo, Endrass, wir haben die *Royal Oak* versenkt!«
»Gratuliere, ein Schlachtschiff von 30000 ts amtlich für U47 bestätigt. Das ist einen weiteren Ärmelstreifen und ein Eisernes Kreuz 1. Klasse wert«.
Prien unterdrückte ein leichtes Lachen und antwortete:
»Es geht mir nicht um persönliche Anerkennung, die gebührt der ganzen Besatzung!«
»Was haben sie über das beschädigte Schlachtschiff gesagt?« fragte Endrass um das Thema zu wechseln.
»Nichts – sie haben es überhaupt nicht erwähnt. Sie gaben einfach eine erste Liste von 15 Überlebenden der *Royal Oak*, das war alles«.
Er machte eine Pause und fügte hinzu:
»Übrigens, ich komme nicht wieder auf die Brücke, ich werde mich ein wenig hinlegen. Veranlassen Sie, daß ich um 05.30 Uhr zum Tauchen geweckt werde«.
»Jawohl, Herr Kaleunt«.
»Gute Wache, Endrass«.
Prien klopfte dem Funkmaaten Blank auf die Schulter und sagte:
»Na, das haben wir gar nicht schlecht gemacht, was? Darauf werden wir morgen einen trinken«.
Er drehte sich um und zog den grünen Vorhang zu. Die Mütze warf er auf die Koje, die Lederjacke hing er an den Haken, dann setzte er sich an den kleinen Tisch, nahm ein Stück Papier und schrieb den Entwurf einer Meldung an Kommodore Dönitz:
»*Unternehmung planmäßig durchgeführt. Royal Oak versenkt, Repulse beschädigt. Erbitte Einlaufweg Eins 16.10. abends, da andere Unterlagen nicht mehr an Bord. U47.*«
Aus seiner kleinen Funkbude sah Blank, wie der Kommandant den Vorhang zur Seite zog. Prien trat heraus, gab ihm ein Blatt Papier und sagte:
»Geben Sie diesen Funkspruch sofort an die Befehlsstelle«.
Der Vorhang fiel hinter dem Kommandanten zu; Blank las den

134

Text, begann ihn zu verschlüsseln und setzte ihn dann ab.

Endrass hatte Befehl gegeben, mit der Fahrt hochzugehen. Der spitz zulaufende Bug des mit 15 kn laufenden Bootes warf zwei schäumende Wellen, höher als das Deck, auf. Achtern verschwamm das milchige Kielwasser in der Nacht. Diese Spur konnte die Aufmerksamkeit eines Patrouillenflugzeuges des Costal Command auf sich ziehen. Die Gefährdung aus der Luft zu erkennen, war wegen der Turbogebläse und des hellen Hämmerns der sechs Zylinder jedes MAN-Diesels schwierig. Die Wache auf der Brücke suchte mit verstärkter Aufmerksamkeit abwechselnd See und Himmel ab. Wegen des nahegelegenen Marinestützpunktes Rosyth waren diese Gewässer besonders gefährlich. Wahrscheinlich kreuzte eine große Anzahl von Wachbooten im Eingang Des Firth, um vor allem Ubooten den Zugang zu verwehren. Endrass hatte sich entschlossen, etwas in die offene See auszuholen.

Um Mitternacht löste von Varendorff den 1 WO ab. Es begann zu regnen. Das Boot schlingerte und stampfte nur leicht, aber das Deck war gischtübersprüht. Ein Ostnordostwind blies mit Stärke 3–4. Es war eine kalte Nacht. Die Monotonie der Wache wurde durch keinen Zwischenfall unterbrochen, und um 04.00 Uhr erschien Spahr auf der Brücke, um seine Wache anzutreten. Er fand den 2 WO vom eisigen Sprühwasser erstarrt.

Prien kam um 05.45 Uhr auf die Brücke. Der Obersteuermann nahm um 06.00 Uhr ein Besteck und errechnete einen Schiffsort mit 56° 20'N und 0° 40'W. Unmittelbar danach befahl Prien zu tauchen. Spahr gab Alarm und das Manöver verlief wie üblich.

Das Boot berührte bei 72 m Grund.

In der Zentrale sah Endrass, die Hände in den Taschen, auf die Navigationsuhr und dachte ärgerlich, daß er noch zwei langweilige Stunden hier verbringen müsse. Den Rücken gegen die Leiter zum Kommandoturm gelehnt, hörte er gedankenverloren auf die schwachen, vertrauten Geräusche, das Schleifen des Bootskörpers über den Sand oder das leichte Knacken, von dem niemand wußte, woher es kam. Blank, auf Wache im Horchraum, hustete leise. Pop! Ein dicker Schwitzwassertropfen fiel vor seine Füße, plötzlich schlug eine dumpfe Explosion gegen den Druckkörper und hallte im Boot nach. Blank fluchte in seinem Verschlag. Endrass hob lebhaft den Kopf.

»Eine Wasserbombe« flüsterte er.

Er ging zum Horchraum, blieb an der Tür stehen und sah den Funker fragend an.

»Ich habe keine Propellergeräusche gehört, jedenfalls muß die Detonation in beträchtlicher Entfernung erfolgt sein, aber durch die Verstärker ist es dennoch sehr schmerzhaft für meine Trommelfelle«.

»Komisch, nur eine Detonation statt der üblichen Serie« bemerkte Endrass.

Prien kam aus seinem Verschlag und trat näher.

»Wir sind nicht gemeint, vielleicht sind sie hinter U 20 her. Wenn wir nicht zu viel Lärm machen, ist keine Gefahr«.

Dann wandte er sich an den 1 WO und setzte hinzu: »Lassen Sie durchsagen, daß die Leute Filzlatschen anziehen und nicht laut sprechen«.

»Jawohl, Herr Kaleunt« antwortete Endrass und entfernte sich.

Wheyom!

Eine neue Detonation, schwach wie die vorhergehende, ließ ihn herumfahren. Er hörte wie der Funkmaat den Hörer auf den Tisch warf und sagte:

»Es ist schwer, die Richtung genau zu bestimmen, weil der Knall unerwartet kommt, und ich kein Geräusch höre, das mir einen Hinweis geben könnte«.

Weitere Explosionen folgten in unregelmäßigen Abständen; sie beunruhigten niemanden, und das Frühstück verlief recht lebhaft. Prien hatte nicht das Herz, das Sprechen generell zu verbieten, so wurde weiterhin munter in der Offizier- wie in der Unteroffiziermesse und im ›House of Lords‹ geflüstert.

In der Offiziermesse drehte sich die Unterhaltung um die Rundfunknachrichten.

»Ich nehme an, die Briten werden weiterhin über die Beschädigung des zweiten Schlachtschiffes schweigen« sagte Endrass.

»Man kann doch Beweise nicht einfach negieren. Ich habe es mit eigenen Augen gesehen und ich wette, daß unsere Luftaufklärung Aufnahmen machen wird, wenn sie es nicht schon getan hat« antwortete von Varendorff.

»Ich vermute, daß das Schlachtschiff sobald wie möglich verlegt hat, um der Aufklärung zu entgehen. Der Torpedo detonierte am

Bug und hat vielleicht nur geringen Schaden angerichtet« sagte
Prien.

»Ja, das würde ich tun, wenn ich Engländer wäre« stimmte
Wessels zu.

»Sind Sie so sicher, daß Sie ihn am Bug getroffen haben?« wider-
sprach der 2 WO. »Die britischen Großkampfschiffe haben sowohl vorne wie achtern ein freies Deck. Ich würde sagen, wir
haben ihn am Heck getroffen«.

»Das ändert nichts. Der Torpedo muß nicht unbedingt einen
lebenswichtigen Teil getroffen haben. Das Schiff lag vielleicht unter Dampf, hat den Wassereinbruch mit Pumpen bekämpft und
ist während der Nacht ausgelaufen« beharrte Endrass.

Prien und Wessels beobachteten amüsiert die beiden Kontrahen-
ten. Von Varendorff gab nicht nach.

»Aber ja! Das ändert die Sache durchaus. Mit einer Beschädigung
am Bug, der durch wasserdichte Schotten abgetrennt ist, kann es
fahren und in eine Werft gehen, das garantiere ich Ihnen. Wenn
es aber andererseits am Heck getroffen wurde, dann bleibt ihm
nichts übrig, als sich unter den Schutz der Fliegerabwehrge-
schütze im Stützpunkt Lyness zurückzuziehen. Ich hab' mir das
doch nicht eingebildet und habe ganz deutlich gesehen, daß das
Vorschiff ein gutes Stück tiefer lag. Mit einem Treffer nur am Bug
würde es nicht so tief abgesunken sein«.

»Wenn wir es achtern getroffen haben, dann besteht durchaus die
Möglichkeit, daß wir die beiden Schraubenwellen beschädigt haben« sagte Wessels.

»Gut, meine Herren, mit weiteren Vermutungen verschwenden
wir nur unsere Zeit« unterbrach Prien. »Wir sind im wichtigsten
Punkt einer Meinung: ein Schlachtschiff wurde versenkt, ein weiteres beschädigt. Und das muß gefeiert werden!«

Er rief den Koch.

»Walz, einen Kognak für jeden auf das Wohl von U 47 und seine
tapfere Besatzung«.

»Jawohl, Herr Kapitänleutnant, der Befehl wird sofort ausgeführt« antwortete Walz, richtete sich auf und nahm die Hacken
zusammen. Dann machte er kehrt und verschwand stramm wie
eine Eins in Richtung Kombüse.

Walz begann achtern mit der Kognakausgabe. Als er das ›House of Lords‹ erreichte, stand dort der Gefreite Hänsel und beschrieb noch einmal den Ablauf der Unternehmung. Walz sah auf die Seeleute, die dicht gedrängt um den kleinen Tisch saßen.

»Möchten Ihre Lordschaften vielleicht einen Kognak?« fragte er unterwürfig. Hänsel unterbrach sich sofort.

»Onkel Walz möchte eine Runde für die Helden schmeißen«.

»Befehl vom Alten« feixte Steinhagen.

»Gut, wenn's so ist, dann habt Ihr es ja offenbar nicht eilig« antwortete der Koch.

»Los, schenk ein und quassel nicht lange« rief Hänsel.

Walz zog ein kleines Glas aus der Tasche und benutzte es als Messbecher. Er goß jedem ein Glas voll in den Trinkbecher und blieb dann mit dem letzten Glas für sich selbst an der Tür stehen.

Hänsel leerte seinen Becher und setzte seinen Bericht fort. Vorsichtig streckte er, immer weiter redend, die rechte Hand aus, nahm Lüddeckes Becher und leerte ihn auf einen Zug. Der Maschinengefreite merkte es, und der folgende gemurmelte Streit amüsierte Walz auf's höchste. Er lächelte selbstgefällig und hob sein Glas zu Lüddecke »Auf Dein Wohl, mein Herzblatt!«

Er leckte sich die Lippen, um zu zeigen, wie es ihm schmeckte, warf den Kopf zurück, wischte sich die Lippen mit dem Ärmel und sah auf den Gefreiten, der vor Ärger rot anlief.

»Leben Sie wohl, meine Lordschaften« sagte er unterwürfiger denn je. Er machte kehrt, setzte seine Bordmütze zurecht und ging durch den Gang, Glas und Flasche in der Hand, davon. Der Tag zog sich träge dahin, ohne daß irgendetwas geschah. 32 Wasserbombendetonationen wurden insgesamt gezählt.

Um 18.15 Uhr sollte das Boot seinen Marsch fortsetzen. Zwischen 17.00 und 17.30 Uhr wurde schnell zu Abend gegessen, dann gingen die Männer wieder leise auf ihre Stationen zurück.

Um 18.15 Uhr meldete Hebestreit Propellergeräusche. Prien, Endrass und von Varendorff versammelten sich in der Nähe des Horchers und warteten auf weitere Einzelheiten.

Die Kopfhörer übergestülpt, drehte der Funker mit beiden Händen an den Knöpfen.

»Langsame Propellergeräusche. Es handelt sich wahrscheinlich um ein großes Handelsschiff oder einen Tanker« sagte er schließlich bestimmt, eine steile Falte zwischen den Brauen. »Ah! ...

Die Geräusche hören auf ... komisch, er muß gestoppt haben. Ich höre gar nichts mehr«.

Er drehte einige Augenblicke weiter an den Knöpfen.

»Keine Propellergeräusche mehr, er hat bestimmt gestoppt« schloß er zu den Offizieren gewandt.

»Das ist zumindest seltsam, ein Handelsschiff, das in freier See stoppt und zwar in der Nähe eines Ubootes. Das ist mir nicht ganz klar« murmelte von Varendorff.

»In jedem Fall handelt es sich um ein großes Schiff« wiederholte Hebestreit.

»Vielleicht ist das ein Handelsschiff, das aus irgendwelchen Gründen stoppen mußte und nichts ahnt. Wenn es ein Kriegsschiff wäre, das uns entdeckt hätte, würden wir das Ortungsgerät gehört haben. Andererseits, ein großes Kriegsschiff fährt niemals alleine« sagte Endrass.

»Wir werden uns das mal aus der Nähe ansehen« schloß Prien.

Er kam in die Zentrale zurück und befahl:

»Auf Tauchstationen!«

Mit vorsichtigem Gebrauch der Elektromotoren erreichte das Boot Sehrohrtiefe. Im Turm machte Prien mit beiden Händen eine Bewegung, und das Sehrohr hob sich summend aus dem Schacht. Die Männer sahen ihn im Rundblick anhalten und ruhig einen bestimmten Punkt überprüfen. Ohne ein Wort zu sagen, sah er weiter in alle Richtungen und kam wieder auf den Punkt zurück, den er vorher so genau anvisiert hatte. Unmerklich stieg die Spannung im Turm. Ohne den Blick von dem Ziel zu nehmen, sagte er schließlich:

»Handelsschiff, 300 Meter voraus gestoppt. Hat norwegische Flagge. Gib mir mal das Buch mit den Schattenrissen«.

Von Varendorff nahm das Buch und begann, es schnell durchzublättern.

»Hier ist's Herr Kaleunt, hier sind die Norweger«.

»Kommen Sie her und sehen Sie, Endrass« sagte Prien und trat vom Sehrohr zurück. Er nahm dem 2 WO das Buch ab und überflog die schwarzen Silhouetten verschiedener Schiffe. Die Seiten umblätternd deutete er mit dem Finger auf ein Bild.

»Das ist er, ich glaube sicher, daß er es ist. *Meteor*, ein Passagierschiff«.

Endrass fuhr das Sehrohr etwas unter die Wasseroberfläche und beugte sich über die Schulter des Kommandanten.

»Ja, Brücke und Masten sind ganz ähnlich«.

»Sehrohr einfahren, wir wollen sehen, was damit los ist. Endrass klar bei Geschütz, für alle Fälle. Es könnte eine Falle sein. Die Geschützbedienung soll sich bereithalten, Hebestreit auf Funkverkehr achten.«

»Jawohl, Herr Kaleunt« antwortete er und stieg schnell in die Zentrale hinunter. Prien schaltete das Licht aus.

»Zwo Dez nach Backbord gehen – Maschinen Halbe Fahrt voraus« befahl er.

Wenige Minuten später erschien der Kopf des 1 WO im Luk zur Zentrale.

»Geschützbedienung ist klar, Herr Kaleunt«.

»Auftauchen!«

»Ruder 10 oben. Tauchzellen Mitte anblasen«.

U 47 hob den Bug, die Druckluft pfiff in die Rohrleitungen und gegen die Blechwände der Tauchzellen. Prien kletterte auf die Leiter im Turm. Von Varendorff, Endrass und die anderen standen wenige Sprossen unter ihm.

»Luk ist über Wasser« rief der LI unten im Boot. Endrass öffnete die Ventile des Sprachrohrs zur Brücke.

»Luftdruck ist ausgeglichen!«

Prien entsicherte den Lukendeckel, klappte ihn auf und sprang auf die noch triefende Brücke. Endrass und die Geschützbedienung kletterten schnell die Leiter außen am Turm herunter und begannen, das Geschütz loszumachen.

Eine leichte Brise stand aus Nordost. Die Sicht unter einem wolkigen Himmel war gut. Der Dampfer dümpelte leicht in einer Ostdünung. An den Seiten sah man die von Scheinwerfern beleuchteten norwegischen Farben aufgemalt.

»Dampfer funkt!« Die gehetzte Stimme von Hebestreit drang aus dem Sprachrohr. Prien zögerte nicht.

»Einen Warnschuß vor den Bug!«

»Feuer!«

Das Geschütz bellte kurz auf. Die Granate schlug 100 m vor dem Bug ein.

»Nachladen« rief Endrass.

»Fragen Sie nach Name und Bestimmungsort« sagte Prien zu Hänsel, der die Morselampe in der Hand hielt. Die Antwort kam auch als Morsesignal. »Norwegischer Dampfer *Meteor*, Bestimmungsort Newcastle on Tyne, 238 Passagiere an Bord«.

Vorsichtig ging U 47 auf Rufentfernung. Prien nahm das Megaphon:

»Schicken Sie Ihre Papiere!«

Endrass ließ das 8,8 cm Geschütz auf die Brücke des Norwegers richten. Der Dampfer setzte ein Boot aus. Die Besatzung hatte wegen der Dünung Schwierigkeiten, es zu Wasser zu bringen. Schließlich kam das Boot vom Rumpf des Dampfers frei und ruderte mühsam auf das Uboot zu, das mit sehr langsamer Fahrt lief. Prien erkannte einen Offizier mit einer Mappe auf den Knieen und vier rudernde Seeleute.

»Beide Maschinen stopp« befahl er.

U 47 stampfte und schlingerte heftig. Die Geschützbedienung hatte Schwierigkeiten, sich auf den Beinen zu halten, und der 1 WO überlegte sorgenvoll, wie er so das Ziel treffen könne, wenn er Feuerbefehl erhalten sollte.

Als das Boot nur noch wenige Meter entfernt war, warfen die Gefreiten Dittmer und Marquardt ihm eine Leine zu und halfen dem Offizier an Bord. Prien sah ihm entgegen, als er auf den Turm zukam. In diesem Augenblick rief Hebestreit durch das Sprachrohr die Brücke an:

»Hallo, Herr Kaleunt, ich habe mich geirrt, als ich glaubte, der Dampfer funke. Er hat absolute Funkstille gehalten«.

»Das gefällt mir besser« knurrte Prien, dem das Ganze nicht schnell genug ablief. Der Offizier kletterte schnell die Turmleiter hoch und stellte sich Prien in deutscher Sprache vor. Der 1. Offizier war ein junger Mann, gut gekleidet und mit intelligentem Gesicht. Ruhig nahm er die Papiere aus seiner Mappe und übergab sie Prien. Der überprüfte sie im Licht einer Taschenlampe. Die Papiere schienen in Ordnung zu sein.

»Sie können die Reise fortsetzen. Ich brauche Sie wohl nicht daran zu erinnern, daß Sie Funkstille halten müssen. Jeder Funkverkehr wird als feindliche Maßnahme angesehen und zwingt mich, zu sofortiger und rücksichtsloser Repressalie« sagte er und gab ihm die Papiere zurück.

Der 1. Offizier tat sie wortlos wieder in seine Tasche, grüßte und stieg an Deck.

»Gute Reise!« rief Prien ihm noch von der Brücke zu.

Der norwegische Offizier drehte sich um zeige mit der Hand klar und sprang gewandt in das Boot, das von Dittmer und Marquardt noch immer festgehalten wurde. Dann setzte Marquardt es mit einem kräftigen Stoß ab, winkte mit den Armen und schrie laut »Gute Fahrt«!

U 47 lief 100 m vom Boot ab.

Da Südkurs bei der östlichen Dünung das Boot hätte so stark schlingern lassen, daß die Geschützbedienung sich nicht hätte halten können, befahl Prien:

»Auf 270 Grad gehen, Halbe Fahrt voraus«.

Das Boot schlug einen Halbkreis und lief vor der See ab. Endrass ließ das Geschütz noch immer auf den Dampfer gerichtet. Er hätte unerwartet funken können, und in diesem Fall hätte er mit einem Schuß die Brücke zerstören müssen, um den Funkverkehr zu unterbrechen.

Die *Meteor* hielt weiter Funkstille. Schließlich konnte Prien damit rechnen, daß der Norweger das Uboot in der Dunkelheit nicht mehr sehen konnte.

»Geschütz fest! Wegtreten von Gefechtsstationen!« rief er dem 1 WO zu. Die Geschützbedienung machte das Geschütz in Zurrstellung fest und eilte, gefolgt von Endrass, wieder auf die Brücke.

»Kurs 140! Große Fahrt voraus!«

Das Hämmern der Diesel wurde plötzlich schneller. Der Bug tauchte in eine Welle, die über das Deck wusch. U 47 lief in die freie See. Nach einigen zehn Meilen befahl Prien, wieder auf Südkurs zu gehen. Die tiefen Wellentäler der Dünung parallel zum Kurs ließen das Boot ungemütlich schlingern. Das Pendel schlug 30–35° und mehr aus.

Beim Abstieg in die Zentrale vollführte Spahr, abwechselnd von der Leiter weggerissen und wieder auf sie draufgeworfen, regelrechte Schlangentänze. Als er in den Unteroffizierraum kam, hörte er aus der Kombüse das Getöse von zerbrechendem Glas und fallenden Konservendosen. Walz stieß einen Schwall von Flüchen aus, während er die aus der Hand rutschenden Blechdosen aufzusammeln suchte.

142

Im Laufe des Abends drehte der Nordostwind auf Nord und verlor langsam an Stärke. Als von Varendorff Endrass um Mitternacht ablöste, schlingerte und stampfte das Boot kaum noch. Das Wetter wurde milder.

»Alles was wir gesehen haben waren einige kleine Schiffe weit ab nach Land zu« sagte Endrass. »Um nicht zu weit abzukommen, habe ich um 23.00 Uhr Kurs auf 115 Grad geändert. Gegen Morgen müssen wir auf der Doggerbank sein«.

»Jedenfalls sollten wir vermeiden, in die Nähe der britischen Minensperre zu kommen. Gibt es noch irgendwelche besonderen Anweisungen?« fragte von Varendorff.

»Keine, der Kommandant möchte um 05.30 Uhr geweckt werden«.

»Gut, ich nehme an, daß wir zwischen 06.00 und 07.00 Uhr tauchen, um den Fischereifahrzeugen auszuweichen«.

»Das ist nicht gesagt, und ich glaube auch nicht, daß da viele sein werden«, antwortete Endrass und schwang sich in das Luk.

Die Sicht blieb gut, aber das Wetter war immer noch bedeckt. Doch gegen 06.00 Uhr riß ein leichter Westnordwest die Wolkendecke auf. Der Himmel wurde langsam klarer. Der Tag brach über einer grauen See an.

»Zwei Trawler 3 Dez an Steuerbord« meldete Dittmar.

Prien sah sich die Störenfriede durch das Glas genau an.

»Das könnten sehr gut Holländer sein« sagte er.

Spahrs Blicke wurden durch schwarze Punkte, die im Seegang auftauchten und wieder verschwanden, angezogen. Minen!

»Drei treibende Minen ein Dez an Steuerbord« rief er.

»Zwo Dez nach Backbord gehen!« befahl Prien daraufhin und setzte schnell sein Doppelglas ab.

Er hatte die Minen sofort erspäht. Der Rudergänger reagierte augenblicklich, der Bug drehte nach Backbord.

»Meine Güte, nur ein paar Minuten nicht aufgepaßt und sie hätten uns ins Jenseits befördert, wir hätten nicht gewußt wie« sagte Spahr und starrte auf die finsteren Dinger.

»Wegen der Fischereifahrzeuge wäre es nicht klug, sie hochzujagen, ich glaube nicht, daß sie uns gesehen haben« murmelte Prien. Die drei Minen zogen einige zehn Meter entfernt am Boot vorbei.

»Wieder zwo Dez nach Steuerbord gehen!«

»Wo zum Teufel kommen die her, wir müssen aufpassen, daß wir nicht in ein Minenfeld laufen von dem wir nichts wissen« fuhr Spahr fort.

»Welche Tiefe am Lot?« fragte Prien.

»41 Meter«.

»Wir wollen getaucht weiter marschieren, um den Fischerfahrzeugen aus dem Wege zu gehen«.

Prien gab Alarm; 15 Sekunden später klappte der Lukendeckel über seinem Kopf zu, mit beiden Händen drehte er das Verschlußrad.

»Auf 38 Meter gehen. Beide Maschinen Langsame Fahrt voraus« rief er.

Wessels stieß eine Reihe von Befehlen aus. Das Hämmern der Diesel wich dem Summen der E-Maschinen, das Wasser gurgelte in die Tauchzellen. Das Boot tauchte mit leichter Vorlastigkeit in Rekordzeit, Prien stieg in die Zentrale hinunter.

»10 Meter ... 15 Meter ... 20 Meter ... 25 Meter ... 35 Meter ... 38 Meter ...« meldete der LI, den Blick unablässig auf das Tiefenmanometer gerichtet.

»Kurs 180 Grad« befahl Prien.

Kurz nach 10.00 Uhr gab Prien den Befehl aufzutauchen, nachdem er sich durch einen Rundblick durch das Sehrohr vergewissert hatte, daß kein Schiff in der Nähe war.

Die Sonne strahlte auf eine grüne See hernieder. Die Männer der Brückenwache sogen erfreut die frische Meeresluft ein. Spahr kletterte schnell mit dem Sextanten in der Hand auf die Brücke. Das Auge fest an der Optik, zog er die Unterkante der Sonne auf den Horizont und schwang das Instrument hin und her.

»Null!«

Der Obersteuermann nahm eine Reihe von Höhen mit einem Zwischenraum von zehn Sekunden. Eine halbe Stunde nach dem Auftauchen tauchte das Boot wieder und legte sich sanft auf den Grund.

In der Zentrale berechnete Spahr seine Sonnenbeobachtungen, schaltete das Licht aus und stand auf, um sich auf die Koje zu legen, und vor dem Essen noch etwas zu ruhen. Auch Prien verließ bald darauf die Zentrale und ging in seine Kammer. Daraufhin zog Endrass ein kleines Notizbuch aus der Tasche und begann Stiere zu zeichnen. Er bedeckte mehrere Blätter mit Skizzen und verglich die Ergebnisse. Dann strich er sie alle aus bis auf eine, die Zeichnung eines wild vorwärtsstürmenden Stieres, der wütend durch die Nüstern schnaubte. Sichtlich befriedigt klappte er das Notizbuch zu und schob es in die Jackentasche.

Das Mittagessen war kräftig, Walz hatte sichtlich seine Kochkünste spielen lassen, und seine Beliebtheit stieg enorm. Während des Essens war Scapa Flow wieder einmal allgemeiner Gesprächsgegenstand. In der Offiziermesse sprach man von dem Zerstörer.

»Ich werde das nie begreifen. Mit den auf die Diesel aufgeschalteten E-Maschinen hinterließen wir ein weithin sichtbares Kielwasser, wie ein Schlachtschiff. Er muß uns gesehen haben oder zumindest unser Kielwasser. Ich meine – was hat ihn veranlaßt, plötzlich abzudrehen?« rief Endrass aus.

»Ja, nach dem was ich mitgekriegt habe, hatte er uns beim Wickel« stimmte Wessels zu.

»Wegen des Stroms konnten wir mit der Geschwindigkeit nicht heruntergehen, mit der Abtrift hätte das Boot sonst niemals den Kirk Sound erreicht. Andererseits war die Zeit wegen des ablaufenden Wassers sehr knapp. Jede Minute zählte. Ich versichere Ihnen, das Herauskommen war sehr viel schwieriger als das Hineinkommen« sagte Prien.

»Das wollte ich gar nicht sagen, Herr Kaleunt, aber warum drehte er so plötzlich ab? Angenommen, das Boot war gegen die Steilküste von Mainland weniger gut zu sehen als die Silhouette des Zerstörers, die sich wie in einem Schattenspiel gegen die helle Oberfläche der Bucht abhob. Aber es stimmt doch, daß er uns angemorst hat. Also hat er uns doch fraglos gesehen! Und er war hinter einem Uboot her und nicht hinter einem fliegenden Drachen«.

»Zu Anfang, nach dem ersten Torpedotreffer, mögen sie noch an einen Luftangriff geglaubt haben, aber nicht mehr, nachdem das Schlachtschiff in die Luft geflogen war« sagte Wessels lächelnd.

»Meine sehr verehrten Herren, wir könnten noch endlos über Fliegende Drachen und Schattenspiele reden« antwortete Prien und blieb äußerlich sehr ernst. »Ein Weiser würde sagen, daß wir den Schlüssel der Lösung dieses Rätsels erst nach dem Krieg bekommen werden und dann auch nur, wenn der Himmel es will. Laufen wir nicht Gefahr, das Gesicht zu verlieren, wenn wir behaupten, daß die Feuer am Himmel den Feind so weit geblendet haben, daß er denen noch ein ›Gute Reise‹ nachsandte, die aus seiner ›Königlichen Eiche‹ ein Feuerwerk machten? Man wird uns zu Lügnern stempeln, denn ich glaube, daß es die britische Admiralität vorziehen wird, diesen Vorgang zu verschweigen – und ich kann das verstehen« fügte er hinzu. »Ich bin aber davon überzeugt, daß der Zerstörer das Uboot nicht erkannt hat, alles spricht dafür«.

»Ich werde niemals wagen, diese Geschichte zu erzählen, kein Mensch wird mir glauben« war von Varendorff von der Zentrale her, wo er auf Wache stand, ins Gespräch.

»Hauptsache ist, daß wir die Kurve gekriegt haben« sagte Wessels. Um 14.15 Uhr ging Endrass in den Unteroffizierraum und wandte sich an Spahr, der, die Hände hinter dem Kopf verschränkt, auf seiner Koje lag. »Willi, kannst Du mir eine alte Karte geben?«

»Wofür?«

»Ich möchte eine Figur ausschneiden« antwortete Endrass zögernd.

»Was für eine Figur?«

Der 1 WO überlegte einen Augenblick, dann entschied er, daß es besser sei, die Katze aus dem Sack zu lassen.

»Gut, zur Erinnerung an diese Unternehmung habe ich ein Emblem für unser Boot gezeichnet, und ich möchte es auf die Außenseite des Turms malen. Ich brauche ein großes Blatt Papier, um eine Schablone in richtiger Größe auszuschneiden, und das Bild mit weißer Farbe auf die Turmwand auftragen zu können«.

»Können wir das Emblem mal sehen?« fragte Spahr mißtrauisch.

»Wenn ich die Karte habe, werde ich es auf die Rückseite zeichnen«.

Neugierig hoben Sammann, Böhm, Strunk und Römer ihre Köpfe von den Kojen und überschütteten Endrass mit Fragen, aber der blieb hart. Spahr schwang die Beine aus der Koje und ging, eine Karte zu holen. Endrass breitete sie auf dem Boden aus und übertrug darauf mit wenigen Bleistiftstrichen den durch die Nüstern schnaubenden Stier.

146

»Was haltet Ihr davon? Das ist der ›Stier von Scapa Flow‹!«

Sie sammelten sich um den 1 WO, der mit gekreuzten Beinen vor seiner Zeichnung saß und gaben ihre Zustimmung durch Nicken und Bemerkungen zu erkennen.

»Nicht schlecht, gar nicht schlecht« meinte Spahr, »aber das müssen wir anbringen, ohne daß der Alte das merkt. Dann werden wir ihn unter irgend einem Vorwand an Deck locken und sehen, wie er reagiert«.

»Ich schlage vor, wir warten bis zum Morgen, wenn wir im Geleit und im Schutz des Westwalles*) sind.

»Dann wird der Alte ganz bestimmt nicht mehr auf der Brücke bleiben« bestätigte Endrass und rollte die Karte zusammen.

Er sah auf seine Armbanduhr und setzte hinzu:

»Es ist jetzt fast 14.45 Uhr und Zeit zu gehen. Wir werden die Figur später ausschneiden. Bis dahin laß' ich sie lieber hier«.

Spahr nahm die Rolle und legte sie auf seine Koje an die Bordwand. Dann zog er sein Jackett an und folgte dem 1 WO in die Zentrale.

Das Uboot brach in einer weißen Gischtwelle durch die Oberfläche. Die Männer der Brückenwache sprangen auf ihre Posten.

Es war ein wundervoller Herbstnachmittag. Hochgetürmte Wolken standen wie große, weiße Ballen am blauen Himmel.

»Es ist fast warm! Man merkt, daß wir nach Süden kommen« rief Spahr freudig, den Sextanten in der Hand.

Er wartete, bis sich die Sonne zwischen zwei Wolken zeigte und nahm wiederum mehrfach die Höhe, um die Ergebnisse zu mitteln und mögliche Fehler dadurch zu verringern.

Nach einer halben Stunde tauchte das Boot erneut und legte sich wieder auf Grund. In der Zentrale beendete Spahr seine Berechnungen und trug die Standlinien und damit den Schiffsort für 15.00 Uhr in die Karte ein: 54° 51' Nord und 3° 21' Ost.

Er maß mit dem Zirkel die Entfernung bis zum Westrand eines schraffierten Gebietes, des deutschen Sperrgebietes.

»Ich möchte vor Dunkelwerden vor der Einfahrt der Sperrlücke stehen« sagte Prien und beugte sich über die Schulter des Obersteuermanns.

---

*) Bezeichnung des Minenfeldes zwischen Doggerbank und der Insel Borkum.

»Wenn wir gegen 19.00 Uhr auftauchen, werden wir das schaffen, Herr Kaleunt, aber wir müssen 16 Knoten laufen, mit Kurs 128 Grad kommen wir dann direkt in den Weg 1«.

Spahr berichtigte die gegisste Position für 07.00 Uhr: 54° 57' Nord, 2° 58' Ost. Dann berechnete er die Position, auf der sie die drei treibenden Minen angetroffen hatten und fand 55° Nord, 2° 56' Ost. Währenddessen schnitt Endrass seine Zeichnung im Unteroffizierraum aus. Um 18.45 Uhr lösten sie sich vom Grund. Das Boot tauchte um 18.56 Uhr auf. Die leichte Brise hatte auf Nordnordwest gedreht. Der Himmel war weiterhin leicht bewölkt und die See ruhig. Nichts war in Sicht.

»Wir können nicht weit von der Sperrlücke sein« bemerkte Spahr. Das Tageslicht ging in Zwielicht über. Spahr sah auf seine Armbanduhr und sagte »Wir laufen jetzt in die Sperrlücke ein, Herr Kaleunt«.

Die Weiterfahrt verlief ohne Zwischenfälle. Sie mußten sich nur in der Sperrlücke halten.

Als Endrass kam, um Spahr abzulösen, entschloß sich Prien herunterzugehen und zu ruhen, um am nächsten Tag gut in Form zu sein. Der Tag versprach anstrengend zu werden mit Berichten, Besuchen, Musterungen und anderen unvermeidlichen Formalitäten.

»Lassen Sie mich um 03.30 Uhr wecken. Wir werden das Wachboot am Ausgang der Sperrlücke zweifellos gegen 04.00 Uhr treffen« sagte er, ehe er die Leiter in den Turm hinunterkletterte.

In seiner Kammer zog er seine Lederjacke aus und nahm die Mütze ab, dann setzte er sich an den kleinen Tisch und schrieb einen Funkspruch aus, der der Befehlsstelle seine Ankunft in Wilhelmshaven um 10.00 Uhr ankündigte. Er stand auf, schob den grünen Vorhang beiseite und gab das Blatt an Blank.

»Geben Sie diesen Funkspruch ab, und achten Sie darauf, daß er wiederholt wird« sagte er.

Wenige Minuten später hörte er, wie der Funkmaat den Spruch in die Schlüsselmaschine tippte. Prien knipste das Licht aus und fiel sofort in einen tiefen Schlaf.

Auf der Brücke ließen die Männer in ihrer Aufmerksamkeit nicht nach, denn andere Schiffe konnten den gleichen Weg benutzen. Die Eintönigkeit der Nachtwache wurde jedoch durch keine Begegnung unterbrochen.

Die Belegschaft der Germania Werft erwartet U 47 (Fried. Krupp AG)

Die Belegschaft der Germania Werft begrüßt das einlaufende Boot.

Prien und seine Besatzung. (Spahr)

Die Erbauer von U 47 begrüßen Prien und Wessels. (Fried. Krupp AG)

Scapa Flow

Nach der erfolgreichen Fahrt, in deren Verlauf die Torpedierung der beiden englischen Schlachtschiffe „Repulse" und „Royal Oak" am 13. Oktober 1939 in der Bucht von Scapa Flow erfolgte, traf das siegreiche Unterseeboot mit dem Kommandanten Kapitänleutnant Prien und seiner Besatzung am 24. Oktober 1939 auf der Germaniawerft ein. Die Belegschaft der Werft bereitete dem Boot einen begeisterten Empfang. Sie ist stolz darauf, das Instrument geliefert zu haben, mit dem Kommandant und Besatzung die großartige Tat vollbringen konnten.

Fried. Krupp Germaniawerft Aktiengesellschaft
Kiel-Gaarden, 24. Oktober 1939

Prien wird von Direktor Schrödter und leitenden Herren der Werft begrüßt. (Fried. Krupp AG)

Oberleutnant (Ing.) Hans Wessels trägt sich in das Goldene Buch der Werft ein. (Fried. Krupp AG)

Prien trägt sich in das Goldene Buch der Germania Werft ein (Fried. Krupp AG)

Ein Gefreiter trägt sich in das Goldene Buch der Bauwerft ein. (Fried. Krupp AG)

Prien zeigt sich nach der Begrüßungsfeier durch die Bauwerft am 24. Oktober 1939 gelöst und vergnügt. (Fried. Krupp AG)

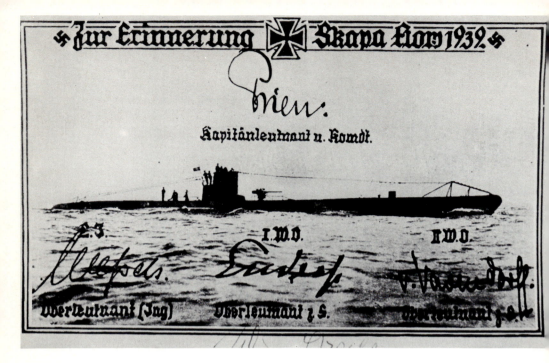

Unter Kruppianern

Am 24. Oktober traf das siegreiche Unterseeboot, das in der Bucht von Scapa Flow die beiden englischen Schlachtschiffe „Repulse" und „Royal Oak" torpedierte, auf seiner Bauwerft ein. Die U-Bootsbesatzung wurde mit großer Freude von der Belegschaft der Germaniawerft begrüßt in Erinnerung der Zeit, in der sie gemeinsam mit der U-Bootsmannschaft den Bau dieses Bootes durchführte. Zum Empfang des Bootes waren die Direktion der Germaniawerft, der Vertrauensrat, die Ingenieure und Meister des U-Bootsbaues auf dem Leitwerk I versammelt. In zwangloser Gruppierung hatte die Belegschaft zu Tausenden auf den Pontons und den danebenliegenden Schiffsneubauten Aufstellung genommen. Von den hochragenden Glashellingen wehten die Flaggen des Reiches und des Hauses Krupp. Ein großartiges Bild! Von den Menschenmassen begeistert begrüßt, machte das Boot am Leitwerk I fest. Die Besatzung war an Deck angetreten. Am U-Bootsturm leuchtete das Wahrzeichen des siegreichen Unterseebootes, der „Stier von Scapa Flow", das der 1. W.-O. mit gewandter Hand als Skizze in Weiß ausgeführt hatte. Der Kommandant richtete vom Kommandoturm aus herzliche Worte an die Belegschaft der Werft:

„Kameraden, wir bringen auf unsere Bauwerft, die uns unsere Waffe geschmiedet hat, auf die ganze Belegschaft, Ingenieure und Betriebsführer, ein dreifaches Hurra aus."

Der Kommandant, Kapitänleutnant Prien, begab sich dann auf das Leitwerk, wo er von dem Betriebsführer der Germaniawerft, Herrn Direktor Schrödter, mit folgenden Worten begrüßt wurde:

„Herr Kapitän! Beim Betreten der Kruppschen Germaniawerft, der Geburtsstätte des deutschen Unterseebootes, wo auch Ihr Boot das Licht der Welt erblickt hat, möchte ich Ihnen namens des Hauses Krupp, meiner Mitarbeiter und Gefolgschaft unser herzliches Willkommen, und in heller Begeisterung darüber, was Sie draußen vollbracht haben, unsere ebenso herzlichen Glückwünsche ausdrücken. Wir Werftleute verfolgen voller Spannung die Bewährung und die Taten der Boote, die hier entstanden sind. Es ist wichtig, daß wir uns um unsere Boote kümmern, weil wir dann um so grimmiger mitarbeiten und die Waffe fördern können. In Scapa Flow, dort, wo unsere ruhmreiche Flotte des Weltkrieges selbst die Flagge strich, haben Sie der jungen Marine ein Denkmal gesetzt. Der britische Löwe, der zwar nicht vom deutschen Adler, aber sonst in der Welt immer noch gefürchtet wird, hat durch Ihren Meisterschuß seine Pranken verloren. Er ist heute als Wächter des Suprematis Englands in der Seeherrschaft nur noch als Invalide zu werten. Der Fangschuß wird ihn im Verlauf des vom Zaun gebrochenen Krieges erreichen. Herr Kapitän! Das deutsche Volk hat Ihnen seine Begeisterung und seine Freude kundgetan. Wer wie Sie dem Führer ins Auge gesehen hat, wer wie Sie von ihm geehrt worden ist, dem kann Größeres nicht widerfahren. Gestatten Sie aber uns Kruppianern, die wir doch an der Wiege Ihres Bootes gestanden haben, daß wir in dieser Stunde unserer überströmenden Freude, unserem übervollen Herzen Luft machen, indem wir Sie begrüßen für Ihre kühne, unvergleichliche Tat, für Ihren unvergleichlichen Erfolg. Herr Kapitän, und ich wende mich auch an Ihre Herren Offiziere und Ihre Mannschaft, nehmen Sie unseren Gruß entgegen, den wir Kruppianer darbieten wollen mit dem alten Kriegsruf der Marine. Kapitän, Offiziere und Mannschaft auf die wackere Boots-Hurra!".

Herr Kapitänleutnant Prien dankte Herrn Direktor Schrödter mit den Worten: „Im Namen meiner Besatzung danke ich Ihnen allen. Unseren Dank haben wir vorhin schon zum Ausdruck gebracht durch unsere drei Hurras. Sie können versichert sein, daß wir alle stolz sind auf das Werk, das Sie uns als Waffe gegeben haben, und unsere höchste Pflicht und Freude wird es sein, diese Waffe, solange sie in unserer Hand liegt, immer erfolgreich anzuwenden für Deutschlands Ruhm und den Ruhm dieser Werft."

Anschließend trugen sich Kommandant und Besatzung des Unterseebootes in das Buch der Werft ein, deren Unterschriften in den nebenstehenden Kopien wiedergegeben sind. Unter den Klängen flotter Marinemärsche schloß die eindrucksvolle Begrüßungsfeier.

Text und Bild: Nachrichtenstelle der Krupp-Germaniawerft

Der Bericht über die Begrüßungsfeier in einer Broschüre der Fried. Krupp Germania Werft AG.

Um 03.45 Uhr sah von Varendorff den Kommandanten die Leiter im Turm emporklimmen.

»Die Wache hat kein Schiff gesehen, Herr Kaleunt« meldete der 2 WO.

»Wir haben die Sperre soeben verlassen. Ich nehme an, daß das Wachboot nicht mehr weit ist«.

Die Ablösungsformalitäten verliefen schnell. Außer der normalen Besetzung war der Gefreite Hänsel mit dem Signalscheinwerfer auf die Brücke gekommen. Als erster sah Spahr um 04.04 Uhr den Trawler drei Strich an Steuerbord.

»Geben Sie Erkennungssignal« sagte Prien zu Hänsel.

Keine Antwort.

»Signal wiederholen, zweimal, er hat uns nicht gesehen«.

Immer noch keine Reaktion.

»Die scheinen einen gesunden Schlaf zu haben. Dann werden wir mal etwas anderes probieren« rief Prien ärgerlich. »Wir scheren ihm vor den Bug, und wenn wir genau voraus sind, werden wir ihm das Signal mitten ins Gesicht geben. Dann muß er uns sehen. Backbord 20«.

Die Silhouette des Wachbootes wurde schmaler, als das Uboot dessen Kurs kreuzte. Prien nahm das Glas hoch, er konnte deutlich die Bugwelle erkennen.

»Geben Sie das Signal, dreimal!« rief er.

Die Gläser waren auf die Brücke des Trawlers gerichtet, aber dort blieb alles dunkel, wie leblos.

»Das ist ja allerhand! Diese Hunde! ... Bei solchen Narren ist alles möglich, die würden ein ganzes Geschwader durchlassen« explodierte Prien wütend.

»Ein einfaches Uboot kann auch eine Menge Schaden anrichten. Das können wir bezeugen« setzte Spahr feierlich hinzu.

»Jetzt ändert er Kurs, kommt genau auf uns zu« warnte Dittmer.

»Nochmal das Signal, zweimal!«

Keine Antwort. Das Wachboot beschränkte sich darauf, auf das Uboot zuzuhalten.

»Jetzt will ich's wissen! Hart Steuerbord. Beide Maschinen Große Fahrt voraus!«

U 47 schlug einen Viertelkreis.

»Mittschiffs!«

Der Trawler sackte nach Steuerbord achteraus.

»Neun Dez nach Steuerbord drehen«.

Die Silhouette kam an Steuerbord wieder in Sicht.

»Hart Steuerbord! ... Mittschiffs!«

Die beiden Boote liefen nun im Abstand von etwa 500 m nebeneinander her. Endlich reagierte der Trawler und gab das Antwort-ES.

»Beide Maschinen Langsame Fahrt voraus! Megaphon auf die Brücke! Steuerbord 5!«

Prien näherte sich dem Trawler auf Rufweite, dann ergriff er das Megaphon und brüllte:

»Warum antworten Sie nicht?«

Die Tür der Brücke öffnete sich und ein Seemann erschien, ein Sprachrohr in der Hand.

»Ich bin allein auf Wache!« schrie er.

Prien, völlig aus der Fassung, blieb für einen Moment die Sprache weg. Dann fragte er »Wo sind die anderen?«

»Sie schlafen«.

Prien unterdrückte einen Wutschrei und antwortete »Wie ist Ihre Bootsnummer?«

»808«.

»Sie werden nach dem Einlaufen in Wilhelmshaven von mir hören!«

»Wir haben mehr als 40 Minuten verloren, um hinter diesem Narren herzujagen« kochte er. »Beide Maschinen Halbe Fahrt voraus!«

Prien wartete, bis sein Boot eine halbe Meile vor dem Wachboot stand und befahl dann:

»Kurs 130 Grad«.

»Ich gehe jetzt hinunter. Wenn irgendetwas passiert, wahrschauen Sie mich« sagte er zu Spahr.

»Jawohl, Herr Kapitänleutnant, antwortete der Wachhabende prompt.

Dann sah er Prien die Leiter abwärts klettern und dachte ›Hoffentlich kommt er nicht unerwartet vor 07.00 oder 08.00 Uhr wieder hoch; dann wird das Wappenzeichen am Turm sein‹.

Eben vor Sonnenaufgang erschien Endrass auf der Brücke, ein Lächeln um die Mundwinkel. Ohne ein Wort übergab er Spahr die Zeichnung, bückte sich ins Luk und nahm seine Pütz Farbe vom 2 WO entgegen. Unmittelbar danach kam von Varendorff auf die Brücke.

»Ihr haltet die Karte flach gegen den Turm an Steuerbord, in Lee« sagte Endrass zu den beiden, »ich werde von außen malen«.

Der 1 WO ging an Deck hinunter und prüfte kritisch die Zeichnung, die von Spahr und Varendorff, über die Brückenwand gebeugt, festgehalten wurde.

»Holt es ein bißchen höher« rief er. »Ein klein bißchen nach vorn … und jetzt die Zeichnung so drehen, daß der Schwanz senkrecht steht … ja, so ist's richtig. Festhalten, ich komme«.

Dann kletterte er gewandt an der Außenkante des Turmes hoch und suchte an den Vorsprüngen Halt. Sein rechter Fuß stand auf dem Spritzwasserabweiser, sein linker auf der Abdeckung der Positionslaterne und mit der linken Hand klammerte er sich an die Oberkante Brücke. Nachdem Dittmer ihm den Pinsel gereicht hatte, begann er die Umrisse der Zeichnung nachzumalen, wobei der überstehende Pinsel die Konturen dünn auf die Turmwand übertrug. Als er fertig war, wies er die beiden an »nun reißt die Karte mit einem kurzen Ruck ab damit nichts verschmiert«.

Er prüfte das Ergebnis und forderte

»Gib mir mal einen kleinen Pinsel, damit ich ihm noch etwas mehr Charakter gebe«.

Um mögliche Fehler aus dem nötigen Abstand zu finden, ging von Varendorff ebenfalls hinunter an Deck. Endrass drehte sich um und fragte, den Pinsel in der Hand, »sieht er zu sehr wie eine Kuh aus?«

Der 2 WO wartete zwei Sekunden, ehe er antwortete:

»Nein … der Alte würde das auch nicht mögen. Ich finde, er sieht sehr männlich aus«.

Die Männer auf der Brücke brachen in Lachen aus. Endrass reagierte schnell, sprang behende an Deck, stellte sich neben von Varendorff, blinzelte und prüfte sein Werk.

»Ich werde seine Persönlichkeit noch mehr herausarbeiten und die Linien kräftiger und schärfer machen« sagte er spöttisch.

Zehn Minuten später beugte sich Spahr über das Brückenkleid und fragte:

»Na? Wie wird unser wildes Tier?«

157

»Ich glaube, jetzt ist's richtig. Das ist wirklich »ER«, antwortete Endrass befriedigt.

Die Sonnenscheibe war zwischen zwei purpurfarbenen Wolken aus der See gestiegen und schien ihre Strahlen auf das Boot zu richten. Doch seit der Dämmerung bezog sich der Himmel mehr und mehr, und hohe graue, dicke Regenwolken ließen im Laufe des Tages eine tiefhängende Wolkendecke erwarten. An Backbord ragten die steilen Felsen der Insel Helgoland empor, Möwen wirbelten kreischend über dem Schaum des Kielwassers. Die beiden Offiziere gingen wieder auf die Brücke.

»Der Alte muß mit dem Frühstück bald fertig sein, das wäre der richtige Augenblick, ihn an Deck zu locken« sagte Spahr.

Endrass bückte sich, um die Pinsel aufzunehmen, und überlegte, welchen Vorwand er vorbringen könne, als er die weiße Mütze des Kommandanten im Luk auftauchen sah. Der 1 WO richtete sich auf und wußte nicht so recht, welche Haltung er mit dem Farbtopf in der Hand annehmen sollte. Prien war überrascht, die beiden Offiziere auf der Brücke zu sehen, sagte aber nichts. Seine Augen ruhten für eine ganze Zeit auf dem Topf mit weißer Farbe, Dann sah er auf und überlegte, warum die vier Männer der Brückenwache plötzlich die See mit ihren Gläsern absuchten, als seien sie mitten im Atlantik, und ihm dabei immer den Rücken zukehrten. Er merkte, daß die Männer versuchten, ein Lachen zu verbergen, daß sie nicht mehr unterdrücken konnten.

Unglücklicherweise begannen von Varendorff und Spahr gleichzeitig zu sprechen. Der erstere unterbrach sich sofort, und was der andere sagte, blieb unverständlich. Der Kommandant schien mehr und mehr überrascht. Spahr fühlte sich deshalb verpflichtet, nochmal zu beginnen:

»Herr Kapitänleutnant, wir haben eine Überraschung für Sie. Wir ... wenigstens, nein, der 1 WO hat das gemacht, er wollte U 47 vor dem Einlaufen durch ein Wappentier ein besonderes Emblem[*]) geben, das wirklich das ausdrückt, was Sie in Scapa Flow getan haben« sagte er in dem Versuch, das Beste aus dem angefangenen Satz zu machen.

»Kann ich das Emblem mal sehen? Wo ist es?« fragte Prien und versuchte, ernst zu bleiben.

---

[*]) Dieses Emblem wurde später von der 7. U-Flottille übernommen.

»An Steuerbord, Vorkante Turm, Herr Kaleunt, aber man muß an Deck gehen, um es richtig zu sehen« antwortete Spahr.

Prien stieg die Leiter hinab. Vier Doppelgläser waren gleichzeitig auf ihn gerichtet, um seine Reaktion zu sehen.

Endrass, von Varendorff und Spahr traten an die Brückenumkleidung, sahen den Kommandanten bis zum Geschütz nach vorne gehen, sich umwenden und nach oben schauen. Er betrachtete den Stier und brach in lautes Lachen aus.

»Soll ich das sein? ... Warum, sehe ich so wild aus?« rief er aus und lachte aus vollem Hals.

»Nicht wild, aber entschlossen« berichtigte Endrass.

»Man könnte nichts Besseres finden, um U 47 und seine brave Besatzung zu symbolisieren« sagte er nun wieder ernst.

Anlagen

I. BESATZUNGSLISTE U 47 BEIM UNTERNEHMEN GEGEN SCAPA FLOW

Kommandant:	Prien, Günther, Kapitänleutnant gefallen.
Leitender Ingenieur:	Wessels, Hans, Oberlt. (Ing.)
1. Wachoffizier:	Endrass, Engelbert, Oblt. z. S. gefallen.
2. Wachoffizier:	von Varendorff, Amelung, Oblt. z. S. gefallen.
Steuermann:	Spahr, Wilhelm, Obersteuermann
Seemännisches Personal:	Sammann, Hans, Bootsmann, gefallen.
	Dziallas, Ernst, Bootsmaat
	Meyer, Willi, Bootsmaat gefallen
	Dittmer, Peter, Matr.-Gefr. gefallen
	Smyczek, Rudi, Matr.-Gefr.
	Schmidt, Ernst, Matr.-Gefr.
	Marquard, Herbert, Matr.-Gefr.
	Hänsel, Gerd, Matr.-Gefr.
	Mantyk, Heini, Matr.-Gefr. gefallen
Kochsmaat:	Walz, Friedrich, Matr.-Gefr.
Funkpersonal:	Blank, Hans, Ober-Funkmaat
	Hebestreit, Willi, Ob.-Funkgefreiter

	Steinhagen, Karl, Ob.-Funkgefreiter
	gefallen
Torpedopersonal:	Bleek, Kurt, Ober-Mechanikersmaat
	Thewes, Peter, Ob.-Mechanikersgefreiter
	gefallen
	Loh, Willi, Ob.-Mechanikersgefreiter
	Hermann, Heinrich, Ob.-Mechanikersgefreiter
Technisches Personal	
Zentrale:	Böhm, Gustav, Stabsmaschinist,
	gefallen
	Hölzer, Erwin, Maschinen-Hauptgefreiter
	Söllig, Werner, Maschinengefreiter
Dieselraum:	Strunk, Otto, Stabs-Obermaschinist
	Schmalenbach, Werner, Maschinenmaat
	gefallen
	Scholz, Werner, Maschinenmaat
	gefallen
	Spörer, Karl, Maschinengefreiter
	Brehme, Kurt, Maschinengefreiter
	Lüddecke, Werner, Maschinengefreiter
	Radloff, Walter, Maschinengefreiter
	Biermann, Heinrich, Maschinengefreiter
	gefallen
E-Anlage:	Römer, Kurt, Obermaschinist
	Werder, Gustav, Maschinenmaat
	gefallen
	Holstein, Kurt, Obermaschinist
	Winzer, Ernst, Maschinengefreiter
	gefallen
	Hötzer, Gerd, Maschinengefreiter
	gefallen
	Schmidt, Friedrich, Maschinengefreiter
	Roth, Ronni, Maschinengefreiter
	gefallen

II. U 47

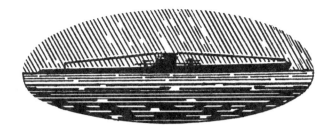

Technische Angaben
Typ VII B (verbesserter und vergrößerter Typ VII A)
Serie: U 45 – U 55
Bauwerft: Fried. Krupp, Germaniawerft, Kiel
Bauauftrag: vom 21. November 1936
Baunummer: 583
Kiellegung: 1. April 1937
Stapellauf: 29. Oktober 1938
In Dienst: 17. Dezember 1938
Flottillen-
zugehörigkeit: 7. U-Flottille (U-Fl. Wegener)
Wasserver-
drängung: Washington-tons: 517
 tats. aufgetaucht: 753
 getaucht: 857
Länge: 66,5 m
Breite: 6,2 / 4,7 m
Tiefgang: 4,7 / 9,5 m
Motoren: 2 × 1.400 PS MAN-Diesel
 2 × 375 PS Elektro-Motoren
Geschwindigk.: über Wasser: 17,2 kn
 getaucht: 8,0 kn
Fahrstrecke: über Wasser: 8.850 Sm (10 kn) 6.500 Sm (12 kn)
 getaucht: 72 Sm (4 kn)
Höchsttauch-
tiefe: Konstruktionstiefe 100 m, praktisch 200 m
Brennstoff-
vorrat: 108 ts
Bewaffnung: 4 Bugtorpedorohre, 1 Hecktorpedorohr
 12-Torpedos 53,3 cm
 1-8,8 cm Geschütz
Besatzung: 40 Mann

163

III. GEZEITENANGABEN

Gezeiten in der Bucht von Scapa Flow, Kirk Sound und Holm Sound in
der Nacht vom 13./14. Oktober 1939. (Abgedruckt mit frdl. Genehmigung der Hydrographischen Abteilung der französischen Marine)
Poch- und Niedrigwasser bei Burray Point

13. Oktober 1939	14. Oktober 1939
NW um 17.13 Uhr	NW um 05.34 Uhr
HW um 23.23 Uhr	HW um 11.45 Uhr

Die Tidenhöhen waren wie folgt:

13. Oktober 1939	14. Oktober 1939
19.00 Uhr – 0,8 m	00.00 Uhr – 3,2 m
20.00 Uhr – 1,6 m	01.00 Uhr – 2,8 m
21.00 Uhr – 2,3 m	02.00 Uhr – 2,1 m
22.00 Uhr – 2,9 m	03.00 Uhr – 1,3 m
23.00 Uhr – 3,3 m	04.00 Uhr – 0,4 m

Die Uhrzeiten und Tidenhöhen sind von den Gezeitenangaben für Brest
für den 13. Oktober 1939 und von der Kurve der mittleren Springtide
für Aberdeen, dem britischen Bezugsort für das in Frage kommende Gebiet, abgeleitet.

IV. AUSZUG AUS DEM SEEHANDBUCH NR. 355 (AUSGABE VON 1937) SEITE 265 UND 270
*Abgedruckt mit Genehmigung der Hydrographischen Abteilung
der französischen Marine*

(Die Ausgabe 1937 war 1939 noch in Kraft. Bezugspunkt sind die Gezeiten in Dover. Hochwasser war in diesem Hafen am 13. Oktober 1939
um 23.27 Uhr.)
Orkneys: die Strömung läuft 06,25 Stunden vom Atlantik in die Nordsee,
wenn das Wasser in Dover aufläuft und genau so lange von der Nordsee
in den Atlantik, wenn das Wasser in Dover abläuft.
Die Stromstärke beträgt 10 kn und mehr in einigen Teilen des Pentland
Firth und 6 kn und mehr in den Engen der anderen Inseln.
Ostküste: Die Gezeitenströme sind hier schwach und bei Springtide nicht
stärker als 1,5 kn mit Ausnahme in unmittelbarer Nähe der Enge zwischen den Inseln und am Eingang zum Pentland Firth. Der vom Atlantik
zur Nordsee setzende Strom erzeugt Gegenströme an der Ostküste einiger
Inseln. Sie sind weiter hinten in diesem Buch beschrieben.
Scapa Flow: Die Gezeitenströme in dieser kleinen Inlandsee sind schwach.
Es gibt keinen nennenswerten Seegang, nur bei starkem Wind entsteht
eine häßliche, kurze See von Ufer zu Ufer.

Holm Sound und Kirk Sound: Die folgenden Angaben galten, ehe zur Sperrung der Einfahrten Schiffe dort versenkt wurden. Die Angaben sind daher mit Vorsicht zu verwenden.

Im Sound setzen Gezeitenströme nach Osten von 05,75 nach Hochwasser in Dover bis 00,25 vor dem folgenden Hochwasser, dann für den Rest der Zeit nach Westen.

Diese beiden Ströme erreichen im Kirk Sound und Skerry Sound eine Geschwindigkeit von 8 kn und im Weddel Sound von 6 kn. Sie führen zu sehr starken Strömungen in den östlichen Eingängen, wenn der Strom ausläuft, und zu starken Strömungen in den Westeinfahrten, wenn der Strom abläuft.

Die Stärke nimmt schnell ab, wenn sich die Durchfahrten jeweils an den Eingängen erweitern: sie beträgt 4 kn zwischen Burray Ness und Rose Ness und 2 – 3 kn zwischen Rose Ness und Burray Ness. Sie beträgt 4 kn zwischen Howequoy Head und Glims Holm am Westeingang vom Kirk Sound und fällt auf 0,5 kn plus im Westen von Scapa Flow.

Wenn die Strömungen nach Osten setzen, erzeugen sie einen Gegenstrom unter der Südostküste von Lamb Holm, und im Skerry Sound setzt dieser Strom nach Süden auf Sinclair Skerry. Bei diesen Strömungen und starken südlichen Winden bricht sich die See fast quer durch den Holm Sound und macht diese Einfahrten gefährlich. Wenn der Strom nach Westen setzt und der Wind aus östlichen Richtungen kommt, steht an der Einfahrt von Scapa Flow eine grobe See.

V. KRIEGSTAGEBUCH DES UNTERSSEBOOTES »U 47«

Datum und Uhrzeit	Angabe des Ortes, Wind, Wetter, Seegang, Beleuchtung, Sichtigkeit der Luft, Mondschein usw.	Vorkommnisse
		Geheime Kommandosache
		K r i e g s t a g e b u c h
		des
		Unterseebootes " U 47 "
	Kommandant:	Kapitänleutnant P r i e n
	Begonnen:	15. September 1939
	Abgeschlossen:	21. Oktober 1939
	Anlagen: 1.	
		Verteiler:
		"U 47" Prf.Nr. 1
		7. U-Flottille -"- 2
		B.d.U. Op. -"- 3
		O.K.M. -"- 4

Vermerk:
Dies ist eine Rekonstruktion des Kriegstagebuches von U 47, da die Originalseiten des KTB nur sehr schwer leserlich und nicht reproduzierbar sind.

Datum und Uhrzeit	Angabe des Ortes, Wind, Wetter, Seegang, Beleuchtung, Sichtigkeit der Luft, Mondschein usw.	Vorkommnisse
12. 10. 39	SO 7–6, bedeckt.	Östlich der Orkneys tagsüber auf Grund gelegen. Abends aufgetaucht und zur Feststellung des Schiffsortes auf die Küste zugelaufen. Von 22.00 bis 22.30 Uhr sind die Engländer so freundlich, mir die gesamte Küstenbefeurung einzuschalten, so daß ich genauesten Schiffsort bekomme. Obwohl seit Auslaufen aus Weg I keine Besteckmöglichkeit mehr bestand, so daß nur Koppelung und Lotung gefahren wurde, stimmte der Schiffsort auf 1,8 sm.
13. 10. 39	Östlich Orkney Inseln. NNO 3–4, leicht bewölkt, sehr helle Nacht, Nordlicht am ganzen Nordhorizont.	Um 04.37 Uhr Boot auf 90 m Wasser auf Grund gelegt. Ruhe für die Besatzung. Um 16.00 Uhr allgemeines Wecken. Nach dem Frühstück um 17.00 Uhr Vorbereitungen zum Angriff auf Scapa Flow. Es werden 2 Torpedos in Schnelladestellung vor Rohr I und II gebracht. Im Boot Sprengkörper ausgebracht für den Fall der Sprengung. Stimmung in der Besatzung ist hervorragend. Um 1915 Uhr aufgetaucht. Nach einem warmen Abendessen für die ganze Besatzung Marsch nach Holm Sound angetreten. Alles geht planmäßig bis 23.07 Uhr kurz vor Rose Ness vor einem Dampfer getaucht werden muß. Trotz der sehr hellen Nacht und der brennenden Lichter kann ich den Dampfer in keinem der beiden Sehrohre ausmachen. Um 23.31 Uhr wieder aufgetaucht und in den Holm Sound eingelaufen. Einlaufender Strom. Bei Näherkommen ist der im Skerry-Sound versenkte Dampfer sehr gut zu sehen, so daß

Datum und Uhrzeit	Angabe des Ortes, Wind, Wetter, Seegang, Beleuchtung, Sichtigkeit der Luft, Mondschein usw.	Vorkommnisse
	Die Sicht ist ganz übel. Unter Land ist alles dunkel, hoch am Himmel ist das flackernde Nordlicht, so daß die Bucht, die von ziemlich hohen Bergen umgeben ist, direkt von oben beleuchtet wird. Gespenstisch wie Theaterkulissen stehen die Sperrschiffe in den Sunden.	ich zunächst glaube, schon im Kirk-Sound zu stehen und daraufzulaufe. Der Obersteuermann stellt aber anhand seiner Kopplung das zu frühe Andrehen fest, während ich aber gleichzeitig den Fehler erkenne, weil nur ein Dampfer in der Enge versenkt liegt. Durch hartes Abdrehen nach St. B. kann die bestehende Gefahr beseitigt werden. Wenige Augenblicke später ist der Kirk-Sound frei einzusehen. Es bewährt sich jetzt, daß ich die Karte vorher auswendig gelernt habe, denn die Durchfahrt geht mit unglaublicher Geschwindigkeit vor sich. Ich hatte mich inzwischen entschlossen, im Norden die Sperrschiffe zu passieren. Mit 270° wird der Zweimastschoner, der mit Kurs 315° vor der eigentlichen Sperre liegt, auf 15 m Abstand passiert. Im nächsten Augenblick wird das Boot vom Strom erfaßt und nach St. B. gedreht. Gleichzeitig wird die im Winkel von 45° nach vorn zeigende Ankerkette des nördlichen Sperrschiffes erkannt. Mit B. B.-Maschine Stopp, St. B.-Maschine langsam voraus und hart B. B. Ruder dreht das Boot zunächst sehr langsam, berührt Grund. Die vorgefluteten Tauchbunker und Zellen werden ausgeblasen, das Boot dreht weiter. Das Heck berührt noch die Ankerkette, Boot ist frei, wird nach B. B. herumgerissen und läßt sich nur mit harten, schnellen Maßnahmen wieder auf Kurs bringen, aber:

Datum und Uhrzeit	Angabe des Ortes, Wind, Wetter, Seegang, Beleuchtung, Sichtigkeit der Luft, Mondschein usw.	Vorkommnisse
14. 10. 39 00.27		Wir sind in Scapa Flow!!! Es ist widerlich hell. Die ganze Bucht ist fabelhaft zu übersehen. Südlich Cava liegt nichts. Ich laufe noch näher. Da erkenne ich an B. B. die Hoxa-Sound Bewachung, für die das Boot als Zielscheibe in den nächsten Sekunden erscheinen muß. Damit wäre alles umsonst, zumal sich südlich Cava noch immer keine Schiffe ausmachen lassen, obwohl sonst auf weiteste Entfernungen alles klar erkennbar ist.
00.55		Also Entschluß: südlich Cava liegt nichts, deshalb, bevor jede Aussicht auf Erfolg aufs Spiel gesetzt wird, müssen erreichbare Erfolge durchgeführt werden. Dementsprechend nach B. B. kehrt gemacht. Unter der Küste nach Norden gelaufen. Dort liegen zwei Schlachtschiffe, weiter unter Land Zerstörer vor Anker. Kreuzer nicht auszumachen. Angriff auf die beiden Dicken. Abstand 3000 m. Eingestellte Tiefe 7,5 m. Aufschlagzündung.
01.16?	Nach der Karte: 00.58	Ein Schuß auf den nördlichen, zwei Schuß auf den südlich liegenden losgemacht. Es detoniert nach gut $3^{1}/_{2}$ Minuten ein Torpedo an dem nördlich liegenden Schlachtschiff. Von den anderen beiden ist nichts zu uehen! Kehrt! Heckschuß, im Bugraum sind zwei Rohre nachgeladen,
01.21?	etwa 01.02 – 01.22 Uhr	rum! 3 Bugschüsse. Nach je knappen 3 Minuten nach den Abschüssen die Detonationen auf dem näherliegenden Schiff. Da rollt, knallt, bumst und grummelt es gewaltig. Zunächst Wassersäulen, dann Feuersäulen, Brocken fliegen durch die Luft. Jetzt wird es im Hafen leben-

HMS *Royal Oak*

Scapa Flow nach dem Angriff durch Prien. Diese Luftaufnahme von Scapa im Juli 1940 zeigt die geheimen Flottenhilfsschiffe – Handelsschiffe, die mit Holz und Segeltuch so getarnt sind, daß sie wie Schlachtschiffe der »R«-Klasse oder Flugzeugträger aussehen. Im Vordergrund die Attrappe eines Schlachtschiffes, links im Hintergrund die Attrappe des Flugzeugträgers *Hermes*. (IWM)

HMS *Repulse*

Datum und Uhrzeit	Angabe des Ortes, Wind, Wetter, Seegang, Beleuchtung, Sichtigkeit der Luft, Mondschein usw.	Vorkommnisse

dig, Zerstörer haben Lichter, aus allen Ecken wird gemorst, an Land, etwa 200 m von mir ab, brausen Autos über die Straßen. Es ist ein Schlachtschiff versenkt, ein weiteres beschädigt und drei Aale hat der Teufel geholt. Alle Rohre sind leer geschossen. Ich entschließe mich zum Auslaufen, denn:

1.) Getauchte Angriffe kann ich mit meinen Sehrohren nicht fahren, siehe Einlauferfahrung.

2.) Bei der hellen Nacht kann ich mich bei dem stillen Wasserspiegel nirgends mehr ungesehen hinbewegen.

3.) Ich muß annehmen, daß mich ein Autofahrer gesehen hat, der querab von uns stehen blieb, kehrt machte und mit hoher Fahrt nach Scapa wegfuhr.

4.) Weiter nach Norden kann ich auch nicht, denn dort liegen, gut gedeckt gegen Sicht durch mich die vorhin schwach erkannten Zerstörer unter Land.

01.28 Mit 2 × H.F.V. Auf Auslaufkurs gegangen. Zunächst ist bis Skaildaquoy Pt. alles einfach. Danach geht es wieder los. Der Wasserstand ist gefallen, einlaufender Strom. Mit »L.F.« und »K.F.« versuche ich rauszukommen. Ich muß im Süden durch die Enge wegen der Wassertiefe. Es geht die Wirbelei wieder los. Mit Kurs 58° und »L.F.« = 10 sm stehe ich auf der Stelle. Mit »H.F.« an dem südlichen Sperrschiff vorbeigequält. Der Rudergänger arbeitet vorzüglich. Mit 2 × »H.F.«, zuletzt mit »G.F.« und »A.K.V.« frei von der Schiffssperre,

Datum und Uhrzeit	Angabe des Ortes, Wind, Wetter, Seegang, Beleuchtung, Sichtigkeit der Luft, Mondschein usw.	Vorkommnisse
		vor mir eine Mole! Mit harten Rudermanövern auch da noch rum und um 0215 Uhr sind wir wieder draußen. Schade, daß nur einer vernichtet wurde.
		Die Torpedoversager erkläre ich mir als entweder Geradlaufversager oder Geschwindigkeitsfehler oder Absacker. Im Rohr IV ein Rohrläufer.
		Bei der Unternehmung hat sich die Besatzung ganz ausgezeichnet bewährt. Am 13. 10. morgens wurde im Schmieröl Wasser (7–8 %) festgestellt. In fieberhafter Arbeit hat alles zugepackt, das Öl auszuwechseln, bzw. zu entwässern und die Leckstelle zu isolieren. – Das Torpedopersonal hat mit bemerkenswerter Geschwindigkeit die Rohre nachgeladen. Das Boot war so in Form, daß ich es mir leisten konnte, im Hafen Ladung einzuschalten und Luft aufzupumpen.
02.15		Mit südöstlichen Kursen abgelaufen zum Rückmarsch. Ich habe noch 5 Torpedos für evtl. Handelskrieg.
06.30	$\varphi = 57° 58'$ N $\lambda = 1° 03'$ W	Auf Grund gelegt. Der Lichtschein von Scapa Flow ist noch lange zu sehen, anscheinend werfen sie noch Wasserbomben.
1935	ONO 3 – 4, leicht bewölkt, einzelne Regenschauer, Sicht nach Land zu schlecht sonst gut.	Mit Kurs 180° weitergelaufen. Dieser Kurs wird gewählt in der Hoffnung, vielleicht noch einen zu erwischen unter der Küste und um »U 20« auszuweichen.
15. 10. 39 06.00	$\varphi = 56° 20'$ N $\lambda = 0° 40'$ W	Getaucht und auf 72 m auf Grund gelegt. Ab 10.00 Uhr werden in großer Entfernung von Zeit zu Zeit Wasserbomben geworfen. Es wer-

Datum und Uhrzeit	Angabe des Ortes, Wind, Wetter, Seegang, Beleuchtung, Sichtigkeit der Luft, Mondschein usw.	Vorkommnisse
		den mit Sicherheit 32 Bomben gezählt. Ich bleibe deshalb bis zur Abenddämmerung auf Grund liegen.
18.23	NO 5, Seegang 4, lange Dünung aus NO, bewölkt, gute Sicht.	Aufgetaucht. Vor dem Boot liegt beim Auftauchen der norwegische Dampfer »Meteor«. Infolge eines Versehens wird vom Funkraum Funkverkehr des Dampfers gemeldet. Ich lasse darum einen Schuß abgeben weit vor den Dampfer, der bereits gestoppt liegt. Der Dampfer ist bestimmt für Newcastle on Tyne, hat 238 Passagiere. Dampfer sofort entlassen. Aufenthaltsdauer ca. 12 Minuten. Vom Funkraum wird nachträglich gemeldet, daß der Dampfer nicht gefunkt hat.
16. 10. 39 07.02	$\varphi = 54° 57'$ N $\lambda = 2° 58'$ O NW 2 – 3 gute Sicht	Generalkurs 120°. Auf der Doggerbank getaucht. Es wurden auf $\varphi = 54° 58'$ N $\lambda = 2° 56'$ O drei Treibminen gesichtet. Wegen Fischernähe nichts veranlaßt.
18.56	$\varphi = 54° 51'$ N $\lambda = 3° 21'$ O NW 2, leicht bewölkt, gute Sicht.	Tagsüber getaucht marschiert. Aufgetaucht. Mit Kurs 128° Weg I angesteuert.
17. 10. 39 04.04		Weg I passiert. Von 04.04 bis 04.47 Uhr den Bewachungsfischdampfer Nr. 808 gejagt, dabei achtmal E S. ohne Antwort abgegeben. Erst auf E = 5 – 6 hm und Gebrauch des Handscheinwerfers reagiert dieser Vogel! Bei solchen Bewachern kann sich ein solcher Vorgang wie meine Unternehmung auch bei uns ereignen.

Datum und Uhrzeit	Angabe des Ortes, Wind, Wetter, Seegang, Beleuchtung, Sichtigkeit der Luft, Mondschein usw.	Vorkommnisse
11.00		Wilhelmshaven III. Einfahrt eingelaufen.
11.44		U-Bootsstützpunkt festgemacht.
15.30		Besatzung nach Kiel und Berlin geflogen.

VI. ERINNERUNGEN
VON GROSSADMIRAL DÖNITZ*)

Die Planung der Unternehmung
In den Rahmen dieser Darstellung der U-Bootunternehmen, welche unmittelbar an die Küsten des Gegners vorgetragen wurden, gehören auch die Operationen, die in erster Linie Erfolge gegen feindliche Kriegsschiffe erzielen sollten. Hierzu zählt vor allem das Eindringen von U 47 unter Kapitänleutnant Prien in den Hafen von Scapa Flow. Dieses Unternehmen bedarf wegen der besonderen Umstände seiner Planung und kühnen Ausführung durch Prien und seiner Folgen einer näheren Behandlung.
Seit Kriegsbeginn trug ich mich immer wieder mit dem Gedanken, eine U-Boot-Operation gegen Scapa Flow anzusetzen. Die Erinnerung an das Scheitern der beiden derartigen Unternehmungen des Kapitänleutnants von Hennig und des Oberleutnants z. S. Emsmann im ersten Weltkrieg, sowie ihre großen seemännischen und navigatorischen Schwierigkeiten ließen mich jedoch davon Abstand nehmen.
Die Schwierigkeiten lagen vor allem in den außergewöhnlichen Stromverhältnissen im Scapa-Raum: Im Pentland Firth z. B. erreicht der Strom eine Stärke von 10 sm in der Stunde. Da die größere Unterwassergeschwindigkeit eines U-Bootes, zudem nur für beschränkte Zeit, nur 7 sm in der Stunde beträgt, bedeutet dies, daß das U-Boot unter Wasser dorthin getragen werden kann, wohin es diesem Strom gefällt, ohne daß es etwas dagegen tun kann. Selbstverständlich mußten wir auch annehmen, daß die Eingänge zu der wichtigsten Flottenbasis, Scapa, durch Netz-, Minen- und Balkensperren, sowie durch Blockschiffe und Bewachung gesperrt seien und daß die in diesen Dingen erfahrene englische Admiralität und der englische Flottenchef der Heimatflotte an der vollen Wirksamkeit dieser Maßnahmen und an dem sicheren Liegen der englischen Schiffe keinen Zweifel haben würden.
Eine solche Operation schien also das kühnste aller kühnen Eindring-Unternehmen zu sein. Ich entsinne mich, daß ich, diese Frage prüfend, eines Tages wieder einmal vor der Scapa-Karte saß. Da fiel mein Blick auf den operativen Admiralstabsoffizier meines Stabes, den Kapitänleutnant Oehrn, einen Mann von einer außergewöhnlichen Konzentriertheit im Wesen und Denken. Oehrn sagte zu mir aus der Überzeugungskraft seiner festen Art heraus: »Ich glaube, es wird sich doch eine Möglichkeit des Eindringens finden lassen.« Dieser Ausspruch meines urteilsfähigen Admiralstabsoffiziers war für mich der letzte Anstoß, die Frage Scapa nun mit aller Gründlichkeit anzupacken. Entsprechend dem Ergebnis der Untersuchungen wollte ich mich dann entscheiden. Ich hatte gleich nach Kriegsbeginn von der Seekriegsleitung eine Ausarbeitung über Scapa angefordert, die dort auf Grund erhaltener Nachrichten angefertigt war. Sie enthielt die *vermuteten* Sperren in den verschiedenen Eingängen zur

---

*) *Dönitz, Zehn Jahre und zwanzig Tage*, Athenäum-Verlag, Bonn 1958

177

Scapa-Bucht. Am 11. 9. 1939 erhielt ich von der deutschen Luftflotte 2 hierzu als Ergänzung eine Luftaufnahme, die schwere und leichte Streitkräfte in der Scapa-Bucht im Raum nördlich Flotta und im Sund zwischen Swetha und Risa zeigte. Ferner gab der Kommandant von U 16, Kapitänleutnant Wellner, der vorher bei den Orkneys angesetzt war, einen sehr wertvollen Bericht über die dortige Bewachung, die Befeuerung und die Stromverhältnisse. Er hielt ein Eindringen nach Scapa durch den Hoxa-Sund bei etwa zufällig *offener* Sperre für möglich. Nunmehr forderten wir von der Luftflotte 2 eine möglichst genaue Luftaufnahme der einzelnen Sperren in den Zugängen zur Scapa-Bucht an. Am 26. September gingen diese ausgezeichneten Aufnahmen ein.

Bei ihrer Auswertung kam ich zu folgendem Schluß:

»a) Ich halte das Eindringen durch die Sperre im Hoxa-Sund kaum für möglich, durch den Switha-Sund und Clesstrom-Sund wegen der dortigen Sperren für aussichtslos.

b) Der Holm-Sund ist ausschließlich durch zwei quer im Fahrwasser des Kirk-Sundes liegende, anscheinend versenkte Dampfer und einen an der Nordseite liegenden gesperrt. Südlich derselben bis zum Lamb Holm ist auf 7 m Wassertiefe eine Lücke von 17 m Breite bis zum flachen Wasser. Auch nördlich der Dampfer ist eine kleine Lücke. Das Ufer ist an beiden Seiten fast unbewohnt. Hier halte ich ein Eindringen nachts über Wasser bei Stauwasser ohne weiteres für möglich. Die Hauptschwierigkeit liegt auf navigatorischem Gebiet«.

Ich entschloß mich also, den Versuch des Eindringens machen zu lassen. Meine Wahl fiel auf Kapitänleutnant Prien, Kommandant von U 47. Er hatte nach meiner Ansicht die für die Unternehmung erforderlichen soldatischen Eigenschaften und seemännischen Fähigkeiten. Ich gab ihm die Unterlagen für den Plan und stellte ihm frei, den Auftrag anzunehmen oder abzulehnen. Seine Entscheidung wollte ich nicht vor Ablauf von 48 Stunden haben.

Prien nahm nach gründlichem Studium der Operationsunterlagen und reiflicher Überlegung an.

Daraufhin machte ich von meiner Absicht nur dem Oberbefehlshaber der Kriegsmarine in Berlin persönlich mündliche Meldung. Denn die Durchführung des Plans, wenn sie Erfolg haben sollte, erforderte größte Geheimhaltung. Die günstigste Zeit für dieses Unternehmen schien mir die Nacht vom 13. zum 14. Oktober zu sein, weil an diesem Datum beide Stauwasser in die Dunkelheit fielen und Neumond war. Prien lief am 8. Oktober aus Kiel aus. Ich hatte mich entschlossen, sein Boot nur mit Torpedos, G 7e, auszurüsten, nicht auch mit Minen. Denn der Angriff war an die *sicher* zu erwartenden Ziele unmittelbar heranzutragen.

Am 14. Oktober um 11 Uhr ging die englische Nachricht ein, daß das Schlachtschiff »Royal Oak« vermutlich durch ein U-Boot versenkt worden sei. Am 17. Oktober lief Prien mit U 47 wieder in Wilhelmshaven ein. Er meldete über seine Erlebnisse: »Ein- und Auslaufen durch den

178

Holm-Sund unter großen Schwierigkeiten möglich gewesen. Sehr wenig Platz bei Sperrschiffen, stärkste Stromkabbelungen, beim Auslaufen 10 sm Strom gegenan. Keine Bewachung am Holm-Sund. Von Flotte nur »Repulse« und »Royal Oak« vor Scapa. Erster Anlauf ein Treffer Vorschiff »Repulse«. Zweiter Anlauf kurz danach (2 Torpedos nachgeladen). Drei Treffer auf »Royal Oak«. Schiff fliegt binnen weniger Sekunden in die Luft. Anschließend sofort ausgelaufen. Nach Verlassen Holm-Sund starke Suchaktion in der Scapa-Bucht (mit Wasserbomben) festgestellt. Sehr starkes Nordlicht bis zum Zenit, so daß Helligkeit sehr störte.«

Die Aufgabe war von Prien mit voller Einsatzbereitschaft, hervorragendem Können und beispielhafter Umsicht gemeistert worden.

Es war nach diesem Erfolg klar, daß die Engländer alle möglichen Eindringlücken gründlich untersuchen und völlig schließen würden. Während dieser Zeit würden sie Scapa räumen und die Heimatflotte auf einen anderen Liegeplatz führen. Ich nahm an, daß das Loch Ewe, der Firth of Forth und der Firth of Clyde hierfür in Frage kämen. Infolgedessen wurden entsprechende U-Boot-Unternehmungen dorthin angesetzt. Die U-Boote wurden diesmal vorwiegend mit Minen ausgerüstet, weil wir in diesen Ausweichplätzen zur Zeit des Eindringens der U-Boote nicht mit Sicherheit auf das Vorhandensein von Schiffen rechnen konnten.

Die Wirkung der vor dem Loch Ewe von U 31 (Kapitänleutnant Habekost) geworfenen Minen war, daß das Schlachtschiff »Nelson« auf sie auflief und schwer beschädigt wurde. Ebenso bekamen wir unmittelbar nach dem Legen der Sperre im Firth of Forth durch U 21 (Kapitänleutnant Frauenheim) die Nachricht, daß der Kreuzer »Belfast« einen Minentreffer erhalten habe. Die Unternehmung in den Clyde brachte schmerzlicherweise den Verlust von U 33 und seiner ganzen Besatzung.

Über Priens kühnes Eindringen in Scapa und die geschilderten darauf folgenden Operationen schreibt das englische Geschichtswerk über den Seekrieg:

»Volle Anerkennung muß man Kapitänleutnant Priens Mut und Entschlossenheit zollen, mit welchen er Dönitz' Plan ausführte.«

»Zweifel bestanden natürlich weiter hinsichtlich des Weges, durch den er tatsächlich eingedrungen war. Er hätte durch eine der Einfahrten unter Umgehung der Enden der dortigen Balkensperren, welche die wenigen verfügbaren, dort stationierten Patrouillenboote bewachten, oder durch einen der unzureichend blockierten Osteingänge eingedrungen sein können. Nur eines war sicher, daß alle Eingänge so gesichert werden mußten, wie es mit dem geringsten Aufschub menschenmöglich war. Dieses aber würde Zeit beanspruchen und unterdessen war die Heimatflotte unfähig, ihren gewählten Stützpunkt zu benutzen. Ironisch genug, daß ein Blockschiff, das in dem Eingang versenkt werden sollte, welchen U 47 tatsächlich benutzte, in Scapa am Tage nach der Versenkung der »Royal Oak« ankam.«

179

VII. KRIEGSTAGEBUCH DES KONTERADMIRAL DÖNITZ
Befehlshaber der Uboote (Auszug)

14. 10. 39
11.00   Eingang der Nachricht von der Versenkung Royal Oak, vermutlich durch Uboot. Keine Ortsangabe. Etwa 370 Überlebende. Es kann sich nur um U 47 handeln. (Hinweis auf 15. 10. 23.00 Uhr.)

15. 10. 39
23.00   geht von U 47 ein Funkspruch ein:
Unternehmung planmäßig durchgeführt. Royal Oak versenkt. Repulse beschädigt. Erbitte Einlaufweg I 16. 10. abends, da andere Unterlagen nicht mehr an Bord.
Das Boot erhält entsprechenden F. T.-Befehl (Einlaufen W'haven).
Mit der eingegangenen Meldung liegt die Bestätigung der erfolgreichen Beendigung einer von langer Hand vorbereiteten Unternehmung vor – dem Eindringen eines Ubootes in die Bucht von Scapa Flow. Sie stellt dem Kommandanten U 47, Kptltn. Prien und seiner Besatzung das höchste Zeugnis aus.
Der Durchführung sind folgende Überlegungen und Vorbereitungen vorausgegangen:
1) Das Eindringen eines Ubootes in die Scapa Bucht ist von Kriegsbeginn an auf seine Durchführbarkeit untersucht worden. Die Bedeutung eines Erfolges lag auf der Hand.
2) Als erste Unterlage ging von Skl. auf Anforderung die Ausarbeitung Scapa Flow mit eingezeichneten, vermuteten Sperren ein. Hierfür mußte aber eine Bestätigung geschaffen werden, da so noch nicht zu erkennen war, wo ein Eindringen möglich war.
3) Am 8. 9. erhielt ich davon Kenntnis, daß durch ein Wetterflugzeug der Luftflotte 2 eine Aufnahme von Scapa Flow gemacht worden war. (am 6. 9.) Diese wurde am 11. 9. übersandt und zeigte schwere und leichte Streitkräfte nördl. Flotta und im Sund zwischen Switha und Risa.
4) U 14 wird von den Orkney's angesetzt (13. – 29. 9.) und bringt von dieser Unternehmung wertvolles E-Material über Bewachung, Befeuerung, Stromverhältnisse usw. mit. Der Kommandant hält ein Eindringen in Scapa Flow durch den Hoxa Sund bei offener Sperre für möglich.
5) Auf Anforderung werden am 26. 9. 15.00 Uhr, vorzügliche Luftaufnahmen der Luftflotte 2 gemacht, die ein ge-

naues Bild von dem Clestrum Sund über Risa bis Switha, dem Hoxa Sund (teilweise) und dem Holm Sund, der Bucht vor Scapa Flow und Kirkwall geben. Bei der Auswertung komme ich zu folgendem Schluß:

a) Ich halte das Eindringen durch die Sperre im Hoxa Sund für kaum möglich, durch den Switha Sund und Clestrom Sund infolge der dortigen Sperren für aussichtslos.

b) Der Holm Sund ist ausschließlich durch 2 quer im Fahrwasser des Kirk-Sundes liegende, anscheinend versenkte Dampfer und einen an der Nordseite liegenden gesperrt. Südlich derselben bis zum Lamb Holm ist auf 7 m Tiefe eine Lücke von 170 m Breite bis zum flachen Wasser. Auch nördl. der Dampfer ist eine kleine Lücke. Das Ufer ist an beiden Seiten fast unbewohnt. Hier halte ich ein Eindringen nachts über Wasser bei Stauwasser für ohne weiteres möglich. Die Hauptschwierigkeit liegt auf navigatorischem Gebiet.

6) Eine erneute Aufnahme des Hoxa Sundes bekräftigt die Ansicht, daß ein Eindringen dort unzweckmäßig ist.

7) Ich entschließe mich, die Unternehmung durchführen zu lassen und erhalte hierzu durch den Ob.d.M. bei persönlichem Vortrag in der Skl. das Einverständnis. Als besonders geeigneten Kommandanten habe ich den Kaptlt. Prien vorgesehen, der die Durchführung mit Begeisterung übernimmt.

8) Es wird festgestellt, daß das Boot die Unternehmung in der Nacht vom 13. zum 14. 10. durchführt, da an diesem Datum beide Stauwasserzeiten in die Dunkelheit fallen und Neumond ist. Das Boot läuft hierzu am 8. 10. aus Kiel aus. Vor dem Auslaufen unterrichte ich den Kommandanten erneut an Hand der letzten Aufnahmen.

9) Das Boot ist nur mit G 7e ausgerüstet. Die Frage, ob Minen- oder Torpedoausrüstung ist zu Gunsten der letzteren entschieden, da hierdurch bei Antreffen ein sicherer Erfolg erzielt wird.

10) Die A-Gruppe, Ob.d.Luft-Werder erhält Anweisung, kurz vor der Unternehmung (am 12. 10.) durch Aufklärung und Bilderkundung die Lage in Scapa Flow zu klären, um dem Boot rechtzeitig übermittelt werden zu können.

11) Die um die Orkney's aufgestellten Boote U 10, U 18, U 20, U 23 sind am 4. 10. zurückgezogen worden, um keine Beunruhigung im Seegebiet Orkneys zu schaffen und die Engländer u.U. zu warnen. Es muß alles auf die eine Karte gesetzt werden.

12) Am 11. 10. sieht ein Flugzeug der Luftflotte 2 Scapa bei niedriger Wolkenhöhe ein, *ohne* Auftrag dazu zu haben. Am

12. 10., 15.00, wird eine vorzügliche Erkundung von einem
Flugzeug der A.-Gruppe Ob. d. Luft.
Besatzung Leutnant   Newe,
Feldwebel   Böhme,
Feldwebel   Wolff
durchgeführt, die die genaue Lage eines Flugzeugträgers,
5 schwerer Schiffe, 10 Kreuzer meldet und die mündlich in
der Nacht durch den Lt. N. in W'haven erläutert wird. U 47
wird unterrichtet. Der F. T. wird jedoch von U 47 nicht aufgenommen, da das Boot zur Abgabezeit auf Grund liegt.
13) Nach den B-Meldungen ist dann am 13. 10. ein größerer
Teil der Schiffe wieder ausgelaufen. Es besteht die Möglichkeit, daß dies durch das zweimalige Erscheinen von Flugzeugen in Furcht vor Bombenangriffen auf den Stützpunkt
Scapa erfolgt ist und daß das Erscheinen des Fliegers so eine
unerwünschte Begleiterscheinung ergeben hat.
Das Boot wird am 17. vormittags in W'haven zurückerwar-
tet.
Abgeschlossen: 15. 10. 1939   gez. Dönitz

17. 10. 39:
10.30   Einlaufen »U 47« W'haven. Empfang durch Ob. d. M. Der
            Kommandant meldet über die Unternehmung: Ein- und
            Auslaufen durch den Holm Sund unter großen Schwierig-
            keiten möglich gewesen. Sehr wenig Platz bei Sperrschiffen,
            stärkere Stromkabbelungen, beim Auslaufen 10 sm Strom
            gegenan. Keine Bewachung am Holm Sund.
            Von Flotte nur Repulse und Royal Oak vor Scapa.
            1. Anlauf 1 Treffer Vorschiff Repulse.
            2. Anlauf kurz danach (2 Torpedos nachgeladen)
            3 Treffer auf Royal Oak. Schiff fliegt binnen weniger Sekun-
            den in die Luft. Anschließend sofort ausgelaufen. Nach Ver-
            lassen Holm Sund starke Suchaktion in Scapa Flow-Bucht
            (mit Wasserbomben) festgestellt.
            Sehr starkes Nordlicht bis zum Zenit, so daß Helligkeit sehr
            störte.
            Aus der Meldung geht hervor, daß die Unternehmung mit
            größtem Schneid und Umsicht durchgeführt ist (Einzelhei-
            ten siehe Kriegstagebuch von U 47)
            Es soll heute Luftaufklärung über Scapa Flow unter Einsatz
            von Bombenfliegern geflogen werden. Ich gebe Scapa Flow
            für weitere Unternehmungen nicht auf, halte aber zunächst
            eine laufende Luftaufklärung (Bilderkundung) für notwen-
            dig, um jetzt erfolgende Änderungen in den Sperren bzw.
            Bewachung festzustellen.   gez. Dönitz

VIII. BERICHT DES CAPTAIN S. W. ROSKILL

Auszug aus »The War at Sea«, amtliche Veröffentlichung der britischen Regierung. (Band 1, Ausgabe Februar 1961)

Das Schlachtschiff *Royal Oak* war nach den letzten Unternehmungen der Flotte (8.–11. Oktober) wieder in Scapa Flow eingelaufen. Dort wurde es in den frühen Morgenstunden des 14. von U47 (Kapitänleutnant Prien) torpediert und versenkt. Er war in kühnem Vorstoß durch den Kirk Sound, die nördlichste der Einfahrten, in die Bucht eingedrungen, obwohl diese Einfahrt durch versenkte Schiffe versperrt war. In einer klaren mondlosen Nacht lief Kapitänleutnant Prien zu mitternächtlicher Stunde, während das Nordlicht über ihm flimmerte, bei Hochwasser aufgetaucht zwischen den Sperrschiffen und dem nördlichen Ufer durch die Enge. Obwohl das Boot Grundberührung hatte und auch die Ankerkette eines Blockschiffs mit dem Steven berührte, kam das Uboot unbeschädigt durch und lief 27 Minuten nach Mitternacht in die Bucht ein.

Im Südwesten fand Prien den Ankerplatz für große Schiffe leer. Als er jedoch umkehrte und nach Norden lief, meinte er dicht unter der Nordostküste zwei Schlachtschiffe zu sehen. Tatsächlich waren dies die *Royal Oak* und das alte Seeflugzeugmutterschiff *Pegasus*, das zu dieser Zeit als Transportschiff für Flugzeuge benutzt wurde. Auf 3600 m herangekommen schoß Prien um 00.58 Uhr drei Torpedos (das vierte Rohr hatte einen Abfeuerversager), von denen einer die *Royal Oak* ganz vorne am Bug und möglicherweise an der Ankerkette traf. Die Explosion war so leicht und die Beschädigung so gering, daß der Kommandant und andere Offiziere des Schlachtschiffes nach vorn gingen, um die ihrer Ansicht nach innere Explosion zu untersuchen. Währenddessen drehte Prien auf Südkurs und schoß mit dem Heckrohr auf das gleiche Ziel, ohne jedoch Wirkung zu erzielen. Dann lief er ab, um seine Bugrohre nachzuladen. Um 01.16 Uhr kam er zurück und schoß drei weitere Torpedos auf die *Royal Oak*, dieses Mal mit unmittelbarem Erfolg. Zwei Torpedos der Salve trafen; 13 Minuten später legte sich das Schlachtschiff auf die Seite und kenterte. 24 Offiziere und 809 Mann der Besatzung gingen mit dem Schiff unter. U47 lief nun mit hoher Fahrt ab und wählte für die Rückfahrt durch den Kirk Sound diesmal den Weg zwischen dem südlichen Blockschiff und Lamb Holm. Bei ablaufendem Wasser und stark setzendem Strom war dies der gefährlichste Teil des ganzen Unternehmens. Das Boot kam jedoch heil durch und war um 02.15 Uhr wieder in freier See. Inzwischen war man sich in der Bucht darüber klar geworden, daß aller Wahrscheinlichkeit nach ein Uboot die Sperren durchbrochen hatte, doch brachte eine Suche mit allen verfügbaren Fahrzeugen keine Spur. Soweit noch Zweifel geblieben waren, wurden sie wenige Tage später zerstreut, als der Feind Priens Erfolg meldete. Darauf hatte Admiral Forbes jedoch nicht gewartet und sofort alle Maßnahmen getroffen, die in seiner Macht lagen. Die wenigen Flottenkreuzer in Scapa wurden nach Loch

Ewe verlegt, während die Kreuzer der Northern Patrol Befehl erhielten, vorübergehend Sullom Voe auf den Shetlands als Stützpunkt zu benutzen, obwohl dieser Hafen nur durch Netze geschützt war.

Wir wissen nun, daß diese Unternehmung von Admiral Dönitz sehr sorgfältig geplant war, der die schwachen Stellen in den Sperren der östlichen Eingänge genau kannte. Kapitänleutnant Prien verdient höchste Anerkennung für den Mut und die Entschlossenheit, mit der er die Planung von Dönitz ausführte.

IX. MEMOIREN VON SIR WINSTON CHURCHILL
Bericht über die Unternehmung von U 47 in Scapa Flow*)

Inmitten all dieser Sorgen brach auf einmal eine Katastrophe über uns herein, die die Admiralität an einer höchst empfindlichen Stelle traf.

Ich habe bereits den Alarm vom 17. Oktober 1914 erwähnt; es hieß damals, ein U-Boot sei in Scapa Flow eingedrungen, worauf die *Grand Fleet* mitten in der Nacht in See stach. Es war ein blinder Alarm gewesen. Jetzt, fast auf den Tag ein Vierteljahrhundert später, wurde die Drohung Wirklichkeit. Am 14. Oktober 1939 um 1 Uhr 30 früh drang ein deutsches Unterseeboot, den Gezeiten und Strömungen Trotz bietend, durch unsere Sperren und versenkte das Schlachtschiff »Royal Oak«, das in Scapa Flow vor Anker lag. Bei der ersten Salve traf nur ein einziges Torpedo den Bug und rief eine gedämpfte Detonation hervor. Der Admiral und der Kapitän, die sich an Bord befanden, konnten nicht glauben, daß ein Torpedo das Schiff, das so geborgen vor Anker lag, getroffen haben könnte, und nahmen an, es handle sich um eine Explosion irgendwo im Schiffsinnern. Zwanzig Minuten verstrichen, bis das U-Boot, denn es war eines, seine Torpedorohre nachgeladen hatte und einen zweiten Fächer schoß – kurz hintereinander rissen drei oder vier Torpedos den Rumpf des Schiffes auf. In knapp zwei Minuten kenterte es und sank. Der größte Teil der Besatzung befand sich auf Gefechtsstationen, doch da das Schiff so rasch kenterte, war es fast sämtlichen Leuten unter Deck unmöglich, zu entkommen.

Ich gebe nachfolgend eine auf einen damaligen deutschen Bericht fußende Schilderung wieder:

Am 14. Oktober 1939 um 1 Uhr 30 torpedierte »U47« (Oberleutnant Prien) das in Scapa Flow vor Anker liegende Schlachtschiff »Royal Oak«. Das Unternehmen war von Admiral Dönitz, dem Befehlshaber der U-Bootwaffe, sorgfältig ausgearbeitet worden. An einem klaren Herbsttag,

---

*) Aus *Der Zweite Weltkrieg*, Band 1, *Der Sturm zieht auf* Scherz & Goverts, Stuttgart

dem 8. Oktober, lief Prien aus Kiel aus – durchlief den Kaiser-Wilhelm-Kanal und steuerte dann NNW-Kurs Scapa-Flow. Am 13. Oktober, um vier Uhr morgens, erreichte das Boot die Orkney-Inseln. Um sieben Uhr abends: »Auftauchen«. Eine frische Brise wehte, nichts war in Sicht. Aus dem Halbdunkel hob sich die ferne Silhouette der Küste als tieferer Schatten ab. Lange Nordlichtschleier überzogen den Himmel mit ihrem magischen Schimmer. Kurs West! Langsam, aber gleichmäßig nähert sich das Boot dem Holm Sound, der östlichen Einfahrt nach Scapa Flow. Es war das Unglück des Gegners, daß diese Einfahrt nicht vollkommen blokkiert war. Eine schmale Durchfahrt zwischen zwei Wracks lag offen. Mit großem seemännischem Können steuerte Prien sein Boot durch die wirbelnde Strömung. Das Ufer war greifbar nahe. Man konnte einen Radfahrer sehen, der auf der Ufersstraße nach Hause fuhr. Dann plötzlich öffnete sich die ganze Bucht vor dem Boot – Kirk Sound war passiert, »U 47« war in Scapa Flow!
Im Norden der Bucht, direkt unter Land, konnte man auf dem Wasser den unförmigen Schatten eines Schlachtschiffes erkennen, überragt von seinem Gefechtsmast, der einer Filigranarbeit glich. Näher! Noch näher! – Kein Alarm, kein Ton außer dem gedämpften Plätschern des Wassers, dem leisen Zischen der Druckluft und dem harten Anschlag einer Mündungsklappenkurbel. Los! – Fünf Sekunden ... zehn Sekunden ... zwanzig Sekunden; dann zerriß eine Explosion die Luft. Eine hohe Wassersäule wuchs in die Dunkelheit. Prien wartete einige Minuten, um dann einen zweiten Fächer zu schießen. Rohre fertig! – Los! Die Torpedos trafen mittschiffs, und es folgten einige schwere Explosionen. Die »Royal Oak« sank und nahm 786 Offiziere und Mannschaften, darunter Konteradmiral H. E. C. Blagrove (zweiter Befehlshaber des Zweiten Schlachtschiffgeschwaders) mit sich in die Tiefe. »U 47« aber schlich sich leise durch die gleiche Sperrlücke, durch die es gekommen war, wieder auf die See.
Vierundzwanzig Stunden später wurde die Lücke durch ein Sperrwachschiff geschlossen.
Diese Episode, die eine beachtenswerte Waffentat des deutschen U-Bootkommandanten darstellte, versetzte die öffentliche Meinung in lebhafte Erregung.

X. a) ROYAL OAK

Technische Angaben

Klasse:	»Royal Sovereign«
Programm:	1913 bis 1914
Bauwerft:	Devonport
Kiellegung:	Januar 1914
Stapellauf:	17. November 1914
In Dienst:	Mai 1916
Wasserverdrängung:	29 150 ts leer, 35 000 ts voll ausger.
Länge:	189,10 m
Breite:	31,8 m
Tiefgang:	10,1 m
Antriebsleistung:	40 000 PS
Geschwindigkeit:	22 kn
Maschinen:	Parson Turbinen – 4 Schrauben
Kessel:	18 Yarrow
Brennstoffvorrat:	4 000 ts Heizöl
Aktionsradius:	4 200 Sm bei 15 kn
Besatzung:	1 198 Mann
Bewaffnung:	8–38,1 cm/L 42, 12–15,2 cm/L 50
	8–10,2 cm Flak (2 × 4) 8–40 mm Doppel Flak
	1 Katapult, 2 Flugzeuge

Bemerkungen:
Das Schiff unterscheidet sich von der »Queen Elisabeth«-Klasse durch die Aufstellung der Mittelartillerie, geringere Geschwindigkeit und stärkere Panzerung.
Letzter Umbau: 1934–36
Die Modernisierung umfaßte eine Verstärkung der Deckspanzer, Verstärkung der Flugzeugabwehrgeschütze und den Einbau eines Katapultes auf dem dritten Turm. Torpedorohre wurden ausgebaut.

X. b) IRON DUKE

Technische Angaben:
Artillerie-Schulschiff
Klasse: »Iron Duke«
Programm: 1911
Bauwerft: Portsmouth
Kiellegung: 1911
Stapellauf: 1912
In Dienst: 1913
Wasserverdrängung: 26 671 ts leer, 28 450 ts voll ausger.
Länge: 190 m
Breite: 27,4 m
Tiefgang: 9,8 m
Antriebsleistung: 29 000 PS konstr., max 32 000 PS
Geschwindigkeit: 21,5 kn
Maschinen: Parson Turbinen, 4 Schrauben
Kessel: 18 Babcock
Kohlenvorrat: 3 700 ts
Heizölvorrat: 1 600 ts
Besatzung: 1 200 Mann
Bewaffnung: 10 – 34,3 cm, 12 – 15,2 cm Flak 4 – 47 mm
                       4 Torpedorohre 53,3 cm

Bemerkungen:
Umgebaut 1928–29. Seit Juni 1929 als Artillerie-Schulschiff eingesetzt. Durch den Londoner Vertrag von 1931/32 in der Klassifizierung herabgesetzt. Zwei 34,3 cm Türme, Torpedorohre, Seitenpanzer und ein Teil der Kessel wurden ausgebaut. Die Geschwindigkeit wurde auf 18 kn herabgesetzt.
In der Schlacht vor dem Skagerrak war das Schlachtschiff *Iron Duke* das Flaggschiff von Admiral Jellicoe.

X. c) REPULSE und RENOWN

Technische Angaben
Schlachkreuzer
Programm:	1914–1915
Bauwerft:	Brown, Clydebank *(Repulse)*
	Fairfield, Govan *(Renown)*
Kiellegung:	Januar 1915
Stapellauf:	Januar 1916 *(Repulse)*
	September 1916 *(Renown)*
Im Dienst:	August 1939 *Repulse*
	September 1939 *Renown*
Wasserverdrängung:	32 000 ts leer, 37 000 ts voll ausger.
Länge:	242 m
Breite:	31,3 m
Tiefgang:	9,6 m
Antriebsleistung:	112 000 PS *(Repulse)*
	120 000 PS *(Renown)*
Geschwindigkeit:	28,5 kn, voll ausgerüstet
Maschinen:	Brown Curtis Getriebeturbinen, 4 Schrauben
Kessel:	42 Babcock *(Repulse)*
	8 Admiralty *(Renown)* zu 21 kg
Brennstoffvorrat:	4 250 ts Heizöl
Fahrstrecke:	3 600 Sm
Bewaffnung:	6–38,1 cm/L 42, 12–10,2 cm/L 40,
	8–10,2 Flak, (20–10,2 Flak auf *Renown*)
	16 oder 26–40 mm Flak
	Repulse 8 Torpedorohre 53,3 cm
	1 Katapult – 4 Flugzeuge
Besatzung:	1 181–1 205 Mann

Bemerkung:
Als Schlachtschiff geplant, nach der Schlacht bei den Falklandinseln in Schlachtkreuzer umgewandelt.

188

Seeflugzeug-Mutterschiff HMS *Pegasus*. (Wright & Logan)

Schlachtschiff HMS *Royal Oak* 1936. (Marius Bar)

HMS *Repulse*. (IWM)

HMS *Iron Duke* vor ihrer teilweisen Abrüstung und Herabsetzung in er Klassifizierung gemäß Londoner Vertrag 1931/32. (IWM)

Umbauten:
Repulse   1919–1922
                    1932–1936 Modernisierungskosten £ 1 475 000
Renown   1923–1926
                    1937–1939 Vollständig umgebaut. Umarmiert für Versuche im Juni 1939

X. d) HOOD

Technische Angaben
Schlachtkreuzer
Bauwerft:	J. Brown, Clydebank
Kiellegung:	September 1916
Stapellauf:	22. August 1918
In Dienst:	März 1920
Wasserverdrängung:	42 100 ts, 46 200 ts voll ausger.
Länge:	262,3 m
Breite:	32,1 m
Tiefgang:	9,6 m
Antriebsleistung:	144 000 PS
Geschwindigkeit:	31 kn
Maschinen:	Brown-Curtis Getriebeturbinen, 4 Schrauben
Kessel:	24 Yarrow
Brennstoffvorrat:	4 000 ts Heizöl
Fahrstrecke:	4 000 Sm bei 10 kn
Bewaffnung:	8–38,1 cm/L 42, 12–14 cm/L 50,
	8–10,2 cm Flak 4–47 mm, 8–40 mm Doppelflak
	4 Torpedorohre 53,3 cm
	1 Katapult auf dem Achterdeck
	1 Seeflugzeug
Besatzung:	1 341 Mann
Umgerüstet:	1930

Bemerkung:
Am 24. Mai 1941 im Nordatlantik im Gefecht mit dem deutschen Schlachtschiff *Bismarck* versenkt (3 Überlebende).

X. e) PEGASUS

Technische Angaben:
Seeflugzeugmutterschiff
Bauwerft: Blyth S. B. Co.
Stapellauf: 1914
In Dienst: Ende 1914
Wasserverdrängung: 6 900 ts
Länge: 111,6 m
Breite: 15,4 m
Tiefgang: 5,4 m
Antriebsleistung: 3 000 PS
Geschwindigkeit: 11 kn
Maschinen: Dreifach-Expansion, 1 Schraube
Kessel: Zylinderkessel
Brennstoffvorrat: 500 ts Heizöl
Besatzung: 136 Mann
Bewaffnung: 14-Fla-Maschinenkanonen

Bemerkung:
Vormals *Ark Royal*. Im Bau befindliches Frachtschiff, 1914 von der Royal Navy zum Umbau als Seeflugzeugmutterschiff angekauft.
1939 von der Schule für Marine-Zusammenarbeit zu Versuchen mit Katapult-Starts und Seelandungsrampen eingesetzt.
Nicht zu verwechseln mit dem Flugzeugträger *Ark Royal*.

XI. DIE VERSENKUNG DER ROYAL OAK

Augenzeugenbericht des Captain R. F. Nichols, RN, Erster Offizier des Schiffes.*)

Als die *Royal Oak* im August 1939 in Scapa Flow einlief, fiel mir auf, daß die Sperrmaßnahmen anscheinend nicht so sicher waren wie im Ersten Weltkrieg. Aber ich war viel zu beschäftigt, dem nachzugehen, und vor allem war das auch gar nicht meine Aufgabe. Die örtliche Verteidigung eines Hafens ist Sache des Stützpunktkommandeurs, der wiederum dem Befehlshaber verantwortlich ist.

Unsere Aufgabe war es, die Schiffsbesatzung (darunter viele Reservisten) zu lehren, wie man auf einem Schiff lebt und mit ihm unter modernen Bedingungen kämpft. Die Gefahr eines Luftangriffs, bei Tage oder bei Nacht, im Hafen oder in See, war für viele neu und deshalb eine unserer wesentlichsten Sorgen. Radar steckte noch in den Kinderschuhen und war auf der *Royal Oak* nicht eingebaut.

Am 13. Oktober 1939 lag die *Royal Oak* eine halbe Meile vor dem Ostufer der Bucht, weil dort die hochgelegene Küste Schutz vor Luftangriffen aus dieser Richtung bot. Das alte Flugzeugmutterschiff *Pegasus* lag etwa sieben Kabellängen ab (1 280 m) in 340°, die *Iron Duke*, einige Zerstörer, ein Depotschiff und andere im Westteil der Bucht etwa acht Meilen von uns entfernt vor der abgelegenen Seite der Insel Cava und Fara. Die *Repulse* hatte für ein oder zwei Tage in unserer Nähe geankert, sie lief jedoch am 13. um 16.00 Uhr aus und *Pegasus* ankerte an ihrer Stelle.

An diesem Abend blendeten wir das Schiff wie gewöhnlich ab und waren alarmbereit für Luftangriffe. Gegen 22.30 Uhr legte ich mich hin und wurde vier Minuten nach 1 Uhr durch eine heftige Erschütterung im Schiff geweckt. Ich warf mir einen Mantel über und ging an Deck, aber niemand konnte mir sagen, was geschehen war. Ich gab *Daisy II* Befehl, Dampf aufzumachen und den Besatzungen des Verkehrsbootes und der Barkasse (die beide an der Backspier lagen) Anweisung, in die Boote zu gehen.

In dem schwachen Nordlicht konnte ich die Umrisse des Landes gegen den Himmel und die über das Deck laufenden Männer sehen, aber nicht genau erkennen. Auf dem Vorschiff sah ich, daß der Schlippstopper der Steuerbordankerkette offen stand und die Kette offensichtlich bis zum Haken ausgelaufen war. Offenbar war die Störung unten im oder beim Kettenkasten, wo ich dann den Kommandanten und den Leitenden Ingenieur fand. Anscheinend hatte sich in der Farbenlast eine Explosion ereignet, ein Mann mit Rauchhelm stieg hinunter um nachzusehen.

Da, genau 13 Minuten nach der ersten Explosion, erfolgten drei fürchterlich heftige Stöße achteraus von uns an Steuerbordseite. Jede Explosion

---

*) Dieser Bericht wurde von Captain Nichols auf Bitten des Autors im August 1969 geschrieben.

schüttelte das Schiff stark, alle Lichter gingen aus und das Schiff nahm sofort Schlagseite von etwa 35° an. Mir war klar, was diesmal geschehen war und was jetzt weiter passieren werde. Aber wie um Himmels Willen war ein Uboot durch die Sperren gekommen? Zu den schweren Beschädigungen durch die Torpedos kam noch hinzu, daß eine große Zahl von Bulleyes offen stand, in denen abgeschirmte Ventilatoren angebracht waren! Der Befehlshaber hatte uns dies erlaubt. Ich wußte, daß die Bulleyes auf der Steuerbordseite nun alle unter Wasser waren und es deshalb unmöglich sei, sie gegen den Druck des hereinströmenden Wassers zu schließen.

Wir hatten keinen elektrischen Strom mehr, um die größeren Boote auszusetzen und wegen der zunehmenden Krängung des Schiffes wurde es in der dunklen Nacht auch immer schwieriger, die kleineren Boote zu handhaben. Der Fischdampfer *Daisy II*, der Backbord achteraus längsseit lag, war wegen seiner großen Rettungskapazität der einzige Trost.

In fast völliger Dunkelheit warfen der Kommandant und ich mit Unterstützung einer Reihe Besatzungsangehöriger soviel Rettungsmaterial wie wir finden konnten, über Bord und dann, genau acht Minuten nach der zweiten Torpedosalve, kenterte die *Royal Oak* und sank.

Etwa anderthalb Stunden später wurden wir, die wir uns bis dahin an ein Rettungsfloß geklammert hatten, von einem der *Pegasus*-Boote aufgenommen und zum Luxus eines heißen Bades gebracht. Dort konnten wir uns von dem Heizöl befreien und durch die Großzügigkeit unserer Retter saubere Kleidung bekommen (abgesehen von einem guten Drink!).

Ich möchte mit allem Nachdruck erklären, daß in Scapa Flow kein Schiff außer der *Royal Oak* durch Prien's Torpedos beschädigt wurde; ferner daß kein Schlachtkreuzer in der Nacht vom 13. auf den 14. Oktober 1939 in der Bucht lag.

XII. DAS GEHEIMNIS VON SCAPA FLOW

Was ist wirklich in der Nacht vom 13. auf den 14. Oktober 1939 in Scapa Flow geschehen? Darüber ist viel geschrieben und geredet worden. Unter anderem wurde behauptet:

a) Prien ist niemals in Scapa Flow eingedrungen; die *Royal Oak* ist durch einen Unglücksfall oder vielleicht durch Sabotage in die Luft geflogen.

b) Prien kam nach Scapa Flow, versenkte die *Royal Oak* und beschädigte den Schlachtkreuzer *Repulse*.

c) Prien kam nach Scapa Flow, versenkte die *Royal Oak* aber beschädigte kein anderes Schiff.

d) Prien kam nach Scapa Flow, versenkte die *Royal Oak* und beschädigte das alte Flugzeugmutterschiff *Pegasus*.

e) Prien kam nach Scapa Flow mit Hilfe eines auf den Orkneys eingesetzten deutschen Spions, der ihn zu dem Ankerplatz der *Royal Oak*
führte.
Selten hat eine Waffentat so viele Kontroversen hervorgerufen. Die
absolute Geheimhaltung, mit der die Engländer das Geschehen noch
immer umgeben, trägt nicht zur Klärung bei.

a) *Prien ist niemals in Scapa Flow eingedrungen*
Die Theorie einer Sabotage oder einer zufälligen Explosion hat viele
Verfechter, vor allem unter den Überlebenden der *Royal Oak*.
Im Oktober 1967, anläßlich des 28. Jahrestages des Untergangs der
Royal Oak, kamen vier Besatzungsmitglieder von U 47 auf Einladung eines der britischen Überlebenden, Mr. Vincent Marchant, nach Portsmouth. Bei dieser Gelegenheit wurde die Kontroverse auf's neue entfacht.
Etwa hundert Überlebende der *Royal Oak* nahmen an einer Trauerfeier
am South Sea War Memorial teil. Einige von ihnen beteiligten sich an einer
freimütigen Aussprache mit den vier deutschen Ubootsmännern, andere
frühere Seeleute der *Royal Oak* blieben hingegen davon überzeugt, daß
niemals ein Uboot nach Scapa Flow eingedrungen sei. Im Namen zahl-
reicher Kameraden äußerte Mr. Arthur W. Scarff gegenüber Journalisten,
daß nach seiner festen Überzeugung das Schiff nicht torpediert worden
sei. Mr. Ellis Clarke erklärte, daß er bis ans Ende seiner Tage behaupten
werde, daß das Schlachtschiff durch Sabotage in die Luft gejagt worden
sei. Die Sabotage-Theorie führt zu erstaunlichen, um nicht zu sagen un-
glaubhaften Schlußfolgerungen.
Die diese Unternehmung betreffenden Teile im Kriegstagebuch des Admiral Dönitz wären dann zweckentsprechend zurechtgemacht worden,
das Kriegstagebuch von U 47 wäre eine Fälschung. Prien wäre ein Betrü-
ger und die 39 Mann seiner Besatzung seine Komplizen.
Die amtlichen britischen Verlautbarungen, zum Beispiel die Antwort von
Winston Churchill, damals Erster Lord der Admiralität, auf eine Frage
von Mr. A. V. Alexander am 17. Oktober 1939 würde nur gegeben worden sein, um eine nicht geschehene Waffentat des Feindes zu bestätigen.
Die Absätze in den Erinnerungen von Großadmiral Dönitz, die diese
Operation beschreiben, sowie in den Erinnerungen von Winston Churchill und in der von der britischen Regierung herausgegebenen Kriegs-
geschichte wären bewußte Irreführung.
Warum diese Irreführung? Ganz einfach, weil unter der Psychose einer
›Fünften Kolonne‹ Sabotage viel demoralisierender wirkt als der durch
eine kühne seemännische Unternehmung des Feindes ausgelöste Schock.
Man kann die Sperren eines Stützpunktes verstärken und sie undurch-
dringbar machen; dagegen dauert es viel länger und ist wesentlich schwieriger, die ›Fünfte Kolonne‹ auszuschalten. Sabotage rechtzeitig zu entdecken ist Glücksache. Jedes Schiff kann also unvermutet in die Luft
fliegen sowohl in See als auch im Schutz eines Hafens.

Diese Erklärung ist auf den ersten Blick glaubhaft, aber nicht, wenn es sich um Kriegsschiffe und ganz besonders um ein Schlachtschiff handelt.

Es gab insgesamt fünf Explosionen sagen die einen, vier die anderen. Die erste geschah wenige Minuten nach 01 Uhr, sie kam vom Bug. Ein Zittern ging durch das Schiff, die Ankerkette lief durch die Klüse aus; diese Explosion, gedämpft nach Aussagen einiger Seeleute, wurde von anderen als erschreckend bezeichnet. Ein beißender Geruch breitete sich über dem Vordeck aus; es ging das Gerücht, daß sich die Explosion im CO_2 Raum ereignet habe. Die Stabilität des Schlachtschiffes war wegen der geringen Größe der vollgelaufenen vorderen Abteilungen kaum beeinträchtigt. Der Schaden schien unbedeutend. Diese Explosion hat wahrscheinlich keine äußerlich sichtbaren Spuren hinterlassen. Alle Beweise stimmen in diesem Punkt überein. 15 Minuten später, die Zeit variiert bei den verschiedenen Zeugen, ereigneten sich an Steuerbord in rascher Folge drei, diesmal sehr heftige Explosionen (einige Zeugen haben nur zwei gezählt). Bei jeder Explosion legte sich die *Royal Oak* bedrohlich nach Backbord über, dann nahm sie unmittelbar darauf eine Schlagseite von 25° nach Steuerbord an. Kurz danach gingen alle Lichter aus.

Die meisten Seeleute hatten eine Wassersäule bis zur Mastspitze in Höhe der Brückenaufbauten gesehen. An Steuerbord, aber mehr dem Heck zu, breitete sich eine dicke, schwarze Rauchwolke über Deck und Aufbauten aus. Schließlich, etwa drei oder vier Minuten später, ereignete sich eine weitere letzte Explosion, die nach den Aussagen mehrerer Zeugen die offensichtlich stärkste Wirkung hatte, Eine Feuerzunge, offensichtlich von brennendem Pulver, sprang bis zur Höhe des achteren Mastes.

Einige Überlebende dachten an Sabotage, weil die Explosionen an etwa der gleichen Stelle stattfanden, an der die Lasten mit den am Vortage übernommenen Versorgungsgütern lagen. Dieser Umstand ist an sich nicht außergewöhnlich, wenn man die Streuung der Treffer über die ganze Länge des Schlachtschiffes in Rechnung stellt. Was aber die Männer wirklich beunruhigte und in ihrer Überzeugung, daß es sich um Sabotage handele, bestärkte, war der Eindruck, daß die Explosionen von innen kamen. Die Wassersäule in Höhe der Brückenaufbauten jedoch beweist unwiderlegbar das Gegenteil. Obgleich die Aussagen in diesem Punkt differieren, ist es doch wahrscheinlich, daß auch die anderen Treffer Wassersäulen aufgeworfen haben. Sicherlich hat der Pulverbrand in den Munitionskammern der Mittelartillerie eindeutig eine Reihe mehr oder weniger heftiger innerer Explosionen verursacht.

Nach der zweiten Explosionsserie bestand bei vielen Seeleuten kein Zweifel mehr, was sie erwartete. Die Art in der die *Royal Oak* rollte, ehe sie sich auf die Seite legte, überzeugte Mr. Davies, Korporal der Royal Marines, daß das Schiff von außen getroffen war. In diesem Augenblick kam ihm ein Vorfall, der sich wenige Jahre zuvor ereignet hatte, in die Erinnerung. Als er an Bord der *Hood* diente, hatte sein Schiff eine Kollision mit der *Renown*. Der Bug des Schlachtkreuzers hatte die *Hood*

Steuerbord achtern getroffen. Unter diesem Schock verhielt sich dieses Schiff genau so wie die *Royal Oak*, allerdings ohne zu sinken.

Wie dem auch sei, am Tage nach dem Unglück ging das Gerücht von einer Sabotage wie ein Lauffeuer von Mund zu Mund. Der Klatsch weitete es immer weiter aus und ernannte schließlich den möglichen Urheber dieses Verbrechens zum »Saboteur von Lyness«.*) Ein Schlachtschiff durch Sabotage in die Luft zu jagen ist praktisch undurchführbar. Es gibt dafür aus der Vergangenheit keine Beispiele. Sabotage erfordert ein Netz von Komplizen im Schiff selbst. Das war bei der Royal Navy ganz sicher nicht der Fall. Der hypothetische Saboteur hätte den Sprengstoff – und zwar in ganz erheblichen Mengen – mit den Versorgungsgütern an Bord bringen müssen. Normalerweise wird die Verpflegung in Standardpackungen und Fässern ausgeliefert, bei denen eine wesentliche Änderung des Inhalts oder des Gewichts leicht erkennbar ist. Eine der größten Schwierigkeiten für den Saboteur wäre gewesen, diese große Menge Sprengstoff zu verbergen. Ein Torpedo enthält durchschnittlich 300 kg Sprengstoff. Es ist schwer vorstellbar, wie der Saboteur unauffällig 1 200 kg Sprengstoff in Paketen von je 300 kg hätte an Bord bringen können.

Bleibt die Theorie einer zufälligen Explosion. Einen solchen Unfall hat es schon einmal in der Vergangenheit gegeben, und zwar in Scapa Flow, als das Schlachtschiff *Vanguard* am Abend des 9. Juli 1917 in die Luft flog – höchstwahrscheinlich durch eine Selbstentzündung des Pulvers in einer der Munitionskammern. Auch damals war das Gerücht von einer Sabotage entstanden, und die Admiralität hatte nur zu gerne diesem Gerücht freien Lauf gelassen. Damals hatte ein Sabotagefall eine viel geringere Auswirkung auf die Stimmung der Truppe als eine Selbstentzündung in der Munitionskammer, die unversehens auf jedem anderen Schiff wieder geschehen konnte. In dieser Zeit wußte man noch nicht, wie man Pulver absolut sicher aufbewahrt; fünf andere Unglücksfälle hatten sich aus gleicher Ursache ereignet, darunter der Verlust des Schlachtschiffs *Bulwark* in Sheerness und des Kreuzers *Natal* in Invergordon. Diese Schiffe waren buchstäblich in Fetzen zerrissen worden. Einen ganzen Turm der *Vanguard* hatte man auf Flotta wiedergefunden. Die Hauptmunitionskammern der *Royal Oak* waren nicht explodiert; das Schlachtschiff kenterte innerhalb von 8–10 Minuten unter dem Gewicht des durch die Explosionslöcher und durch die zum Lüften geöffneten Bulleyes eingeströmten Wassers. Zweifel an einem Ubootsangriff sind zudem nicht mehr möglich, wenn man weiß, daß Taucher in der Nähe des Wracks die Überreste von wenigstens zwei fremden Torpedos gefunden haben, darunter zwei Schwanzstücke und ein Maschinenschild mit der Aufschrift ›Siemens-Schuckert‹.

Im Jahr 1939 schien das Vorhandensein eines Ubootes innerhalb dieses Hafens so unvorstellbar, daß nach der ersten Explosion die Männer nicht

---

*) Marinestützpunkt im Südteil der Insel Hoy

einmal auf Gefechtsstationen gerufen wurden: es gab keinen Alarm und das Schlachtschiff blieb weiter ohne Abwehr. In der Annahme, daß ein Flugzeug – um nicht die Aufmerksamkeit der Luftabwehr zu erwecken – im Gleitflug eine Bombe geworfen habe, hatten die Wachtposten begonnen, den Himmel abzusuchen. Mr. Davies erinnert sich noch, daß einige Seeleute unter dem Panzerdeck Schutz suchten, und das war gewiß der letzte Ort, auf den man sich begab, wenn man ein Uboot in Scapa Flow vermutete. Wie der frühere Seemann der *Royal Oak* richtig betont, erfreute sich der Hafen wegen seiner Sicherheit eines guten Rufes unter den Seeleuten. »Wenn wir nach Scapa einliefen« setzte er hinzu, »waren wir unserer Ansicht nach außer vor einem Luftangriff völlig sicher, und die Vorstellung, ein Uboot könne uns in diesem Hafen angreifen, war so unwahrscheinlich wie ein Angriff von Marsmenschen«.

Diese Einstellung erklärt bis zu einem gewissen Grad die Verwirrung nach dem ersten Treffer von U 47.

Die deutschen Beobachtungen bestätigen, daß die Briten dies für einen Luftangriff hielten, den jeder erwartete. Die beiden Überlebenden der Brückenwache des Ubootes bestätigen diese Tatsache: »Als das Schlachtschiff gesunken war und wir auf die Ausfahrt von Scapa Flow zuliefen, suchten die meisten Scheinwerfer nicht die See, sondern den Himmel ab. Als sie Motorengeräusch hörten – nicht das von Flugzeugen, sondern von U 47 – glaubten sie noch immer nicht, daß es sich um ein Uboot handele, und die Scheinwerferbedienungen richteten ihre Scheinwerfer direkt über uns. Wir liefen für einige Zeit unter einer leuchtenden Kuppel sich über unseren Köpfen kreuzender Scheinwerferkegel. Deshalb glaubte auch unser Kommandant, daß der Zerstörer, der achteraus in Sicht kam, als wir aus Scapa ausliefen, uns nicht entdeckt hatte«.

Während die Zeugenaussagen der früheren Gegner über den Irrtum grundsätzlich übereinstimmen, gehen sie in wesentlichen Tatsachen jedoch erheblich auseinander. Erneut und präzise wegen der Scheinwerfer befragt, gibt Mr. Davies eine eindeutige, wenn auch leicht gereizte Antwort: »Ich versichere noch einmal, daß es nach dem Sinken der *Royal Oak* in der Bucht keine Scheinwerfer, keine Signale oder irgendwelche Alarme gab. Außer den Überlebenden in den Booten und im Wasser blieb das ganze Gebiet, Meilen im Umkreis, dunkel und still wie ein Grab. Es ist richtig, daß die Männer, die im Wasser um ihr Leben kämpften, auf einige Entfernung nichts erkennen konnten, selbst wenn etwas zu sehen gewesen wäre, denn ihre einzige Sorge war, zu überleben. Aber auf dem Fischkutter *Daisy* suchten 50–100 Augenpaare in alle Richtungen nach den Kameraden im Wasser und nach Hilfe, die nicht kam. Einige, darunter auch ich, die wir sicher waren, daß wir torpediert worden seien, hielten unsere Augen auch schon deshalb offen, weil das Uboot wieder angreifen konnte. Nur ein einziger Scheinwerfer leuchtete, der von *Daisy*, um die Rettungsmaßnahmen zu unterstützen; er suchte jedoch nicht die Bucht ab. Der Fischkutter blieb gestoppt liegen, so daß die

Männer zu ihm hinschwimmen konnten, ohne Gefahr zu laufen, in die Schraube zu geraten.

Mindestens zwei Stunden vergingen, bis weitere Hilfe eintraf, und die kam von der *Pegasus*. Eines ist gewiß, bestimmt und unbedingt: es gab keinen Versuch irgendwelcher Gegenwehr, keine Jagd durch irgendein Schiff, Zerstörer oder ein anderes, von dem Moment ab, wo die *Royal Oak* um 01.30 Uhr sank, bis zu dem Zeitpunkt, an dem wir bei der *Pegasus* längsseit gingen, das war gegen 04.00 Uhr. Darüber kann es weder Fragen noch Zweifel geben«.

Diese Aussage wird durch viele andere Überlebende bestätigt. Die Unterschiede in den Aussagen der Engländer und der Deutschen hinsichtlich einer solchen Nebensächlichkeit wie der Scheinwerfer, ist nur einer von den vielen Widersprüchen, die ihrer großen Zahl wegen irritieren.

Wann man sich auch in Scapa Flow schließlich davon überzeugen ließ, alles sprach dafür, daß es einem Uboot gelungen war, in den Hafen einzudringen. Wenn sich die Navy dessen nicht sicher gewesen wäre, wäre der Stützpunkt Scapa Flow – auch nicht vorübergehend – zugunsten zweitrangiger und noch verletzlicherer Stützpunkte aufgegeben worden. Kommodore Dönitz, der die Verlegungsmaßnahmen der Home Fleet richtig voraussah, ließ die Ansteuerungen der möglichen Ausweichhäfen verminen. U 31 (Kptlt. Habekost) legte Minen vor Loch Ewe und U 21 (Kptlt. Frauenheim) im Firth of Forth. Wenn auch U 33 (Kptlt. Dresky) mit seiner ganzen Besatzung im Firth of Clyde durch den Minensucher *Gleaner* am 12. Februar 1940 versenkt wurde, der Erfolg war schon zu spüren. Dies schrieb Captain S. W. Roskill, der offizielle britische Geschichtsschreiber zu diesem Thema:

»Nach dem Verlust der *Royal Oak* teilte der First Lord am 18. Oktober dem Kabinett mit, daß seiner Ansicht nach Scapa Flow als Basis für die Flotte ungeeignet sei. Nach langer Debatte wurde entschieden, Loch Ewe weiterhin als vorläufigen Stützpunkt zu benutzen, bis die Sicherung von Scapa Flow verbessert sei. Der Feind hatte jedoch richtig erkannt, daß wir diese Maßnahmen treffen würden. Da Loch Ewe weniger gut geschützt war als Scapa, nimmt es nicht Wunder, daß dort die *Nelson*, das Flaggschiff von Admiral Forbes, am 4. Dezember durch eine Mine schwer beschädigt wurde, die fünf Wochen vorher durch ein Uboot in die Einfahrt gelegt worden war. Am 21. November lief der neu erbaute Kreuzer *Belfast* im Firth of Forth auf eine Mine, wobei sein Kiel gebrochen wurde. Diese Tatsachen beweisen, daß die Befürchtungen von Admiral Forbes über die Minenbedrohung der langen Anfahrtswege nach Rosyth wohl begründet waren.

Wir mußten bis zum 4. Januar warten, bis fünf weitere der in der Einfahrt geworfenen 18 Minen vernichtet waren. Erst dann konnten wir daran denken, die *Nelson* gefahrlos nach Portsmouth zur Reparatur zu schicken. Das Geheimnis wurde dem Feind geschickt vorenthalten, trotzdem waren die Folgen äußerst ernst, denn es war offensichtlich, daß jeder unserer Stützpunkte für Wochen blockiert werden konnte, solange kein Mittel gegen die Magnetminen gefunden worden war.

So bleibt festzustellen, daß dieses Unvermögen, Scapa angemessen gegen einen Luft- oder Ubootsangriff zu sichern, nicht nur zum Verlust eines Schlachtschiffes und zur Beschädigung eines weiteren und eines wertvollen neuen Kreuzers führte, sondern auch die Flotte bei der Erfüllung ihrer Aufgabe erheblich behinderte«.

Um diese Tatsachen richtig zu beurteilen, muß man die Lage in den ersten Wochen des Krieges berücksichtigen. Ein Bericht über alle Einzelheiten, die die Entscheidung des Kriegskabinettes beeinflußten, überschreiten den Rahmen dieses Buches. Sir Winston Churchill erklärt sie in allen Einzelheiten in seinen Erinnerungen und Roskill in klarer, straffer Form im ersten Band seines Werkes *The War at Sea*. Ganz knapp zusammengefaßt könnte man sagen, daß der Befehlshaber der Home Fleet, Admiral Sir Charles M. Forbes, durch die Folgen der Regierungspolitik zwischen den beiden Kriegen und die Fehler des Geheimen Nachrichtendienstes behindert war. Alle britischen Kabinette hatten die Streitkräfte vernachläßigt. Scapa Flow, die wichtigste strategische Basis der Royal Navy, war aufgegeben, ihre Verteidigungseinrichtungen abgebaut worden. Im Jahr 1938, dem Jahr von München, fand Sir Charles Forbes, als er mit der Home Fleet nach Scapa ging, den Stützpunkt in einem besorgniserregenden Zustand und total veraltet. Soldaten der Royal Marines bauten grade die letzten Geschütze aus dem Ersten Weltkrieg ab, während Netzleger bereit standen, Ubootsabwehrsperren für den Zweiten zu legen.

Bis 1938 hatte die Admiralität für den Fall eines Krieges mit Deutschland vorgesehen, daß die Home Fleet in Rosyth im Firth of Forth stationiert werden solle, so wie in der letzten Phase des Krieges 1914/18. Als der Erste Seelord, Sir Roger Backhouse, und der Befehlshaber der Home Fleet diese Frage noch einmal überdachten, kamen sie zu dem Schluß, daß Rosyth im Vergleich zu Scapa zu viele Nachteile habe. Die Admiralität traf deshalb im April 1939, sechs Monate vor dem Vorstoß Prien's, die Entscheidung, den Hauptstützpunkt von Rosyth nach Scapa zu verlegen. Unglücklicherweise hatte der Tod des Ersten Seelord im Mai 1939 und der des General Controllers, Vice Admiral Sir R. G. H. Anderson, einen Wechsel in der Zusammensetzung des Admiralty Council im Gefolge, die zu unvermeidlichen Verzögerungen führten.

Trotz der im Frühjahr 1939 wachsenden Spannungen verweigerte die Regierung alle Verstärkungsmaßnahmen für die Verteidigung von Scapa Flow aus Sorge, die Bevölkerung zu beunruhigen und Hitler zu verstimmen, und bis zur Eröffnung der Feindseligkeiten wurde nichts Ernsthaftes unternommen. Admiral Forbes tat was er konnte und ging so weit, daß er an Ort, in Stromness, einen Zementprahm für £ 100,- kaufte und ihn im Holm Sound versenkte. Die Luftabwehr verfügte nicht einmal über zehn schwere Geschütze, und diese wenigen vorhandenen Kanonen

201

waren rund um die Brennstofftanks aufgestellt.

Am 7. September sandte die Admiralität einen Bericht an Admiral Forbes, der die Stärke der Luftstreitkräfte in Nordwestdeutschland, die Scapa Flow bombardieren konnten, ganz erheblich übertrieb. Diese irrige Schätzung kam auf 800 schwere Bomber, obwohl die ganze Einsatzstärke der Luftwaffe kaum mehr als 400 Bomber betrug. Aufgrund dieser Annahme gab die Admiralität dem Befehlshaber der Home Fleet Befehl, einen vorübergehenden Stützpunkt an der schottischen Westküste einzurichten. Sir Charles Forbes gehorchte wider eigene bessere Einsicht, denn nach seiner Meinung waren die Ausweichstützpunkte durch Minen und Ubootangriffe noch stärker bedroht. Wenn auch die Home Fleet am 1. Oktober in Loch Ewe vor Anker lag, am 12. fotografierte sie ein deutsches Aufklärungsflugzeug alle zusammen in Scapa Flow. Dieses Luftbild wurde am gleichen Abend vom Führer der Unterseeboote genau ausgewertet. Die Bewegungen der britischen Kriegsschiffe entgingen dem deutschen Nachrichtendienst nicht, er war über die Benutzung von Loch Ewe oder den Firth of Forth vollkommen auf dem laufenden. Diese Kenntnis beruhte einerseits auf Luftaufklärung, zum anderen auf der Aufnahme und Entzifferung von Funksprüchen.

Im August 1939 war die deutsche Marine nicht auf den Krieg vorbereitet. Die aufgrund des deutsch-britischen Flottenabkommens vom 18. Juni 1935 aufgebaute deutsche Kriegsmarine bestand erst seit vier Jahren. Nach diesem Abkommen durfte Deutschland Seestreitkräfte besitzen, deren Stärke in einem bestimmten Verhältnis zur Royal Navy und den Flotten des Empire stand. Die Tonnage war für alle Arten von Überwasserschiffen auf 35 % der britischen Tonnage festgesetzt, wobei die höchstzulässige Wasserverdrängung für die einzelnen Schiffsgattungen vorgesehen war. Bei den Ubooten war das Verhältnis auf 45 % festgesetzt und die Möglichkeit offen gelassen, auf 100 % zu gehen – da die Engländer zweifellos zu sehr auf das ASDIC*) setzten. Die Admiralität hatte im Jahr 1937 an das Shipping Defence Advisory Committee einen Bericht gesandt, nach dem ›das Uboot uns niemals wieder vor die gleichen Probleme wie 1917 stellen könne‹.

Die Deutschen hatten die Unterzeichnung dieses Vertrages gar nicht abgewartet und kleine Küsten-Uboote von 250 ts und zwei Schlachtkreuzer als Antwort auf die französischen Schlachtschiffe *Dunkerque* und *Strasbourg* auf Kiel gelegt. Ungeachtet des Versailler Vertrages, der die Zahl von Neubauten begrenzte, und ihre höchst zulässige Wasserverdrängung auf 10000 ts festlegte, waren diese beiden Schlachtkreuzer auf 26000 ts geplant und erreichten in Wirklichkeit 32000 ts. Das gleiche gilt für die beiden Panzerschiffe *Deutschland* und *Admiral Scheer* die 1929 und 1931

---

*) Anfangsbuchstaben von Allied Submarine Detection Investigation Committee (1917), Name des Gerätes, das unter der Leitung dieser Organisation entwickelt wurde, um getauchte Uboote durch Ultraschall zu orten.

auf Kiel gelegt, mit 10 000 ts angegeben waren, tatsächlich aber 14 000 ts verdrängten.

Nachdem sie nun im Rahmen des Abkommens vom 18. Juni 1935 die Hände frei hatten, stellten die Deutschen nun nicht – wie allgemein erwartet wurde – ein großes Marine-Schiffbauprogramm auf. Im Gegenteil, sie traten auf der Stelle. In Erwartung einer neuen, detaillierten Marinepolitik begnügten sie sich mit einem Übergangsprogramm, das zwei schwere Schlachtschiffe, schwere Kreuzer, Torpedoboote, Uboote und verschiedene Schiffe geringer Größe umfaßte. Abgesehen von budgetären Beschränkungen trat auch eine Meinungsverschiedenheit zwischen dem Führer der Unterseeboote, Kapitän zur See Dönitz, und dem Oberkommando auf, das U-Kreuzer von 2 000 ts befürwortete. Technische Schwierigkeiten hinsichtlich der neuen Ausstattung führten beim Bau von Torpedobooten ebenfalls zu einer Verzögerung.

Im Mai 1938 entschied sich das Oberkommando, da Hitler nicht an einen bevorstehenden Krieg mit England glaubte, für ein langfristiges Bauprogramm, den Plan Z, der bis Ende 1948 die Indienststellung einer homogenen, wohlausgewogenen Flotte vorsah, die für die Vernichtung des britischen Handels konzipiert war. Hitler billigte das Projekt und setzte den Termin von zehn auf sechs Jahre herab.

Die Kriegserklärung am 3. September 1939 wurde von den höheren Offizieren der Marine mit Bestürzung aufgenommen. Die überraschte Kriegsmarine begann den Krieg mit geringeren Kräften als ihr durch das Flottenabkommen von 1935 zugestanden waren.

Die Ubootswaffe ging mit seiner Stärke von 56 Ubooten*), von denen nur 22 atlantikfähig waren, in den Kampf. »Aber von diesen Schiffen würden jeweils nur durchschnittlich 5–7 Uboote am Feind sein können. Die harte Wirklichkeit bewies später, daß diese Zahl sogar einmal auf nur zwei Uboote herabsank«, erklärte Großadmiral Dönitz in seinen Erinnerungen.

Bei Beginn der Feindseligkeiten waren die Kommandanten bei Angriffen auf die Handelsschiffahrt durch eine Reihe von Beschränkungen gebunden, die nur nach und nach aufgehoben wurden.

Wie zu Beginn des Ersten Weltkrieges richteten sich die Unternehmungen während der ersten Wochen des Zweiten Weltkrieges vor allem gegen Kriegsschiffe. In diesem Rahmen wurde der Vorstoß nach Scapa Flow ausgeführt. Der große Erfolg dieser Unternehmung, meisterlich geplant von Dönitz und von Prien brillant ausgeführt, strahlte auf die ganze Ubootwaffe zurück.

---

*) Bei Kriegserklärung besaß Großbritannien 57 Unterseeboote mit einer größeren Verdrängung als die der deutschen Uboote, deren Gesamttonnage nicht die durch das Flottenabkommen vom 18. 6. 1935 zugestandenen 45 % überschritt. Frankreich verfügte über 78 Unterseeboote, die USA über 92, von denen 62 veraltet waren, Italien über 69, davon 27 veraltet, und Japan ebenfalls über 79.

203

b. Prien drang in Scapa Flow ein, versenkte die Royal Oak und beschädigte den Schlachtkreuzer Repulse

Das ist die amtliche deutsche Version. Dreißig Jahre nach dem Ereignis sind die Überlebenden von U 47 nach wie vor davon überzeugt, daß das der Erfolg ihres Einsatzes war.

Prien scheint sich um die genaue Bezeichnung des Gegners nicht allzu viel gekümmert zu haben. Diese Frage hat ihn während der Unternehmung sicher nicht in erster Linie beschäftigt. In seinem Kriegstagebuch*) nennt er keine Namen und verzeichnet nur die Art der Ziele.

»00.55 Uhr. Dort liegen zwei Schlachtschiffe, weiter unter Land Zerstörer vor Anker. Kreuzer nicht auszumachen. Angriff auf die beiden Dicken. Abstand 3 000 m. Eingestellte Tiefe 7,5 m. Aufschlagzündung. Ein Schuß auf den nördlichen, zwei Schuß auf den südlich liegenden losgemacht. Es detoniert nach gut 3 1/2 Minuten ein Torpedo an dem nördlich liegenden Schlachtschiff. Von den anderen beiden ist nichts zu sehen! Vorbei!«

Es ist sehr schwierig, bei einem Nachtangriff die genaue Identität eines Schiffes auszumachen, vor allem vom Turm eines Ubootes. Die Deutschen hatten keine Möglichkeit, die Namen der beiden vor ihnen liegenden Großkampfschiffe festzustellen. Das südlich gelegene Schiff konnte eines von fünf Schlachtschiffen der ›Royal Sovereign‹-Klasse sein**). Das nördlich gelegene Schiff war zu zweidrittel verdeckt, deshalb war es noch schwieriger, es genau zu identifizieren. Nach Ansicht von Ubootsfachleuten lagen die beiden Schiffe gestaffelt vor Anker, und die Blickrichtung von U 47 ließ nur das Vorschiff des nördlicheren Schiffes hinter dem Bug des südlicher gelegenen sichtbar werden. Auf eine Entfernung von 2–3 000 m verschmolzen in der Dunkelheit die Aufbauten der beiden Schiffe ineinander. Das nördlichere Schiff wurde von allen Offizieren übereinstimmend als Schlachtkreuzer erkannt.

Der Gefreite Hänsel, der auf der Brücke hinter Prien stand, hörte ihn sagen, daß die *Renown* irgendwo auf Unternehmung sei, und daß es deshalb die *Repulse* sein könne. Später erklärte Prien in Interviews der Presse und des Rundfunks, daß er die *Repulse* an ihren zwei Schornsteinen erkannt habe, während die *Royal Oak* nur einen habe.

Es war der BBC, der das in Scapa Flow versenkte Schlachtschiff schon am 14. Oktober in der Nachrichtensendung um 11.00 Uhr vormittags als Royal Oak identifizierte. Der britische Rundfunk erwähnte kein weiteres Schiff.

Als U 47 am 17. Oktober nach Wilhelmshaven zurückkehrte, und Prien seinen Bericht über den Einsatz erstattet hatte, wurde das zweite Schiff nach den ausgezeichneten Luftaufnahmen des Leutnant Newe vom 12. Oktober eindeutig als *Repulse* identifiziert. Diese Aufnahmen zeigten

---

*) sieheAnlage V
**) *Royal Oak, Revenge, Royal Sovereign, Resolution* und *Ramillies*

einen Schlachtkreuzer mit zwei Schornsteinen dicht bei der *Royal Oak* vor Anker liegend. Der Führer der Unterseeboote bestätigte die Torpedierung der *Repulse* und zitierte Priens Bericht in seinem Kriegstagebuch*).

c. Prien drang in Scapa Flow ein, versenkte die Royal Oak *aber beschädigte kein anderes Schiff.*

Das ist die amtliche britische Version. Den Verlust des Schlachtschiffes konnte man nicht verheimlichen. Das Wrack war gesunken, der Kiel lag genau an der Wasseroberfläche und konnte jederzeit fotografiert werden. Wäre es nur beschädigt gewesen, hätte das anders ausgesehen. So unterrichteten die Engländer zehn Stunden nach dem Ereignis die ganze Welt von der Vernichtung der *Royal Oak*. Dann, als die amtliche deutsche Verlautbarung triumphierend verkündete, daß ein Uboot in Scapa Flow eingedrungen sei, die *Royal Oak* versenkt und die *Repulse* beschädigt habe, antwortete die Admiralität ohne weitere Erläuterungen, daß der Schlachtkreuzer in der Nacht vom 13. zum 14. Oktober 1939 in See gewesen sei. Beide Seiten beharrten bei ihrer Behauptung, und so blieb es bis zum Ende des Krieges.

Inzwischen taten die Männer von U 47 auf anderen Ubooten Dienst, jeder mit seinem persönlichen Schicksal. Einige von ihnen fielen, andere überlebten.

Nach dem Krieg griffen Historiker, Schriftsteller und Journalisten das Thema auf, und jeder gab ihm seine eigene Version. Prien und seine beiden Wachoffiziere, Endrass und von Varendorff, waren tot; sie blieben auf See und konnten nicht mehr aussagen.

Nach der amtlichen britischen Geschichtsschreibung waren die Schiffe, die Prien für Großkampfschiffe gehalten hatte, die *Royal Oak* und das alte Flugzeugmutterschiff *Pegasus*, das nicht getroffen wurde. Der damalige Captain S. W. Roskill schreibt auf Seite 73 seines Buches ›War at Sea‹, Band I, daß einer der drei Torpedos der ersten Salve den Bug der *Royal Oak* oder möglicherweise eine ihrer Ankerketten getroffen habe.** (die beiden anderen Torpedos gingen vorbei). An Bord des Schlachtschiffes wurde nur eine leichte Explosion vernommen, und da der Schaden unbedeutend zu sein schien, schlossen der Kommandant und die anderen Offiziere, die an Deck gekommen waren, ehe sie erkannten wie die Situation wirklich war, daß es sich um eine innere, zufällige Explosion handelte.«

Wie kann man glauben, daß der Kommandant eines Unterseebootes und seine Offiziere einen Schlachtkreuzer von 32 000 ts mit einer Länge von 242 m, also eines der größten Schiffe der britischen Marine, mit dem alten Handelsschiff von 6 900 ts, das zu einem Flugzeugmutterschiff umgebaut

---

*) siehe Anlagen VI und VII
**) siehe Anlage VIII

wurde, verwechselt haben könnten? Außerdem, die *Pegasus* war nur 111 m lang, weniger als die Hälfte der *Repulse*, und darüberhinaus durch eine der charakteristischsten Silhouetten der Royal Navy mit einem flachen Deck und einem wie ein Ofenrohr aussehenden Schornstein ganz achtern zu erkennen. Diese amtliche Version ist kaum zu akzeptieren. Sir Winston Churchill, dem alle Unterlagen zur Verfügung standen, erwähnt die *Pegasus* überhaupt nicht. In seinen Erinnerungen läßt er Prien nur eine einzige Schlachtschiffsilhouette erkennen, die der *Royal Oak*[*]). Wenn man sich allerdings die amtliche britische Version zu eigen macht, nach der die deutschen Torpedos nur die *Royal Oak* getroffen haben, dann wird die zweite Silhouette zu einem überflüssigen Detail in Sir Winston's Erinnerungen und dann ist es verständlich, daß sie überhaupt nicht erwähnt wird. Der 1. Offizier der *Royal Oak*, Commander R. F. Nichols, bestätigt die amtliche Version in jeder Hinsicht und glaubt ebenfalls, daß Prien in der Dunkelheit und der Aufregung einen Schlachtkreuzer mit einem Flugzeugmutterschiff verwechselt habe. Er zweifelt nicht daran, daß einer der drei Torpedos der ersten Salve die Steuerbord-Ankerkette des Schlachtschiffes getroffen und ein Leck in der Last für feuergefährliches Material verursacht habe. Und so berichtet er darüber unmittelbar nach der Explosion:

»Ich ging sofort von meiner achtern gelegenen Kammer nach vorn, um zu sehen, was geschehen war. Ich war bald auf der Back und sah, daß die Steuerbordkette aus dem Schlippstopper, der ihn hielt, herausgesprungen und bis zum Haken ausgerauscht war (die 16 Längen ((eine Länge = 30 m)) waren vollkommen aus dem Kettenkasten ausgelaufen). Ich ging nach unten und fand dort den Kommandanten und den Leitenden Ingenieur. Ein Mann mit einem Rauchhelm wollte gerade hinuntergehen, um die Last für feuergefährliches Material zu untersuchen, von der der Rauch zu kommen schien«.

Mehrere Zeugen sprechen von einer Verlegung von Schiffen, die sich nach dem Auslaufen – des Schlachtkreuzers *Repulse* sagen die einen, der *Renown* versichern die anderen – im Laufe des 13. gegen 17.00 Uhr abgespielt haben soll. War die *Pegasus* auf den von dem Schlachtschiff verlassenen Ankerplatz gegangen?

Auf die präzise, schriftlich gestellte Frage »Wo lag die *Pegasus* vor Anker?« antwortete das Verteidigungsministerium ausweichend »nördlich der *Royal Oak*«. »Sieben Kabellängen, das sind etwas weniger als 1400 m, in 340° von der *Royal Oak*«, erklärt Commander Nichols. »Etwa zwei Meilen westlich der *Royal Oak*« sagen andere britische Augenzeugen mit nicht geringerer Überzeugung. »Ja, wir sahen die *Pegasus* im Nordwesten, daß heißt westlich der *Royal Oak*«, bekräftigen die beiden deutschen Augenzeugen. Wer hat Recht, wer hat Unrecht? Einer widerspricht dem anderen in den unwichtigsten kleinen Einzelheiten

---

[*]) siehe Anlage IX

dieser Unternehmung, die doch so reich an Geschehen war. Das ist verwirrend. Warum diese ganze Geheimniskrämerei?

d. Prien drang in Scapa Flow ein, versenkte die
Royal Oak *und beschädigte das alte Flugzeugmutterschiff* Pegasus
Diese Theorie widerspricht den amtlichen Erklärungen der beiden früheren Gegner. Ihre Anhänger, sichtlich beeindruckt von der amtlichen britischen Geschichtsschreibung, schließen einen Kompromiß. Sie unterstellen, daß Prien sich bei der Identifizierung des zweiten Schiffes irrte, gestehen ihm jedoch einen Treffer auf die *Pegasus* zu. Diese Betrachtung ist von ernsthaften deutschen Schriftstellern übernommen worden. Natürlich protestieren die Überlebenden von U47, nicht ohne ein gewisses Erstaunen, daß man ihnen einen solchen Fehler zutraut. Der Augenzeuge Hänsel erklärt zu diesem Punkt befragt: »Außer der *Royal Oak* habe ich eine zweite Silhouette eines Schlachtschiffes gesehen. Es lag hinter der *Royal Oak* und war nur mit dem Bug von unserer Angriffsposition aus zu sehen. Der Kommandant sagte allerdings, es sei die *Repulse*. Hans Herlin schreibt aber im Buch »Verdammter Atlantik« (Schicksal deutscher Ubootfahrer) auf Seite 44, in einer Fußnote, es sei das alte Flugzeugmutterschiff *Pegasus* gewesen. Treffer auf letztgenanntem Schiff hat die britische Admiralität allerdings nie bestätigt. Von der erstgenannten Art gab es nur zwei, die *Repulse* und die *Renown*. Die *Renown* operierte aber zu dieser Zeit anderorts, wie der Kommandant sagte, also konnte es nur die *Repulse* sein. Die wurde am Bug getroffen, worauf eine riesige Wasserfontäne aufstieg«. Hänsel fügt hinzu, daß diese Silhouette nicht die der *Pegasus* sein konnte, da er diese im Nordwesten, anderthalb oder zwei Meilen weit entfernt von der *Royal Oak* habe liegen sehen. Dziallas, der zweite deutsche Augenzeuge, erklärt, daß der Schlachtkreuzer in geringem Abstand hinter der *Royal Oak* gelegen habe und offenbar länger gewesen sei als diese.

e. Prien ist in Scapa Flow mit Hilfe eines deutschen, auf den Orkneys eingesetzten Spions eingedrungen, der ihn zum Ankerplatz der Royal Oak *führte.*
Diese amüsante Version gehört ins Reich der Phantasie. Desungeachtet ging diese Geschichte durch die ganze Weltpresse und zwar mit einem solchen Erfolg, daß sich Captain Roskill veranlaßt sah, sie entschieden als Lüge abzustempeln*). Diese Darstellung erschien 1946 in einer Veröffentlichung des *Falken-Verlag* in Zürich unter dem Titel *Spione und Verräter des Zweiten Weltkrieges* von Kurt Singer. Am 24. 12. 1947 veröffentlichte die französisch lizensierte Berliner Zeitung *Der Kurier* auf Seite 5 einen Artikel mit dem Titel *Der Mann, der die* Royal Oak *versenkte*. Der Held ist ein Marineoffizier. Es ist nicht Prien. Er heißt

---

*) *The Navy at War, 1939–1945,* Collins, London, in einer Fußnote auf Seite 50.

Alfred Wehring und ist einer der jüngsten und tüchtigsten Offiziere des Schlachtschiffs *Admiral Hipper* der Kaiserlichen Marine.**).

1923 trat Wehring in den Geheimen Nachrichtendienst der Marine. Um ihm eine ›Legende‹ zu geben, schickte man ihn in die Schweiz, wo er das Uhrmacherhandwerk erlernte. Dort blieb er drei Jahre, 1927 kam er mit Schweizer Papieren auf den Namen Alfred Örtel nach England. Wo würde er sich niederlassen? Natürlich auf den Orkneys, denn dort lag der wichtigste Stützpunkt der britischen Marine. In Kirkwall eröffnete Örtel einen kleinen Uhrmacher- und Juwelierladen. Dieser bescheidene Handwerker führte ein ruhiges und friedliches Leben. Als vorzüglicher Uhrmacher erwarb er sich die Achtung aller. Wer konnte ahnen, daß dieser kleine Uhrmacher ein Held der Skagerrakschlacht war? Als guter Sohn schickte Örtel jeden Monat einen Brief an seinen alten Vater in Zürich, den Vater einer wahrhaft zahlreichen Familie, denn Papa Örtel war kein anderer als der Chef des deutschen Geheimen Nachrichtendienstes. Diese Briefe wären für die britische Spionageabwehr sicherlich von großem Interesse gewesen, und die Berichte über Uhrmacherei und Einzelheiten über den Stand der Küstenverteidigung und Ubootsabwehrmaßnahmen hätte man sicherlich seltsam gefunden.

Einen Monat nach Kriegserklärung erfuhr Örtel von einer Lücke in den östlichen Sperren von Scapa Flow. An einem Oktobernachmittag hatte Örtel alle Erkundungen abgeschlossen, machte sein Geschäft früher als gewöhnlich zu und ging nach Hause. Dort öffnete er einen Schrank und setzte die Kopfhörer eines altmodisch aussehenden Rundfunkempfängers auf, der einen höchst modernen Kurzwellensender in sich barg. Ein Funkspruch an den Marineattachée in den Haag, Kapitän zur See von Bülow, lautete nach Entschlüsselung: »Lücke in der nördlichsten Sperre von Ost-Scapa – stop – schwere Einheiten vor Anker...«

Alle Uboote im Kanal und in der Nordsee wurden alarmiert. Günther Prien, Kommandant des Ubootes B-06 erhielt Befehl, die Orkneys anzusteuern.

13. Oktober 1939. In pechschwarzer Nacht steigen die Inseln, dunkler als Himmel und See, aus dichtem Nebel auf. In dieser triefenden, watteähnlichen Atmosphäre richtet Prien sein Doppelglas auf die Küste und erkennt die vereinbarten Lichtsignale: kurz – kurz – lang... Ein Gummiboot wird ausgesetzt. Kurze Zeit später kommt Örtel mit einer zusammengerollten Karte unterm Arm an Bord.

Endlich wieder in seinem Element, lotst Örtel das Uboot mit Elan durch die den Kirk Sound versperrenden Wracks und plötzlich – da sind sie in Scapa Flow!

Örtel wirft einen letzten Blick durch das Sehrohr. Die mächtige Silhouette der verhaßten *Royal Oak*, gegen die er in der Skagerrakschlacht kämp-

---

**) Ein Schiff dieses Namens hat es in der Kaiserlichen Marine nie gegeben. Erst im 2. Weltkrieg wurde ein schwerer Kreuzer nach Vizeadmiral von Hipper, seit August 1918 Chef der Hochseeflotte, benannt.

Schlachtkreuzer HMS *Repulse* am 23. April 1938. (Marius Bar)

HMS *Iron Duke*, umgebaut zum Artillerieschulschiff, fotografiert 1939 nach ihrer Herabsetzung in der Klassifizierung. Zwei der 34,3 cm Türme sind ausgebaut, ebenso der Seitenpanzer, die Geschwindigkeit ist auf 18 kn reduziert. Die *Iron Duke* war das Schlachtschiff von Admiral Jellicoe in der Seeschlacht vor dem Skagerrak. (Wright & Logan)

fte, erscheint im Blickfeld. Die Motoren sind gestoppt. Los! Der Ausstoß der beiden Torpedos erschüttert das Uboot leicht. Das Schlachtschiff fliegt in die Luft.

B-06 bringt Örtel nach Deutschland zurück. Nach einem kurzen Aufenthalt im Hotel ›Goldener Löwe‹ in Kiel fliegt er nach Berlin, um seinem ›Vater‹, dem Admiral Canaris, dem Leiter des deutschen Nachrichtendienstes, zu berichten. Und seither hat niemals wieder irgend jemand etwas von Alfred Wehring-Örtel gehört!

Der Artikel war nicht gezeichnet, er trug das Copyright *Falken-Verlag* Zürich.

Anfangs amüsierte die Lektüre dieses ›Papiers‹ die Marineoffiziere; doch nachdem sich diese Geschichte unverhältnismäßig aufblähte, erregte sie schließlich die Mißbilligung der gesamten Marine. Die Offiziere, die direkt oder indirekt etwas mit dem Einsatz von U 47 zu tun hatten, waren verärgert. Alle die, die Zugang zu amtlichen oder vertraulichen Unterlagen hatten wie Wolfgang Frank, Kriegsberichter beim Stab des Befehlshabers der Uboote, zuckten die Schultern. Die Offiziere des früheren Stabes von Großadmiral Dönitz erhielten viele Briefe von Marineoffizieren, die Aufklärung verlangten. Die Sache wurde unerfreulich. Um dem ein Ende zu setzen, schrieb Konteradmiral Godt, früherer Chef der Operationsabteilung des Befehlshabers Uboote, am 1. Januar 1948 einen Brief mit Berichtigungen in fünf Punkten an die Redaktion der Zeitung, aber *Der Kurier* ließ sich nicht zu einer Antwort herab.

Anfang Januar 1949 veröffentlichte die *Saturday Evening Post* einen langen Artikel *The Uboot Mystery of Scapa Flow* unter dem Namen von Burke Wilkinson. Diese zweite Version versuchte eine etwas glaubwürdigere Erklärung mit Fotografien, Karten und Plänen zu bringen. Der Autor hatte einige Kenntnisse von der Marine und ganz offensichtlich Priens eigenes Buch *Mein Weg nach Scapa Flow* und das Kriegstagebuch von U47, das im *Brasssy's Naval Annual 1948* veröffentlicht wurde, gelesen. So findet man in diesem Artikel neben Wehring-Örtel Sätze aus Priens Buch und aus seinem Kriegstagebuch wieder. Wilkinson hat eine seltsame Mischung aus Dichtung und Wahrheit gebracht. Die Veröffentlichung der *Saturday Evening Post* ließ die ganze Angelegenheit wieder aufleben. Deutsche Zeitungen nahmen den Ball auf und bereicherten die »story« durch sensationelle Schlagzeilen.

Im Juli 1949 erschien Wilkinson's Artikel in der Nummer 15 der französischen Zeitschrift *Constellation*. ›Das geheimnisvolle Uboot von Scapa Flow‹ war zu einer langen Reise durch die Weltpresse aufgebrochen. Fast zehn Jahre später, 1958, finden wir es in England wieder.

Muß man noch hinzufügen, daß Journalisten und Schriftsteller wie Wolfgang Frank und Alexander McKee eingehende Nachforschungen[*] anstellten, der erstere in Deutschland und der zweite in Großbritannien,

---

[*] *Der Stier von Scapa Flow* von Wolfgang Frank, Stalling-Verlag Oldenburg, 1958. *Black Saturday* von Alexander McKee, Souvenir-Press Ltd., London, 1959

und daß ihre Ergebnisse ganz klar den ›mythischen Charakter‹ wie Roskill es so treffend bezeichnet, des Uhrmachers von Kirkwall bestätigen?

Die Nacht vom Freitag, den 13. Oktober 1939
Außer der kurzen britischen Verlautbarung, mit der am Morgen des 14.
Oktober mitgeteilt wurde, daß die *Royal Oak* »anscheinend durch ein
Uboot« vernichtet sei, waren die einzigen Informationsquellen 15 Jahre
lang deutschen Ursprungs. Die Admiralität schwieg bis zur Veröffent-
lichung der amtlichen Seekriegsgeschichte im Jahr 1954. Sir Winston
Churchill hatte eine ganze Seite seiner Erinnerungen der Torpedierung
der *Royal Oak* gewidmet, aber er benutzte keine britischen Informationen. Er stützte seinen Bericht – wie er selbst erklärt – auf eine deutsche
Unterlage. Die Nacht des 13. Oktober blieb selbst nach dem Krieg in
höchste Geheimhaltung gehüllt.
Bereits am 14. Oktober hatte die Admiralität strenge Befehle an alle
Marineangehörigen in Scapa Flow erlassen, der Presse auszuweichen und
auf keinen Fall Fragen zu beantworten; noch genauer: einige der Fragen
überhaupt nicht zur Kenntnis zu nehmen. Diese Weisungen wurden
buchstabengetreu befolgt. Journalisten warfen in den Kneipen von
Kirkwall viele Runden, doch alles Geschwätz brachte keine Information.
Alles war geheim: die Lage der *Royal Oak*, Zahl und Stärke der Explosionen, die Position der *Pegasus* und des alten, teilweise abgerüsteten
Schlachtschiffes *Iron Duke*, des Hilfskreuzers SS *Voltaire**), der Zerstörer und Minensuchboote, um nur einige zu nennen.
Sonderkorrespondenten hatten keine andere Wahl, als sich auf die sehr
knappe Äußerung der Admiralität vom 14. Oktober zu stützen. Zahl-
reiche Überlebende der *Royal Oak* indessen beharrten darauf, daß das
Schlachtschiff einer Sabotage zum Opfer gefallen sei, und sie hielten mit
dieser Meinung nicht hinter dem Berg. Man flüsterte, daß der Saboteur
aus Lyness stamme; die widersprechendsten Gerüchte liefen um. Eine
Legende war entstanden, eine Legende, die sich im Laufe der nächsten
30 Jahre immer mehr verdichten sollte.
Die Marine verlor keine Zeit, den genauen Ursachen der Vernichtung des
Schlachtschiffes nachzugehen. Niemand wußte etwas Genaues. Am Tag
nach dem Drama wurden Vorkehrungen getroffen, das Wrack durch
Taucher untersuchen zu lassen. Gleichzeitig begann man eifrig, nach
möglichen Torpedos zu suchen, die nicht gezündet hatten. Aus Furcht
vor der ›Fünften Kolonne‹ wurde mit fast übertriebenen Vorsichtsmaß-
nahmen die äußerste Geheimhaltung dieses Unternehmens sichergestellt,
die erneut respektiert wurde. Drei Monate später hielt es die Admiralität
für ratsam, die Tatsache zu enthüllen, daß Reste fremder Torpedos,
darunter das Typenschild eines Elektromotors mit dem Namen einer
deutschen Herstellerfirma in der Nähe des Wracks geborgen worden sei.
Trotz dieser greifbaren und unwiderlegbaren Beweise gaben die An-

---

*) früherer Passagierdampfer der Lamport & Holt-Linie

hänger der Sabotagetheorie ihre Niederlage nicht zu. Selbst heute sind einige Überlebende der *Royal Oak* immer noch davon überzeugt, daß Prien niemals nach Scapa Flow eindrang. Sie müssen wohl annehmen, daß diese Beweisstücke ›fabriziert‹ wurden, um den Ubootsangriff glaubhaft zu machen.

Im Jahr 1947 verwirrten die Artikel über Alfred Örtel, den Spion der nie existierte, wieder einmal die durch das anhaltende Schweigen der Behörden im Dunkel gebliebene Situation. Unter Berufung auf die ›*Official Secrets Act*‹ hielt die Admiralität weiter alle Informationen unter Verschluß. Nach dem Gesetz ist die Geheimhaltung von 50 auf 30 Jahre herabgesetzt. Der Stempel ›Geheim‹ hätte von der Akte Scapa Flow am 14. Oktober 1969 entfernt werden können; auf der anderen Seite kann den Verteidigungsminister nichts und niemand zwingen, irgendetwas preiszugeben.

Das amtliche Geschichtswerk über den Seekrieg, dessen Text von Captain S. W. Roskill verfaßt ist, konnte diese Episode nicht mit Stillschweigen übergehen. Roskill gibt eine Reihe von Informationen, von denen einige Prien widersprechen und andere, die mit seinem Kriegstagebuch übereinstimmen, von den Aussagen der Überlebenden der *Royal Oak* jedoch abweichen. So äußert er einige Zweifel an dem von U 47 gesteuerten Kurs. War es durch die Hindernisse des Kirk Sound eingedrungen oder hatte es ganz dicht unter Land die Uboots-Netzsperre einer anderen Einfahrt umgangen? Diese Unsicherheit bei Roskill zeigt Mißtrauen gegen den Wahrheitsgehalt von Priens Tagebuch sowie der deutschen Verlautbarungen. Aber das Interessanteste an diesem Bericht ist, daß er den Irrtum bei der Identifizierung des zweiten Schiffes bestätigt und das ist der Angelpunkt. Wenn man die amtliche britische Version akzeptiert, nach der Prien die *Repulse* mit der *Pegasus* verwechselt haben könnte, dann bleibt das Verhalten der Behörden verwirrend. Wenn da nichts zu verbergen ist, warum die ganze Geheimhaltung? Schon ein Laie könnte diese beiden Schiffe kaum verwechselt haben. Hätte Prien ein solcher Irrtum unterlaufen können? Wie andere Überlebende glaubte Mr. Davies, daß Prien niemals ein zweites Schiff sah:

»Ich glaube, daß er niemals die *Pegasus* sah, und wenn er sie gesehen hätte, hätte er sie niemals mit einem anderen Schiff, vor allen Dingen nicht mit der *Repulse* verwechseln können«.

In jedem Fall würde es interessant sein zu wissen, wo die *Pegasus* lag. Die Mehrzahl der Zeugenaussagen plaziert sie nordwestlich der *Royal Oak*. Dann hätte U 47, das vom Süden her angriff und von Backbord nach Steuerbord drehte, zuerst auf die *Pegasus* feuern müssen. Aber alle deutschen Zeugenaussagen bestätigen einmütig das Kriegstagebuch: die ersten beiden Torpedos waren für die *Royal Oak* bestimmt. Auch die Schußentfernung muß berücksichtigt werden. Wenn das Flugzeugmutterschiff etwa zwei Meilen nordwestlich des Schlachtschiffes vor Anker lag, hatte Prien kaum die Möglichkeit, beide Schiffe gleichzeitig anzugreifen.

Wenn er glaubte, daß es die *Repulse* sei, die dort wo die *Pegasus* lag, dann hätte er, da das wahre Ziel viel kleiner als das vermutete Ziel war, zwangsläufig die wirkliche Entfernung um etwa 5000 m überschätzt. In diesem Fall mußte er sehr wohl wissen, daß er nur wenig Aussichten hatte zu treffen. Er würde ganz sicherlich nicht einen der drei kostbaren Torpedos seiner ersten Salve blindlings in die Gegend geschossen haben, um so mehr, als er nicht damit rechnen konnte, daß jegliche Reaktion auf britischer Seite ausblieb und er die Möglichkeit hatte, erneut anzugreifen. Andererseits, wenn einer der Torpedos der ersten Salve die Steuerbord-Ankerkette der *Royal Oak* getroffen hat, den Bug welchen Schiffes hat dann diese Wassersäule verdeckt? Keiner der Seeleute auf dem Schlachtschiff scheint diese Wassersäule gesehen zu haben. Deshalb haben sie an eine innere Explosion geglaubt. Lag *Pegasus* weiter ostwärts? Unglücklicherweise legen die britischen Zeugen sie ohne zu zögern zwischen diametral entgegengesetzte Positionen, von Westnordwest bis Ostsüdost. Jeder gibt in voller Überzeugung eine andere Darstellung, und zwar nicht nur über die *Pegasus*. Selbst über unwichtige Nebensächlichkeiten im Laufe dieser Nacht gehen die Aussagen oft auseinander, manchmal widersprechen sie sich direkt, selten stimmen sie überein. Man fragt sich, ob all diese Zeugen etwa geschworen haben, niemals etwas preiszugeben. Natürlich verwischt sich nach 30 Jahren die Erinnerung, und schon die Zeit erklärt viele der Erinnerungslücken und auch in gutem Glauben geäußerte Irrtümer. Alexander McKee befragte eine Anzahl von Zeugen nach mehr als zehn Jahren, ehe er sein Buch über die Vernichtung der *Royal Oak* schrieb[*]). Er kam zu dem Schluß, daß die *Pegasus* nahe der Küste von Mainland, irgendwo westlich bis nordwestlich vom Schlachtschiff in einer Entfernung von etwa zwei Meilen vor Anker lag. Hänsel und Dziallas versichern, daß sie das Flugzeugmutterschiff weit im Nordwesten gesichtet haben. Auch Mr. Davies legt es in diese Richtung, ebenfalls in große Entfernung. Außerdem bezeugt er mit Bestimmtheit, daß niemand an Bord der *Pegasus* irgend etwas bemerkt habe: »Mindestens zwei Stunden vergingen, bevor überhaupt Hilfe kam, und diese Hilfe kam von *Pegasus*. ... Beim Eintreffen auf *Pegasus* sprach ich mit dem Fallreepsgefreiten, den ich kannte, und er versicherte mir, daß niemand auf der *Pegasus* bis zum Eintreffen der ersten Überlebenden auch nur vermutet habe, was geschehen sei«.

Dagegen erklärt Mr. R. A. Rowley von der *Pegasus*, daß die Besatzung gegen 01.20 Uhr durch zwei heftige Explosionen aus dem Schlaf gerissen worden sei. Es sah plötzlich riesige Funkengarben vorn und achtern aus der *Royal Oak* aufspringen, dann hallten drei Explosionen über die Bucht.[**]) Mr. Rowley sagt nichts über die Entfernung zwischen den beiden Schiffen.

---

[*]) *Black Saturday*, Souvernir-Press, London, 1953
[**]) *Scapa Flow* von Malcolm Brown und Patricia Meehan. Allen Lane, The Penguin Press, London 1968

Mr. Rowley sah die Silhouette der *Royal Oak* sich gegen den Himmel abzeichnen; das würde auf eine Position der *Pegasus* mehr nördlich von dem Schlachtschiff, das dicht unter Land, etwa eine halbe Meile von der Ostküste von Mainland geankert hatte, hindeuten und wegen der Nähe des Nordufers auf einen Abstand von weniger als zwei Meilen. Das Verteidigungsministerium gibt mit Bezug auf das amtliche Geschichtswerk eine Position genau im Norden, legt mit anderen Worten die *Pegasus* auf die Position, wo Prien die *Repulse* festgestellt hatte. Captain R. F. Nichols sagt eindeutig »Die *Repulse* lief aus und *Pegasus* ankerte praktisch auf der selben Stelle«. (in 340° von *Royal Oak*, 1 280 m ab).

Wenn das so war, warum versuchten die Überlebenden nicht, die Pegasus zu erreichen? Und warum mußten sie zwei Stunden auf die Ankunft von Rettungsbooten warten? Nur ein Seemann, der Unteroffizier G. R. Kerr, berichtete Alexander McKee, daß er drei Stunden lang in dem eisigen Wasser schwamm, um die *Pegasus* zu erreichen. Mr. Kerr hatte dies trotz schwerer Verbrennungen gewagt; von niemanden sonst weiß man, daß er die *Pegasus* schwimmend erreichte.

Nicht alle sind der gleichen Meinung, sie verlegen die *Pegasus* in eine ganz andere Richtung. So erinnert sich Mr. Herbert Johnston ganz deutlich, daß er von der *Daisy II* aufgenommen wurde und dann mit anderen Überlebenden zur *Pegasus* gebracht wurde, »die etwas östlicher als Süd von der *Royal Oak* zwei bis drei Meilen ab in der Sandoyne Bucht vor Anker lag«. Das hatte er auch schon den Autoren von *Scapa Flow*[*]) gesagt, und er bestätigt dies zur Erläuterung mit einer kleinen Skizze. Mr. Johnston kennt die Sandoyne Bucht besonders gut, weil er in dem kleinen Nachbardorf St. Mary wohnte. Von hier aus konnte man auch die *Royal Oak* sich gegen den Himmel abzeichnen sehen. Könnte das der kleine Tanker gewesen sein, den die Wache von U 47 bemerkte? Hänsel glaubt das nicht, weil die Aufbauten ganz deutlich mehr in der Mitte des Schiffes lagen. Mr. Johnston, zu diesem Punkt befragt, kann sich an einen Tanker in Scapa Flow nicht erinnern. Der Deutsche und der Engländer haben zwei verschiedene Schiffe zur selben Zeit am gleichen Ort gesehen. Es ist verwirrend festzustellen, daß die Aussage von Mr. Johnston über die Lage der *Pegasus* um 180° oder mehr von denen differiert, die Alexander McKee zusammenstellte, sowie der von John Gatt, dem Schiffer der *Daisy II*, und den Hinweisen des Verteidigungsministeriums, des Captain Nichols und Mr. Davies. Dagegen hat Mr. Johnston wie Mr. Davies, aber im Gegensatz zu Mr. Rowley »niemals jemand sagen hören, daß irgend jemand an Bord der *Pegasus* bemerkt habe, daß die *Royal Oak* soeben torpediert worden sei«.

Die Zeichnung von Mr. Johnston enthält zwei Angaben, die das Problem noch etwas weiter komplizieren. Man sieht darauf zwei Hilfs-

---

[*]) Seite 147

215

kreuzer, die *Rawalpindi**), von der sonst niemand gesprochen hat, und die *Voltaire* vor Anker auf dem Hauptliegeplatz der Flotte bzw. rechts und links von der Achse des Hoxy Sound. Das erste dieser Schiffe liegt auf dem Kurs von U 47 nach seinem Eintritt in Scapa Flow. Wenn Mr. Johnstons Angaben zutreffen, dann ist entweder Prien nie in den Orkneys gewesen oder sein Tagebuch ist ein Fälschung. Es ist unvorstellbar, daß er diese beiden hoch aus dem Wasser liegenden Passagierschiffe nicht bemerkt oder eines von ihnen mit dem kleinen Wachboot im Hoxa Sound verwechselt haben könnte. Wenn aber der Hilfskreuzer zur Rechten zwei oder drei Meilen mehr südlich vor Anker gelegen hat, dann war er von Land verdeckt, als das Uboot Südwestkurs lief und Prien konnte ihn wirklich nicht erkennen. In der Tat haben die Männer der Brückenwache nach der Torpedierung der *Royal Oak*, als U 47 an der Westküste von Mainland entlang auf den Ausgang von Scapa zulief, Schiffe aus der Richtung vom Hoxa Sound kommen sehen. Der Hilfskreuzer zur Linken hätte, wenn er zwei oder drei Meilen nördlich gelegen hätte, in der Dunkelheit mit einem Frachter oder einem Tanker verwechselt werden können (die Tanker, die vor Anker schliefen, die Prien in seinem Buch erwähnt). Die Zeichnung von Mr. Johnston, die ein Vorstellung von der Lage der in Scapa Flow anwesenden Schiffe zueinander geben soll, erhebt nicht den Anspruch, eine genaue Karte zu sein.

Auch die Lage der *Royal Oak* während des Angriffs hat zu Meinungsverschiedenheiten geführt. Die Richtung variiert nach den Aussagen um 360°. Mr. Johnston zeigt die *Royal Oak* und *Pegasus* vor Anker parallel zur Küste von Mainland. Das ist die Ansicht einer Anzahl britischer und deutscher Zeugen, jedenfalls soweit es das Schlachtschiff betrifft, nur mit dem Unterschied, daß die einen sie mit dem Bug nach Norden und die anderen mit dem Bug nach Süden legen. Nach Captain Nichols zeigte der Bug ungefähr nach Norden, die Steuerbordseite parallel zum Ufer. Diese Feststellung läuft darauf hinaus, daß Prien nicht von Süden und auf 3 000 m, wie er in seinem Kriegstagebuch schreibt, sondern von Osten und sehr viel näher, wahrscheinlich aus 5–600 m Entfernung, geschossen habe, da das Schlachtschiff eine halbe Meile von Mainland ab vor Anker lag. Der I. Offizier der *Royal Oak* erklärt die beiden Fehlschüsse der ersten Salve und des Hecktorpedos damit, daß Prien aus zu kurzer Entfernung geschossen habe. Da Torpedos, wenn sie das Rohr verlassen, erst etwas tiefer steuern, ehe sie nach einer gewissen Entfernung auf die eingestellte Tiefe gehen, wären die drei Torpedos unter den Zielen durchgelaufen. Das Kriegstagebuch erwähnt, daß die Torpedos nicht auf Magnetzündung eingestellt waren (die sie unter dem Kiel des Zieles hätten explodieren lassen). Das wäre dann also offensichtlich ein fachlicher Fehler gewesen, und man kann sich nur schwer vorstellen, daß Prien, ein erfahrener Ubootoffizier,

---

*) früherer Passagierdampfer der P & O Company. Die *Rawalpindi* (Commander A. C. Kennedy) wurde am 25. November 1939 in einem ungleichen Gefecht mit den Schlachtkreuzern *Scharnhorst* und *Gneisenau* versenkt

sich wie ein Anfänger benommen haben sollte. Man müßte dann außerdem zugeben, daß die Besatzung von U 47 entweder vollkommen ihren Orientierungssinn verloren hätte oder daß Prien es riskiert habe, das Kriegstagebuch zu fälschen und seinen Vorgesetzten einen Phantasiebericht vorzulegen. In diesem Fall wäre es erstaunlich, daß die Besatzung darüber nicht geschwatzt und weiterhin Stillschweigen bewahrt habe. Die Hochachtung, die die Überlebenden heute noch dem Andenken Prien's bezeigen, straft eine solche Annahme Lügen. Niemand achtet einen unfähigen oder unwahrhaftigen Offizier. Von der Brücke von U 47 hat Dziallas den Kurs des Schlachtschiffes zwischen Ost und Nordost ge-

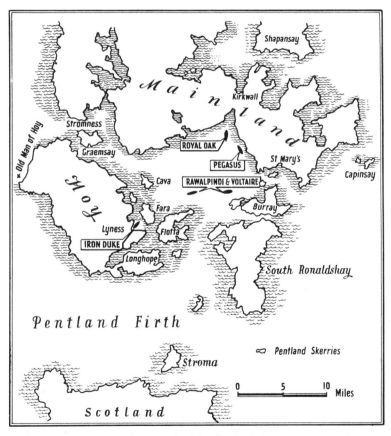

Diese von Herbert R. Johnston (überlebender britischer Augenzeuge der Versenkung der *Royal Oak*) angefertigte Skizze zeigt die Positionen der *Pegasus* und der anderen Schiffe in Scapa Flow in der Nacht des Geschehens.

schätzt. Das ist auch die Ansicht von Mr. Davies, der dies mit überzeugendem Ernst so ausdrückt:

»Das ist eine Frage, über die die Meinungen auseinandergehen. Offiziell, so glaube ich, nimmt man an, daß der Bug der *Royal Oak* zur Zeit der Versenkung fast genau nach Norden zeigte. Ich war zu dieser Zeit nur ein einfacher und unbedeutender Gefreiter der Royal Marines und diese Feststellung zu bestreiten wäre zweifellos eine Ungehörigkeit meinerseits. Aber ich stand an der Backbordseite an Oberdeck, als das Schiff zu sinken begann und ich erinnere mich sehr genau, daß ich Felsen genau hinter dem Heck sah, weil ich einen Augenblick überlegte, ob ich sie schwimmend erreichen könne. Wenn der Bug wirklich nach Norden gezeigt hätte, hätte ich diese Klippen überhaupt nicht gesehen und ganz bestimmt nicht in der Richtung, in der ich mich sehr genau erinnere, sie gesehen zu haben. Ich glaube deshalb, daß der Bug etwas östlicher, etwa Nordost ein Viertel Ost gezeigt haben muß und somit natürlich die Steuerbordseite einem Angriff von Süden ausgesetzt hat«.

Diese Bescheidenheit ehrt Mr. Davies; er hat niemals versucht, sich mit seinem Wissen zu brüsten. Nicht alle Zeugen haben diesen Vorzug. Wie dem auch sei, die von der Admiralität unter Nr. 35 herausgegebene Karte von Scapa Flow bestätigt die Aussagen von Mr. Davies. Sie zeigt das Wrack der *Royal Oak* mit dem Bug leicht östlich von Nordost. Nichts spricht dafür, daß das Schlachtschiff, als es im Laufe der Nacht acht bis zehn Minuten nach den drei Treffern von Priens zweitem Angriff sank, seinen Kurs wesentlich geändert habe. Es ist überraschend, daß der Hydrographische Dienst der britischen Marine eine solche Karte veröffentlicht, denn die in dem amtlichen Seekriegswerk bezeichnet das Wrack nur mit dem üblichen Zeichen ohne Angaben der Richtung; zweifellos zeigt dies eine mangelnde Zusammenarbeit zwischen den beiden betroffenen Diensten.

Der zweite deutsche Augenzeuge, Herr Hänsel, hat in seiner Erinnerung das Bild des Schlachtschiffes mit Kurs Südost, die Backbordseite parallel zur Steilküste (und das der *Repulse* vor Anker zwischen der *Royal Oak* und dem Land).

»Die *Royal Oak* und *Repulse* lagen mit dem Bug nach Südost, das ergibt sich aus der Strömung, die zur Zeit des Angriffes setzte. Es ist bekannt, daß jedes Schiff sich in den Strom legt und wenn keiner da ist, dann in den Wind. Zur Zeit des Angriffes lagen wir auf Nordostkurs, kamen also aus Südwest. Der zweite Angriff kam ebenfalls aus Südwesten, aber wir liefen von Osten her an, ehe wir unsere Schußposition einnahmen. Bei dem zweiten Angriff war die Entfernung zur *Royal Oak* sehr gering«.

Es ist eine unbestreitbare Tatsache, daß U 47 mit dem Gezeitenstrom in Scapa Flow einlief. Wie soll man jedoch die Nordostlage des Wracks erklären, wenn sich das Schlachtschiff nicht zwischen dem Zeitpunkt, da seine Steuerbordkette durch die Klüse auslief, und den Treffern der zweiten Salve um 90° gedreht hat? Die Widersprüche in den Zeugenaussagen

218

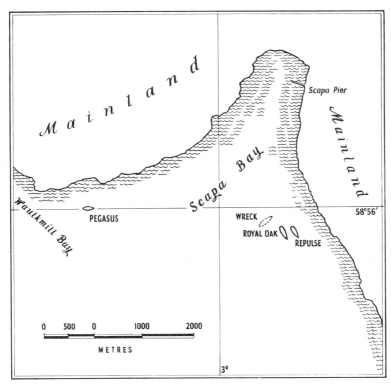

Die Lage der *Royal Oak*, *Repulse* und *Pegasus*, rekonstruiert von Matrosenobergefreiter Gerhard Hänsel, einem der beiden deutschen noch lebenden Augenzeugen, der während des Angriffs auf der Brücke war.

sind nur zu offensichtlich. Wenn für die einen der Bug nach Norden zeigte und für die anderen nach Süden, legen Nichols, Johnston und Hänsel die Royal Oak parallel zur Küste, so wie es auch wirklich gewesen sein muß. Davies und Dziallas legen das Schiff mit dem Bug nach Nordosten, haben dabei die letzte Phase in Erinnerung und damit ebenso recht.
Es ist interessant festzustellen, daß Prien beim zweiten Angriff wesentlich näher an die *Royal Oak* heranging, wahrscheinlich auf weniger als eine Meile. Die beiden deutschen Augenzeugen bestätigen das und somit ist eine Verwechslung mit der *Pegasus* noch weniger wahrscheinlich.
Andere Ereignisse oder Umstände, die keinen direkten Zusammenhang mit den von Prien errungenen Erfolgen haben, bieten sich auch in verschiedenen Auslegungen an. Leuchtete zum Beispiel das Nordlicht über Scapa Flow so wie es die Deutschen beschreiben? An Deck der *Pegasus* war

es so dunkel, daß nach Mr. Rowley*) die Männer gegeneinander rannten. Die Überlebenden der *Royal Oak* bezeichnen die Nacht zwischen »pechschwarz« und »sternenklar«. Einige Überlebende behaupten, daß sie Männer sprechen hörten, ohne sie in der Dunkelheit zu sehen.

Angesichts der Unmenge von Aussagen für vollständige Dunkelheit läge der Schluß nahe, daß Prien das Nordlicht erfunden habe, wenn nicht der Captain Nichols auch das am Himmel blinkende Licht erwähnt hätte. Die subjektiven Beurteilungen der Dunkelheit dieser Nacht zeigen deutlich die Fragwürdigkeit von Zeugenaussagen. Man kann nicht vorsichtig genug sein wenn es darum geht, einen Vorgang aus der Vergangenheit zu rekonstruieren. Erinnerung verzerrt die Bilder, Zeit macht sie unwirklich und löscht sie aus.

Eine andere, zweitrangige Frage: haben die Engländer nach der Vernichtung der *Royal Oak* reagiert? Ist es wahr, daß der Hafen aus dem Schlaf gerissen wurde wie Prien sagt? »Und wie!« ruft Hänsel aus und setzt hinzu »Dann wurde es natürlich sehr lebendig. Alle Schiffe, die am Südufer unter Land lagen, machten Anker auf«.

Auch Roskill bestätigt, daß gegen 02.15 Uhr, noch ehe U 47 die freie See erreicht hatte, man sich in Scapa Flow darüber klar war, daß wahrscheinlich ein Uboot die Sperren durchbrochen hatte und alle verfügbaren Schiffe die Jagd aufnahmen. Mr. Davies hingegen versichert, daß zwischen 01.30 und 02.15 Uhr außer den Überlebenden sich niemand über irgendetwas klar gewesen sei.

»Mindestens zwei Stunden lang nahm kein Mensch irgend eine Suche auf. Auf keinem der Schiffe hatte man vor dieser Zeit begriffen, daß wir gesunken waren und es dauerte noch länger, bis sie darauf reagierten«.

Mr. Davies gibt die Meinung von etwa 200 Überlebenden des Schlachtschiffes wieder, die tatsächlich nichts gesehen haben können. In Höhe des Wasserspiegels war es unmöglich, etwas zu beobachten, was Meilen entfernt vorging. Die Männer waren außerdem viel zu sehr damit beschäftigt, ihr Leben zu retten, um sich für irgendetwas anderes zu interessieren, als aus dieser üblen Lage herauszukommen. Die Nordostecke von Scapa Flow ist eine Sackgasse, und kein Schiff wäre hierher gekommen, um das angreifende Uboot zu jagen. Es war logisch, davon auszugehen, daß das Uboot sofort den Tatort verlassen hatte und durch eine der Durchfahrten zu entkommen versuchte. Wir dürfen nicht vergessen, daß Roskill den entscheidenden Vorteil hatte alle Dokumente, wie die Logbücher, einzusehen.

Obgleich die Engländer das nicht erwähnen, ist es sehr wahrscheinlich, daß U 47 einen Zerstörer beim Einlaufen in den Kirk Sound gesehen hat, und es ist keineswegs erstaunlich, daß die im eisigen Wasser vier Meilen entfernt kämpfenden Schiffbrüchigen ihn nicht gesehen haben. Das überrascht um so weniger, wenn man bedenkt, daß die zahlreichen Über-

---

*) *Scapa Flow*, Seite 148

lebenden zugegebenermaßen in der Nacht nicht einmal die *Pegasus* gesehen haben, obgleich sie viel näher und viel größer war als der Zerstörer.

Die beiden deutschen Augenzeugen versichern, daß sie den Zerstörer deutlich gesehen haben. Der Gefreite Hänsel erinnert sich dieses Zusammentreffens genau, weil der Engländer sie angemorst habe:

»Nachdem der Zerstörer erst die Wasseroberfläche mit den großen Scheinwerfern abgesucht hatte, wir aber schon vor der Ausfahrt standen, gab er in unsere Richtung Lichtsignale ab. Ich fragte den Kommandanten wegen einer Antwort an den Zerstörer. Plötzlich drehte der Zerstörer ab. Wahrscheinlich hat er uns nicht erkannt, da wir von seiner Position aus eventuell gerade im Schatten der auf Grund gesetzten Wracks standen und unser Schraubenwasser nur für aufbrausende Gischt gehalten wurde, da die Flut zu dem Zeitpunkt in vollem Gang war. Wir hatten auf der Stelle getreten, trotz beider Diesel-Maschinen Äusserste Kraft voraus. Erst als die E-Maschinen hinzu geschaltet wurden, nahm unser Boot Fahrt voraus auf«.

Natürlich erwähnt kein britisches Dokument diese Begegnung und das aus gutem Grund; der britische Zerstörer hat das Uboot offensichtlich nicht erkannt, sonst hätte er nicht abgedreht.

Einige britische Schriftsteller werfen Prien vor, er habe die Wirkung seiner Torpedos übertrieben. Das Schlachtschiff, so argumentieren sie, sei nicht in wenigen Sekunden in die Luft geflogen. Doch Prien behauptet nicht, daß das Schiff durch die Explosion in Fetzen gerissen worden sei, wie es der Fall gewesen wäre, wenn die Munitionskammern hochgegangen wären. Nach den Aussagen der Mehrzahl der britischen Zeugen brachen wenige Sekunden nach der Explosion der drei Torpedos der zweiten Salve zwei hohe Funkengarben aus dem Deck und eine starke Flamme sprang in Masthöhe, das heißt etwa 50 m hoch. Dann erschütterte eine heftige Explosion das Schiff; eine dicke, schwarze Rauchwolke breitete sich aus und das Schlachtschiff legte sich 25° über.

In drei Sätzen beschreibt Hänsel den Eindruck, den das Ende der *Royal Oak* hinterließ. »Zunächst gingen die Scheinwerfer gen Himmel, aber da hatten wir schon abgedreht und fuhren unserer Ausfahrt entgegen. Die *Royal Oak* sank ziemlich schnell nach Treffern vorn, mittschiffs und achtern. Im Feuerschein sahen wir Schiffsteile durch die Luft fliegen«.

Das ist ungefähr das, was Prien in seinem Kriegstagebuch schreibt: »Da rollt, knallt, bumst und grummelt es gewaltig, zunächst Wassersäulen, dann Feuersäulen, Brocken fliegen durch die Luft«.[*]

Seltsamerweise hatten die Torpedos auf die Besatzungen der *Pegasus* und U 47 eine eindrucksvollere Wirkung als auf die der *Royal Oak*. Wenn Prien in seinem Bericht an Großadmiral Dönitz[**] das Ende des Schiffes

---

[*] siehe Anlage V
[**] siehe Anlage VII

in einem kurzen Satz zusammenfassend etwas dramatisiert »Das Schlachtschiff flog in wenigen Sekunden in die Luft«, so ist es dennoch wahr, daß
die *Royal Oak* wenige Sekunden nach den Treffern endgültig außer Gefecht war.*)
Einige werfen Prien auch vor, daß er schreibt, er habe nach der Torpedierung in 200 m Entfernung Autos gesehen, während die nächste Straße
doch 1 km oder mehr von der Küste ab war. Sie schreiben Prien zu, was
er nie gesagt hat. Er schreibt in seinem Kriegstagebuch nur, daß Wagen
geräuschvoll an Land 200 m ab fuhren (zweifellos die Südwestspitze von
Mainland). Mit anderen Worten, er sagt nicht, daß er die Wagen sah,
aber er hörte das Dröhnen der Motoren; in der Stille der Nacht dringen
Geräusche weit, besonders über Wasser.

Wer hat Recht?
Trotz ihrer vielen Widersprüche sind die Engländer in einem Punkt be-
merkenswert einmütig: Prien torpedierte nicht die *Repulse*; das zweite
Großkampfschiff existierte nur in seiner Phantasie. Das sagen sie alle. Die
Augenzeugen und die amtlichen Sprecher. Wem soll man glauben – den
Deutschen oder den Engländern? Sie äußern sich beide sehr bestimmt,
die einen wie die anderen.
Kann man den deutschen Angriff auf ein für die Briten *nicht existierendes
Schiff* anders erklären als mit einer Verwechslung mit der *Pegasus?* Viele
englische Schriftsteller, und nach ihnen viele Seeleute, zu britisch um
das Wort »Lüge« zu benutzen, nennen es lieber eine Halluzination. Für
sie »sah« Prien, was er zu sehen erwartete: *Royal Oak* und *Repulse* Seite
an Seite vor Anker, wie sie am 12. gegen 15.00 Uhr von Leutnant Newe
fotografiert worden waren. Zum Glück für die *Repulse* kam Prien etwas
mehr als 24 Stunden zu spät, denn der Schlachtkreuzer war am späten
Nachmittag des 12. ausgelaufen. Wie hätte Prien von dieser Fotografie
Kenntis haben können? Durch Funkspruch – ganz einfach!
Wenn man diese Theorie akzeptiert, dann muß man einräumen, daß es
sich um eine Kollektiv-Halluzination handelte. Prien, Endrass, von Varendorff, Sammann, Dziallas und Hänsel hatten die gleiche Vision von zwei
Großkampfschiffen. Andererseits versichern die Deutschen, daß Prien
den Funkspruch nicht erhalten habe. Und dies ist ihre Version: Am
Abend des 12. Oktober wurde Leutnant Newe nach Wilhelmshaven be-
ordert, um in Gegenwart des Führers der Unterseeboote die Fotografien
zu erläutern, die schwere und leichte Schiffe zeigten. Die Nachricht von
der Anwesenheit der Home Fleet war zwar Gegenstand eines Funkspruches, der im Laufe der Nacht gesendet wurde, den aber U 47, weil
es auf Grund lag, nicht erhielt. Am folgenden Tag nahm die deutsche
Funkaufklärung eine ungewöhnliche Menge englischer Funksprüche auf.

---

*) Die *Royal Oak* sank in 2 Minuten nach Churchill, 8 Minuten nach Nichols und
13 Minuten nach Roskill. Diese letzte Schätzung ist wahrscheinlich um mindestens
5–7 Minuten überzogen.

222

Der Entzifferungsdienst entschlüsselte den Inhalt: die Flotte hatte Scapa Flow verlassen. Als er dies erfuhr, befahl der Führer der Unterseeboote sofort, daß der Funkspruch vom Tag vorher nicht länger wiederholt werde.

Die Identifizierung der *Repulse* gibt in jedem Fall ein Rätsel auf. Wenn U 47 tatsächlich den Funkspruch nicht erhielt, wie konnte Prien ein Schiff erkennen, das nicht da war, das aber kurze Zeit vorher genau an dieser Stelle gelegen hatte? Konnte es ein anderer Schlachtkreuzer gewesen sein, die *Hood* oder die *Renown*? die beiden deutschen Augenzeugen, Hänsel und Dziallas, hegen keinen Zweifel, sie sahen die *Repulse*. Für die Engländer liegt die einzige plausible Erklärung in der Aufnahme des Funkspruches.

Aber könnte sich die Sache nicht ganz anders abgespielt haben? Konnte Prien nicht, ohne es zu wissen, das einzige andere Schlachtschiff, das zu dieser Zeit in Scapa war, torpediert haben? Zeugen, auch britische, darunter einige Marineoffiziere, geben das zu. Überdies hatte die alte *Iron Duke* wie die *Repulse* zwei Schornsteine und bei Nacht ähnelt sich nichts so sehr wie die Vorschiffe von Großkampfschiffen. Die Theorie ist nicht von der Hand zu weisen und ihre Erklärung logisch.

Bei Kriegsbeginn befürchtete man in erster Linie Luftangriffe. Die *Iron Duke* war teilweise entwaffnet und diente als Schulschiff für Kadetten. Am Abend des 13. Oktober verließ das Schlachtschiff den schwach verteidigten Stützpunkt und ging auf den von der *Repulse* verlassenen Ankerplatz im Schatten der steilen Klippen am Nordostufer der Bucht. Wenigstens aus dieser Richtung konnten die Bomber nicht angreifen. Zudem stellten nach dem Auslaufen der Flotte die Fla-Geschütze der *Royal Oak* den besten Schutz gegen die Luftwaffe dar.

Das nördliche Schiff war kein anderes als die *Iron Duke*. Die Verwechslung der *Repulse* mit dem alten Flaggschiff von Jellicoe ist sehr viel verständlicher als die Verwechslung mit dem ehemaligen Handelsschiff von 6 900 ts.

Wasser bietet, da es sich nicht zusammendrücken läßt, eine gute Übertragung für Explosionsdrucke, eine Eigenschaft, die man im Kampf gegen Unterseeboote nutzt. Eine in der Nähe detonierende Wasserbombe drückt die Platten des gejagten Ubootes ein. Die Detonation des Torpedos auf die *Iron Duke* wurde an Bord der *Royal Oak* deutlich empfunde, sie war jedoch so gedämpft, daß man glaubte, es handele sich um eine innere Explosion, zumal niemand eine Wassersäule gesehen hatte. Hatte die Schockwelle die Steuerbordankerkette auslaufen lassen? Kein Zeuge hörte eine zweite Explosion, weder auf englischer noch auf deutscher Seite.

An Bord der *Iron Duke* erkannte man sofort die Gefahr und war überzeugt, daß die Explosion der Wache der *Royal Oak* nicht entgangen sein konnte und sofort zum Alarm führen würde. Da man noch genug Dampf hatte, schlippte die *Iron Duke* ihre Ankerkette, um Zeit zu gewinnen, und

223

steuerte den Marinestützpunkt an, von dem sie vor wenigen Stunden gekommen war. So bot das Schlachtschiff einerseits nicht länger ein unbewegliches Ziel für Torpedoangriffe, und wenn andererseits die wasserdichten Schotten nachgaben, würde das flache Wasser an der Südostküste der Insel Hoy ihm die Möglichkeit geben, sich ohne Schwierigkeiten auf Grund zu setzen. Beim Morgengrauen sah das Personal des Marinestützpunktes die *Iron Duke* wieder auf ihrem Liegeplatz vom Abend vorher. Äußerlich schien das Schlachtschiff völlig intakt.

Drei Tage später, am 17. Oktober, griffen vier leichte Ju 88-Bomber Scapa Flow an. Die kleine Gruppe unter Führung von Hauptmann Doench fand den Hauptankerplatz verlassen. Ein einzelnes großes Kriegsschiff, die *Iron Duke*, wurde in der Nähe des Stützpunktes zusammen mit dem Hilfskreuzer *Voltaire*, dem Lazarettschiff *Abba* und einigen kleineren Einheiten festgestellt. Der Angriff wurde auf das Schlachtschiff angesetzt. Trotz der schwachen Luftabwehr erzielten die Deutschen keinen direkten Treffer; zwei 500 kg Bomben detonierten jedoch mit hohen Wassersäulen dicht neben dem Schlachtschiff. Der Explosionsdruck sprengte den Hauptdampfkessel. Die Kesselrohre brachen mit Getöse und ließen eine siedend heiße Dampfwolke ausströmen. Die *Iron Duke* nahm Schlagseite an, die immer stärker wurde. Da man das Schlimmste befürchten mußte, erlaubte man der Besatzung, das Schiff zu verlassen. Inzwischen hatten auf dem Vorschiff Seeleute die Trosse von der Boje, an der das Schlachtschiff festgemacht hatte, losgeworfen. Die Boote, die rund um das angeschlagene Schiff lagen, um es notfalls auf Strand zu setzen, begannen mit Hilfe eines kleinen Schleppers einer privaten Gesellschaft, die 26 000 ts zum Ufer hin zu schieben und zu ziehen. Der Gigant legte sich wie durch ein Wunder nicht weiter über. Auf einer Sandbank in der Ore Bucht setzte sich die *Iron Duke* für immer zur Ruhe.

Was sind die Argumente derer, die die *Iron Duke* für das »nördliche Schiff« halten? Das frühere Flaggschiff des Admiral Jellicoe diente auch als schwimmendes Postamt. Die Post lief dort zusammen, ehe sie auf die verschiedenen Schiffe verteilt wurde. Am Morgen des 13. war der Fischkutter *Daisy II* wie gewöhnlich zur *Iron Duke* geschickt worden, die beim Marinestützpunkt, zehn Meilen ab, vor Anker lag, um dort die Postsäcke abzuholen. Am Abend gegen 21.00 Uhr, also bei völliger Dunkelheit, erhielt ein Motorboot der *Royal Oak* Befehl, Post abzugeben. Kann diese Tatsache anders erklärt werden als dadurch, daß die *Iron Duke* in der Nähe lag?

Die Ju 88, die für den Angriff auf Scapa Flow eingesetzt wurden, waren leichte Bomber. Jedes Flugzeug konnte nur zwei 500 kg Bomben über eine Entfernung von Deutschland bis zu dem Orkneys tragen. Gegen vor Anker liegende Schiffe setzte die Luftwaffe panzerbrechende Bomben mit Verzögerungszünder und nur 125 kg Sprengstoff ein. Diese Bombenart hatte man am Tag vorher beim Angriff auf Kriegsschiffe im Firth of Forth eingesetzt. Bei einem direkten Treffer hatten diese Bomben gute Wirkung, nicht jedoch, wenn sie im Sand oder Schlick auf dem Meresgrund detonierten. Selbst wenn man unterstellt, daß die Deutschen gewöhnliche Bomben mit 250 kg Sprengstoff geworfen hätten, konnten ein oder zwei Naheinschläge einem unversehrten Schlachtschiff eine tödliche Beschädigung beibringen? Selbst wenn man berücksichtigt, daß der Seitenpanzer entfernt war, so ist ein Schlachtschiff doch so gebaut, daß es stärkere Treffer aushalten kann. Es bedurfte dreier Torpedos und einer inneren Explosion, die *Royal Oak* zu versenken. Nichts derartiges geschah der *Iron Duke*. Der Schlachtkreuzer *Repulse* brauchte 18 japanische Lufttorpedos ehe er sank. Wenn zwei Bombendetonationen mittleren Kalibers in der Nähe eines Schiffes ausgereicht hätten, ein unbeschädigtes Großkampfschiff außer Gefecht zu setzen, dann wäre es unverständlich, daß die Admiralität nach dieser Erfahrung das Schlachtschiff *Prince of Wales* und den Schlachtkreuzer *Repulse* ohne jede Luftsicherung in die Reichweite japanischer Bomber schickte. War aber andererseits die *Iron Duke* durch einen Torpedo von U 47 schwer beschädigt, dann konnten die Unterwasserdetonationen der Bomben das Schlachtschiff erledigen: wasserdichte Schotten eingedrückt, Lenzpumpen außer Betrieb, weil der Dampfkessel geplatzt war. Nebenbei bemerkt, hat Priens Torpedo die *Iron Duke* nach Meinung der einen im Vorschiff, nach Meinung der anderen im Achterschiff getroffen. Wie bei der *Royal Oak* gehen die Meinungen über die Lage der *Iron Duke* bei der Torpedierung auseinander. Schließlich und endlich aber, wenn die *Iron Duke* unversehrt gewesen wäre, hätte kein Grund bestanden, sie mit kleinen Booten zu umgeben, um sie auf Sand zu setzen. Wenn diese nicht schon längsseits gelegen hätten, wären diese Boote niemals in der Lage gewesen, rechtzeitig zur Stelle zu sein, um das Schlachtschiff während eines Luftangriffs zu ziehen und zu schieben. Es bestand kein Anlaß, dem Schlachtschiff zu Hilfe zu kommen, ehe es sich auf die Seite legte und die Erfahrung mit der *Royal Oak* hat gezeigt, daß das Schiff in wenigen Minuten sinken konnte. Deshalb gab man auch Erlaubnis, das Schiff zu verlassen.

U 47 hatte die beiden einzigen in Scapa Flow liegenden Großkampfschiffe außer Gefecht gesetzt und damit, ohne es zu ahnen, die deutsche Hochseeflotte eben dort gerächt, wo sie sich einst selbst opferte.

Die Engländer gaben jedoch Priens Erfolg nur teilweise zu und umgaben das Unternehmen mit äußerster Geheimhaltung, so daß es ihnen gelang, die Katastrophe geschickt einzugrenzen. Sie brachten Dr. Goebbels um eine wunderbare Propagandamöglichkeit, die die Begeisterung der nationalsozialistischen Massen erweckt hätte. Die teilweise abgerüstete *Iron Duke* hatte ausgedient und hatte nur noch Schrottwert. Aber sie war das Flaggschiff von Jellicoe in der Skagerrakschlacht gewesen, und die Flagge des Admirals Sir Wilfrid French, des Kommandeurs der Orkneys und Shetlands wehte bei der Torpedierung am Mast.

Diese Story könnte wahr sein, die Argumente klingen überzeugend. Eine Antwort des britischen Verteidigungsministeriums vom 18. August 1969

225

stellt jedoch alles wieder in Frage. Hier ist der Text dieses amtlichen Schreibens:

»Auf Ihren Brief, mit dem Sie um Informationen bezüglich der Vernichtung von HMS *Royal Oak* bitten, teilen wir Ihnen mit: am 12. Oktober 1939 lag HMS *Renown* in Freetown, nachdem sie am 2. Oktober von Großbritannien dorthin ausgelaufen war. Als die *Royal Oak* in den frühen Morgenstunden des 14. Oktober 1939 versenkt wurde, befand sich kein anderes größeres Schiff in der Nähe. HMS *Hood* lag in Loch Ewe. HMS *Repulse* in Rosyth. Der Seeflugzeugtransporter HMS *Pegasus* lag nördlich der *Royal Oak* in der Scapabucht vor Anker, HMS *Iron Duke* lag im Marinestützpunkt an der Ostküste von Hoy gegenüber dem Switha Sound«.

Diese Frage nach dem »nördlichen Schiff« – eine der interessantesten unter den Einzelheiten dieser Unternehmung – ist sie wirklich so wichtig? Großadmiral Dönitz ist nicht dieser Ansicht. Für den ehemaligen Befehlshaber der Uboote ist die Hauptsache, daß Prien seine Aufgabe glänzend löste. Die Unternehmung war taktisch und strategisch ein voller Erfolg.

BEMERKUNGEN

Um den Text nicht mit Namen zu überladen, wurden drei Augenzeugen ausgewählt, die die Haupt-Meinungsrichtungen der Überlebenden der *Royal Oak* vertreten. Es sind dies der Captain R. F. Nichols, damals I. Offizier des Schiffes, Mr. Norman Davies, Corporal der Royal Marines, und Mr. Herbert Johnston, Heizer.

Die Besatzung der *Royal Oak* trifft keine Schuld am Verlust ihres Schiffes. Das Schlachtschiff lag in einem der Hauptstützpunkte der Marine vor Anker, für die Sicherheit dort waren ausschließlich Landdienststellen verantwortlich. Den Besatzungen der Schiffe blieb nichts anderes übrig, als auf die Wirksamkeit der Sperren zu vertrauen, die die Einfahrten blockierten. Die einzige Gefahr bestand in Luftangriffen, deshalb war die Flugabwehr der *Royal Oak* auch verstärkt worden.

Eine Boje markiert die Lage des Wracks der *Royal Oak*. Aus der Luft kann man ein Verfärbung des Wassers erkennen, die durch das tropfenweise Austreten von Heizöl aus dem Rumpf verursacht wird. Die *Royal Oak* liegt um 120° gedreht auf ihrer Steuerbordseite, die Aufbauten sind im Sand vergraben. Über dem Wrack stehen etwa zehn Meter Wasser, nur der abgeknickte Mast ragt aus dem Wasser. 1951 wurde anläßlich einer Untersuchung des Wracks festgestellt, daß die Ankerkette mit einem Schneidbrenner abgeschnitten war. Von wem?

1957 löste der Plan, das Wrack zu sprengen, eine Protestwelle aus. Die

Admiralität gab mit Rücksicht auf die Hinterbliebenen den Plan auf; die *Royal Oak* mit dickem Bewuchs überzogen, wird noch lange Zeit das Grab für 833 Seeleute bleiben.

Am Samstag, dem 21. Oktober 1939, wurde SS *Lake Neuchatel* im Kirk Sound versenkt, um die Durchfahrt nun wirklich unpassierbar zu machen.

Um jede Möglichkeit einer neuen Katastrophe auszuschließen, entschied Churchill, die östlichen Einfahrten durch einen Betondamm schließen zu lassen. Der Bau kostete 2 Millionen £ und dauerte vier Jahre. 500 englische und irische Arbeiter sowie 1 200 italienische Kriegsgefangene waren erforderlich, dieses gigantische Werk, die *Churchill Barriers* fertigzustellen. Über den Damm läuft eine Straße, die das Nordufer des Kirk Sound über die Inseln Lamb, Glims und Burray mit South Ronaldsay verbindet.

Am 16. Oktober 1939 berichtete Großadmiral Raeder, in Gegenwart von General Jodl, Hitler über die Unternehmung von U47. Der Kapitän zur See und Kommodore Dönitz wurde zum Konteradmiral und Befehlshaber der Unterseeboote befördert.

Der Kommandant von U47 wurde mit dem Eisernen Kreuz 1. Klasse, die übrige Besatzung mit dem Eisernen Kreuz 2. Klasse ausgezeichnet.

Hitler lud die ganze Besatzung U47 in die Reichskanzlei ein. Am 18. Oktober erstattete Prien Meldung und erhielt aus den Händen Hitlers das Ritterkreuz des Eisernen Kreuzes.

Die beiden Wachoffiziere von Prien, Endrass und von Varendorff, sowie sein Obersteuermann Spahr, der später zum Offizier befördert wurde, erhielten jeder das Kommando über ein Boot.

Der Kapitänleutnant Spahr transportierte mit U178 (Typ IX D 2) Güter von Bordeaux nach Penang. Am 24. Mai 1944 kehrte er nach 424 Tagen Abwesenheit nach Bordeaux zurück. Er lebt heute bei Hamburg.

Endrass zeichnete sich mit U46 von April 1940 bis August 1941 aus: 23 Schiffe mit insgesamt 215 241 ts versenkt, darunter die Hilfskreuzer *Carintha* und *Dunvegan Castle*. Im Oktober 1941 wurde er Kommandant von U567; das Boot ging mit der ganzen Besatzung bei der zweiten Unternehmung im Dezember 1942 verloren.

Von Varendorff war ein Jahr lang Kommandant von U213, am 31. August 1942 wurde das Boot südöstlich der Azoren vernichtet, es gab keine Überlebenden.

Prien ist höchstwahrscheinlich im März 1941 gefallen. »Wahrscheinlich«, denn seit Kriegsende und bis zum heutigen Tag geht das Gerücht um, er sei noch am Leben. Viele Leute wollen ihn überall in Deutschland gesehen haben, in einem Gefangenenlager, im Krankenhaus oder auf der Straße. Verrückte, Schwindler, aber auch gutgläubige Zeugen wie zum Beispiel ein Geistlicher, versichern, ihm begegnet zu sein. Doch niemand hat ihn bisher wieder entdeckt und das aus gutem Grund: Prien ist mit U47 untergegangen, das in den ersten Stunden des 8. März 1941 beim

Angriff auf den Geleitzug OB 293 durch das Geleitboot *Wolverine* (Commander J. M. Rowland) versenkt wurde.

Schließlich wurde im September 1969 gemeldet, daß sich Wehring-Örtel der Spion von Kirkwall, in Süddeutschland aufhalte. Aber der Mann, der diese Nachricht in die Welt setzte, möchte weder seinen Namen noch seine Adresse angeben.

Aus unserem Marine-Sachbuchprogramm

J. P. Mallmann-Showell

Uboote gegen England

Kampf und Untergang der deutschen Ubootwaffe 1939–1945
200 Seiten, 228 Abbildungen, gebunden, DM 36,—

Dies ist die Geschichte des Entstehens der deutschen Uboot-Waffe und ihres Schicksals im Zweiten Weltkrieg. Erregend, unglaublich, wahr. Eine Dokumentation über die Uboote und ihre Männer, über ihre Technik und Bewaffnung, über den Kampf und das schließliche Sterben der Uboote unterm Hakenkreuz. Dieser Report wird ergänzt durch rund 250 Abbildungen, die großenteils noch nicht veröffentlicht wurden.

P. von der Porten

Die deutsche Kriegsmarine im Zweiten Weltkrieg

256 Seiten, 40 Abbildungen, gebunden, DM 28,80

Dies ist die klare, lebendige Darstellung der Geschichte der Reichs- und Kriegsmarine des Deutschen Reiches von ihrem Wiederaufbau in der Zeit zwischen den Kriegen bis zum Ende des Zweiten Weltkrieges. Obwohl der Schwerpunkt auf den seestrategischen und gesamtstrategischen Zusammenhängen und ihrem Herausarbeiten liegt, widmet der Autor den Einzeloperationen genügend Raum, um den Leser in wachsender Spannung zu halten. Und dies, ohne sich dabei in taktische und technische Einzelheiten zu verlieren. Eine hervorragende Bearbeitung dieses komplexen Stoffes.

Volkmar Kühn

Schnellboote im Einsatz 1939–1945

236 Seiten, 95 Abbildungen und Zeichnungen, gebunden, DM 28,—

Dies ist die Dokumentation über den Einsatz der Schnellboote im Zweiten Weltkrieg. Und es ist zugleich die Entwicklungsgeschichte dieser kleinen, schnellen Torpedoträger. Auf allen Randmeeren Europas wurden sie eingesetzt. Wo immer es galt, dem Gegner Verluste beizubringen, seinen Seeverkehr zu lähmen und feindliche Seestreitkräfte zu binden, liefen deutsche Schnellboote aus.
Über 80 Fotos, viele Kartenskizzen, Tabellen und Tafeln ergänzen diese Dokumentation über die schnellsten Torpedoträger, die es auf See gab.

MOTORBUCH-VERLAG
7 STUTTGART 1
POSTFACH 1370

Aus unserem Marine-Sachbuchprogramm

Alfred Price
Flugzeuge jagen Uboote
Die Entwicklung der Uboot-Abwehr-Flugzeuge 1912 bis heute
376 Seiten, 83 Abbildungen, 12 Karten, gebunden, DM 36,—

Der Gedanke, Flugzeuge zur Jagd auf Uboote einzusetzen, wurde erstmals im Jahre 1912 ernsthaft diskutiert. Seit damals haben wir eine erstaunliche und oft faszinierende Entwicklung erlebt. Von den ersten zaghaften Schritten auf diesem Weg führt uns der Autor durch die Schlacht im Atlantik des Zweiten Weltkrieges bis hin zum hochentwickelten, todbringenden Nimrod-Flugzeug dieser Tage. Dieses Buch beschreibt die Gefechte, die Maschinen und ihre Ausrüstung, die Angriffstaktik und die Männer, die Uboote mit Flugzeugen jagten.

Jürgen Rohwer
Geleitzugschlachten im März 1943
356 Seiten, 180 Abbildungen, gebunden, DM 36,—

In diesem Buch wird zum erstenmal der Versuch gemacht, den Höhepunkt der Schlacht im Atlantik in den ersten zwanzig Tagen des März 1943 zu schildern.
Viele bisher offen gebliebene Fragen finden ihre Antwort. Z.B.: Wie wurde ein Konvoi und seine Escort Group geführt, wie eine Ubootgruppe? Welche technischen Geräte – Sensoren und Waffensysteme, welche Umwelteinflüsse – und welche menschlichen Faktoren spielten in den einzelnen Phasen der oft tagelangen Geleitzugschlachten die entscheidende Rolle?
Hier steht es drin – klar und umfassend.

B. B. Schofield
**Wagnis, Triumph und Tragödie
Der Untergang der Bismarck**

174 Seiten, 34 Abbildungen, gebunden, DM 24,—

Dieses Buch schildert die erste und einzige Unternehmung der »Bismarck«, des zu seiner Zeit kampfstärksten Schlachtschiffes der Welt. Es ist eines der von besonderer Dramatik geprägten Geschehnisse auf See im Zweiten Weltkrieg. Vize-Admiral B. B. Schofield, anerkannter britischer Marinehistoriker, legt hier erstmalig eine authentische Zusammenfassung der Gesamtoperationen auf beiden Seiten vor. Es waren ihm alle britischen und deutschen Quellen und Berichte zugänglich: hier sind sie zu einem genau zutreffenden Gesamtbild ausgewertet.

**MOTORBUCH-VERLAG
7 STUTTGART 1
POSTFACH 1370**